Vite et bien !

La Géopolitique

pour **les nuls**

La Géopolitique pour les Nuls Vite et bien

ISBN : 978-2-412-04446-9
Dépôt légal : mars 2019
Imprimé en Italie

Rédaction et recherche iconographique : Stéphanie Bouvet
Correction : Anne-Lise Martin
Maquette intérieure : Emilie Guillemin

Éditions First, un département d'Edi8
12, avenue d'Italie
75013 Paris France
Tel. : 01 44 16 09 00
Fax : 01 44 16 09 01

Email : firstinfo@efirst.com

Site internet : www.pourlesnuls.fr

Philippe **Moreau Defarges**

Vite et bien !

La Géopolitique

pour
les nuls

SOMMAIRE

L'AUTEUR

Philippe Moreau Defarges est ancien diplomate, ancien chercheur à l'IFRI, chroniqueur, auteur de très nombreux ouvrages de questions internationales, de géopolitique et d'histoire dont *La Géopolitique pour les Nuls* (2008), *L'Histoire du monde pour les Nuls* (2015) et *La Tentation du repli* (Odile Jacob, 2018).

L'homme, un animal ?

L'homme n'aime pas se considérer comme un animal. Pourtant, il est régi par la priorité élémentaire et universelle à laquelle sont soumis tous les animaux : survivre. L'homme doit se nourrir, se chauffer, se loger et surtout se reproduire au milieu d'innombrables dangers et menaces. Plusieurs spécificités, traditionnellement présentées comme humaines, s'enracinent néanmoins dans l'animalité de l'homme :

- **La mort.** L'humanité naît avec l'enterrement des morts, les rites funéraires, la construction des tombeaux. À cet égard, on relèvera que les monuments les plus impressionnants édifiés par l'homme sont des sépultures : dolmens, pyramides, galeries souterraines, tumuli, mausolées... L'homme ne cesse d'être hanté par la mort et de vouloir y échapper en imaginant une vie dans l'au-delà. Mais les animaux eux aussi sentent la mort. Que l'on pense aux animaux fuyant devant la proximité d'une catastrophe naturelle (incendie, éruption volcanique, tremblement de terre) ou, plus prosaïquement, au chien revenant obstinément sur la tombe de son maître. Sans parler du mythique cimetière des éléphants...
- **L'organisation en société.** L'homme est un être social... mais il n'est pas le seul ! Enquêtes et travaux scientifiques ne cessent de confirmer que bien des espèces vivent dans des formes de société. Ces espèces constituent des groupes, toujours soudés

par le même impératif – assurer la survie de l'espèce – et régis par des hiérarchies complexes et mouvantes. D'où une cascade d'interrogations : qu'est-ce qu'une société ? Le grouillement organique d'une fourmilière est-il indigne d'être appelé « société » ?

- **Le langage.** Ce dernier est un ensemble évolutif de signes grâce auxquels les membres d'un groupe communiquent entre eux, mais aussi se distinguent, se séparent d'autres groupes. Les langages naissent, vivent, s'adaptent, meurent et parfois se réinventent. Ils existent chez les hommes, mais aussi chez bon nombre d'animaux.
- **Le territoire.** Nombre d'animaux délimitent leur territoire (en urinant, en imprégnant l'écorce des arbres de leur odeur, en s'opposant aux intrus). Ils s'approprient ainsi un espace et en excluent les autres... Or, au cœur de la géopolitique, se trouvent les territoires, leur contrôle, les convoitises, les luttes et parfois les coopérations qu'ils suscitent. Cet enjeu territorial s'enracine dans l'animalité de l'homme, ses besoins élémentaires, sa vulnérabilité. Un territoire, c'est d'abord une protection, une condition de la survie. Mais l'homme est un animal à l'imagination infinie. Pour lui, le territoire est d'emblée une source de rêves, de fantasmes, de nostalgies, de représentations et donc de conflits.

géopolitique → territoire
instinct animal ← ↓
source

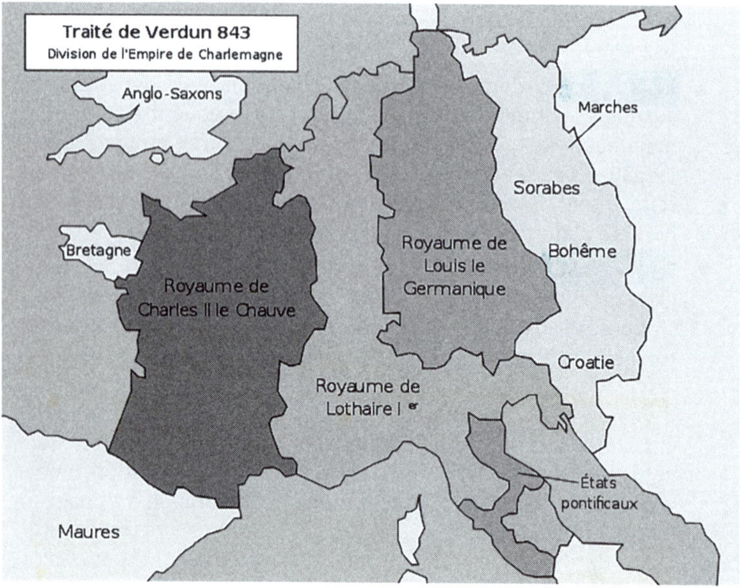

En 843, les trois fils survivants de Louis le Pieux, les petits-fils de Charlemagne, se partagent l'empire carolingien, qui est divisé en trois royaumes.

Les liens du sang

La loi du sang, priorité instinctive donnée à ce qui appartient à son propre groupe (la mère se sacrifiant pour ses petits, la tribu luttant jusqu'à la mort pour sa survie), s'applique à tous les animaux et notamment à l'homme. De nombreuses constructions politiques reposent sur le lien du sang. Dans les systèmes monarchiques, le défi central consiste à fixer des règles de succession (comme le droit d'aînesse), pour empêcher les héritiers potentiels de s'entretuer.

Attention

Aujourd'hui, les sociétés démocratiques sont davantage axées sur l'épanouissement de l'individu. Pour la modernité, la réussite doit venir non de ce que l'on a reçu (l'héritage génétique), mais de ce que l'on est (les talents propres).

L'attachement au sang explique tant la force des racismes que les politiques de purification ethnique. Pourtant, ici aussi, il y a une spécificité humaine : pour l'homme, le lien par le sang peut être naturel (en principe au sein d'une même famille), mais il est le plus souvent imaginaire, construit. Les racismes se fondent sur la croyance qu'il existe des populations pures (les Aryens pour le nazisme), mais il n'existe aucune population pure tant le mélange sexuel des hommes est inhérent à leurs migrations. Tout racisme est une construction sociopolitique.

Le propre de l'homme

La position singulière de l'homme au sein du règne animal est liée à la combinaison de trois éléments : l'outil, l'écriture, le pouvoir.

- **L'outil (la technique).** Certains animaux sont capables de manipuler des outils rudimentaires ou de construire leur habitation. L'homme, lui, conçoit et fabrique des outils de plus en plus sophistiqués. Grâce à eux, il s'approprie la nature, il la refaçonne en fonction de ses besoins et de ses rêves, il peut détruire et construire.

Attention

Les outils, ce ne sont pas seulement le marteau ou la tenaille. Sont outils les actes juridiques, les billets de banque, le téléphone portable, etc. En résumé, tout ce que les hommes inventent pour améliorer leur existence et multiplier leurs échanges.

À retenir

Dans le domaine géopolitique, l'outil est une composante essentielle du pouvoir et de la puissance. Du XVIe au XXe siècle, les nations européennes colonisent et dominent la planète notamment parce qu'elles maîtrisent la navigation et les armes à feu.

- **L'écriture.** C'est notamment à Sumer, civilisation de basse Mésopotamie du IIIe millénaire avant J.-C., qu'apparaît l'écriture. Elle permet à l'homme d'acquérir une mémoire « objective », soustraite aux aléas de l'oubli, plus solide et incontestable qu'un récit oral. Le passé devient histoire, des repères (lieux, dates, événements) se fixent. L'écriture, associée à l'outil, marque ainsi la naissance de l'homme historique. L'écriture, conçue pour des tâches précises (comptabilisation des ressources, éloge des puissants), s'élargit en moyen d'observation, de réflexion, de critique, accouchant de la poésie, du théâtre, de l'histoire, de la géographie…

- **Le pouvoir.** Dans le monde animal, il existe des rapports de force, des hiérarchies. Les joutes opposant les mâles qui se disputent une femelle visent à désigner le plus fort ; lui seul s'accouplera. De même, chez les hommes, la guerre désigne le plus fort, le vainqueur, auquel il appartient d'organiser la paix. Alors, qu'y a-t-il de spécifique à l'homme ? Chez lui, les hiérarchies ne sont pas naturelles, établies et acceptées pour toujours ; elles sont culturelles et/ou historiques, constamment modifiées par les luttes entre individus, entre peuples, entre communautés religieuses, entre classes sociales. La géopolitique se centre sur les rapports entre peuples, entre entités politiques. Pourquoi et comment des peuples, des États en dominent-ils d'autres ou sont-ils soumis à d'autres ? Pourquoi réussissent-ils à établir des relations d'égalité et d'amitié ?

Le passé, le temps, le lieu

L'objet de la géopolitique consiste à comprendre des acteurs individuels, collectifs ou moraux formant des groupes et disposant d'une conscience et d'institutions communes. La démarche géopolitique doit prendre en compte trois éléments : le passé, l'esprit du temps et la localisation dans l'espace.

- **Le passé :** les ensembles collectifs (peuples, nations, etc.) disposent d'un patrimoine hérité de leur histoire passée. Tout groupe humain développe une identité et une mémoire qui ne cessent d'évoluer, au fil des expériences et des traumatismes. Il vit sur un ou des territoires, dans un ou dans des paysages. Il construit, se nourrit, se donne des rites. La géopolitique explore ces héritages, ces patrimoines collectifs qui contribuent à modeler et remodeler les peuples.
- **L'esprit du temps :** l'homme est modelé par l'époque dans laquelle il vit. Sentiments, idées, discours, bref, tout ce que l'homme pense lui être propre ne se dissocie pas de l'air du temps mais, au contraire, est façonné par lui. En ce sens, toute question humaine – et notamment géopolitique – est par définition historique, c'est-à-dire inscrite dans le temps. La question israélo-palestino-arabe, enracinée dans l'antisémitisme européen du XIXe siècle, illustre parfaitement ce principe. L'environnement temporel imprègne tous les acteurs, tous les

enjeux d'une époque. Et toute question géopolitique ne peut être comprise que si elle est saisie dans son épaisseur historique.

- **La localisation dans l'espace** : histoire et géographie sont indissociables. Considérons une affirmation *a priori* incontestable : l'Angleterre est une île. Et pourtant, l'Angleterre n'est pas une île si on considère que jusqu'à la guerre de Cent Ans (1337-1453), le royaume des Plantagenêts, descendants de Guillaume le Conquérant, incluait une partie de la France actuelle plus le sud des îles Britanniques. L'insularité britannique est donc une construction historique comme l'Hexagone français, l'immensité russe, etc. Tout peuple, toute nation, tout État s'inscrit dans un ou parfois des territoires, qui changent, évoluent au fil du temps. Il n'en demeure pas moins que l'une des étapes fondamentales de toute démarche géopolitique est de localiser les acteurs temporellement et, donc, spatialement, en considérant non seulement les données physiques ou géographiques, mais aussi les données économiques, sociales, culturelles et religieuses.

Le rapport de force

Il y a rapport de force dès que des individus ou des groupes se comparent les uns les autres, évaluent leurs atouts et leurs handicaps. Si le rapport de force se cristallise autour de biens convoités (nourriture, territoires, femmes), il est suscité également par les appétits de reconnaissance, de pouvoir, de prestige. Il est modelé par l'imaginaire des hommes. L'un se convainc d'être supérieur et déduit qu'il a vocation à commander ; un autre se sent humilié de ne pas être apprécié à sa juste valeur et cherche une revanche ; un troisième se résigne, etc.

La force, ou la faiblesse d'une entité politique résulte en partie de facteurs donnés : degré de vulnérabilité du territoire, enclavement ou accès à la mer, climat, présence ou non d'atouts naturels, etc. ; et en partie de construits : rôle des élites, structures économiques, sociales et politiques, axes de la politique étrangère, etc.

À retenir

Le rapport de force doit être compris dans sa globalité ou, en d'autres termes, en situation, chacune étant unique. Par exemple, les États-Unis, *a priori* plus forts, se heurtent au Vietnam à quelque chose qu'ils ne comprennent pas : la férocité d'un nationalisme qui se bat pour sa terre. Tout rapport de force est dynamique et imprévisible, de nombreux éléments entrant en jeu. Ainsi, une armée magnifiquement équipée peut se décomposer du fait d'une épidémie.

Le rapport de force met face à face des entités vivantes, individus ou groupes. Un conflit n'oppose jamais des blocs immuables, mais des ensembles mouvants, qui, sous le choc du conflit, ont des réactions multiples et complexes. La guerre unit les peuples autant qu'elle les divise, certains privilégiant l'unité contre l'ennemi, d'autres ayant pour priorité leurs intérêts individuels. Les grandes guerres, comme celles issues de la Révolution française (1792-1815) ou les deux guerres mondiales, combinent affrontements entre États et guerres civiles. Ces enchevêtrements d'interactions modifient les rapports de force. Le vainqueur initial (Napoléon, Hitler) n'est pas forcément le vainqueur final. En même temps, le vainqueur final ne l'emporte pas par hasard ; toute victoire est le fruit d'une longue persévérance.

Le temps n'agit jamais de manière simple. Avec le temps, les uns se fatiguent, se lassent, d'autres ont besoin de temps pour être pleinement eux-mêmes. Avec le temps, les composantes des jeux géopolitiques se modifient ; des protagonistes peuvent être éliminés ou se retirer (États brisés par la défaite, États abandonnant une guerre en cours), mais de nouvelles parties prenantes peuvent également rejoindre le champ de bataille.

L'argent, une des principales composantes du rapport de force.

Les composantes du rapport de force

Voici trois des principales composantes des rapports de force :

- **Les hommes.** Les masses humaines, leurs variations, leurs mouvements constituent des paramètres essentiels des rapports de force. Ainsi, la vigueur démographique de l'Europe, jusqu'au XIXe siècle, pousse ses populations, en quête de terres et de richesses, à déferler vers d'autres continents. Les phénomènes démographiques ne se décrètent pas. Ils obéissent à des mouvements de fond, au-delà du politique.
- **L'argent.** Avec l'argent, l'homme passe du troc à l'échange ; tout bien, tout service a un prix. Le commerce s'accroît, se complexifie et s'universalise. Dans le domaine géopolitique, l'argent est le nerf de la guerre, donc du pouvoir et de la puissance. Celui qui contrôle l'argent, ses flux, ses stockages, contrôle le monde.
- **L'immatériel.** Les idées, les religions, les cultures n'échappent pas aux rapports de force. Elles partagent la même dynamique : rassembler des êtres humains, les lier par une croyance. Dès leur émergence, elles servent des buts politiques. Les grands systèmes (judaïsme, bouddhisme, christianisme…) suscitent des déchirements sans fin, des schismes, de perpétuelles recompositions. Derrière tous ces affrontements s'expriment des rapports de force entre individus et entre groupes.

sépara° des fidèles d'un rel

Le territoire, notions et enjeux

Depuis le XVe siècle, l'intensification de la production et l'augmentation vertigineuse des échanges offrent aux sociétés un mode d'enrichissement, autre que celui de la guerre. La clé de la prospérité et de la puissance réside désormais dans l'intelligence, l'imagination et le travail des hommes. En comparaison, la lutte pour des territoires apparaît coûteuse et primitive.

Pourtant, la porosité, l'ouverture, l'interpénétration des territoires, portées par les formidables capacités de circulation et de communication d'aujourd'hui (trains, avions, etc.), ne suppriment pas le fait que l'homme est et reste un animal territorial. Les espaces terrestres demeurent divisés entre des États. Ces derniers confèrent toujours aux individus leur nationalité, leurs droits, leur citoyenneté. Et tout mouvement revendiquant pour une population le droit à une existence politique propre (le nationalisme) réclame toujours un territoire, un lieu où s'organisera librement, souverainement, cette existence, en clair, le plus souvent, un État.

Tout conflit s'inscrit dans un ou des territoires. L'objectif des protagonistes est toujours le contrôle d'un territoire et, évidemment, des populations qui s'y trouvent. Durant la guerre froide, l'antagonisme entre l'Ouest et le camp soviétique avait ainsi pour enjeu ultime la Terre entière. Aujourd'hui, le « choc des civilisations » entre Occident et Islam, évoqué par le professeur américain de sciences politiques conservateur Samuel Huntington (1947-2008), concerne, lui aussi, des territoires : le Moyen-Orient, le Caucase, etc. Si les limites territoriales de ces affrontements sont floues et mouvantes, ces affrontements n'en restent pas moins enracinés dans des territoires.

À retenir

Le progrès scientifique et technique ainsi que la création de richesses qui en résulte auraient dû libérer les hommes des conflits territoriaux : dès lors que la capacité de l'homme à créer de la richesse semble infinie ou doit l'être, se battre pour des territoires devient en principe inutile et dérisoire, dans l'exacte mesure où l'échange procure déjà un enrichissement mutuel et illimité. Mais les hommes continuent à s'entretuer pour des territoires, en ex-Yougoslavie, dans le Caucase, en Palestine et dans bien d'autres régions. Le désir d'avoir une terre à soi, l'envie de déposséder l'autre et le goût du pouvoir définissent toujours l'homme. Imaginons un instant que l'homme mette au point une machine à produire des richesses illimitées ; il concevrait alors probablement de nouveaux motifs de querelle et de jalousie.

La localisation

Pour le géopoliticien, la localisation est une question essentielle, qui fournit de nombreuses informations.

Exemple

C'est la position de l'Angleterre (une île au large de l'Europe disposant d'une ouverture sur l'océan Atlantique) qui lui permet à la fois d'avoir accès aux marchés européens – tout en étant à l'abri d'une invasion extérieure – et de devenir la maîtresse des mers.

À travers cet exemple parmi d'autres, on vérifie le principe selon lequel une région et *a fortiori* un État ne sont que des constructions humaines.

Le révolutionnaire Georges Danton (1759-1794) rêve de donner à la France des frontières « naturelles ». En fait, ce qu'il ambitionne par un souci compréhensible de sécurité, c'est que les frontières de la France coïncident avec des protections naturelles (fleuves, montagnes, mers). Mais bien que la nature fournisse d'excellentes barrières aux agressions, il n'y a pas de frontière étatique ou politique « naturelle ». Toutes les frontières sont tracées par les hommes. Les États apprennent à s'accommoder des frontières que les guerres leur ont assignées.

À plusieurs reprises au cours du XXe siècle, des entités politiques sont fragmentées (partition de l'empire des Indes, éclatement de la Yougoslavie) pour que chaque peuple dispose de son territoire à lui. Presque toujours, le partage se termine dans un bain de sang, la localisation des populations se superposant toujours très mal avec des frontières arbitrairement tracées.

Essentielles en géopolitique, les notions de distance et de proximité sont à manipuler avec précaution. Pour un Européen « civilisé » du début du XXe siècle, les Balkans, associés à l'Orient barbare, c'est « loin », or c'est dans cette région qu'en 1914 s'allume la mèche qui enflamme l'Europe entière. En ces années 2010, si les Balkans se sont rapprochés de l'Europe, des contrées comme la Tchétchénie, le Tibet ou le Darfour paraissent, elles, toujours aussi loin de nous. Bien sûr, les distances physiques ne changent pas, mais elles ne cessent de se « modifier », du fait des progrès considérables des moyens de transport, mais aussi des sensibilités, des perceptions. Les hommes ne sont concernés que par ce qui les touche. Si les Balkans nous paraissent aujourd'hui moins éloignés qu'autrefois, c'est en grande partie dû au fait que, durant les guerres de l'ex-Yougoslavie dans les années 1990, des réfugiés affluent vers l'Allemagne et au-delà, projetant soudainement un conflit « exotique » au cœur du monde occidental.

La configuration, le relief

La configuration ou le relief de toute entité politique éclaire également sa nature. À chaque paysage sa mentalité.

Les îles appellent… l'insularité, cette conviction d'être un monde en soi, protégé par la mer des turbulences de la planète. Tous les insulaires n'ont certes pas le même comportement. Si l'Angleterre se lance à la conquête des mers dès le règne d'Elizabeth Ire (1558-1603), le Japon ignore les océans jusqu'à l'ère Meiji (1867-1912). Ces différences ne peuvent sans doute pas être expliquées, tellement de facteurs se combinent : les mentalités des populations et surtout de leurs élites, mais aussi les aléas de l'histoire (jusqu'au XIXe siècle, le Pacifique demeure trop grand, trop vide pour les bateaux d'alors, tandis que l'Atlantique est, à partir des grandes découvertes, le lieu de trafics croissants). Par ailleurs, il arrive que l'insularité caractérise un peuple continental : ainsi, les Russes sont comme enfermés dans leur immensité.

Les montagnes fragmentent les populations et leur insufflent un attachement farouche à leur indépendance. Le montagnard, peut-être sûr de disposer avec sa montagne d'un refuge inaccessible, se laisse difficilement dompter (nations du Caucase, Kurdes à cheval sur la Turquie, l'Irak et l'Iran…).

Les plaines engendrent des nomades parcourant l'espace avec leurs troupeaux. Mais elles produisent également des paysans, des agriculteurs. Les plaines sont diverses et changeantes. Vulnérables, elles produisent souvent un pouvoir fort pour les tenir et les défendre (Russie des tsars, Chine des empereurs), pourtant dans la plaine des Flandres, tant disputée, tant labourée par les guerres, éclosent des cités marchandes, fières de leurs libertés.

Attention

La configuration d'un ensemble géopolitique peut se jouer des idées reçues. La cohésion d'un empire semble ainsi exiger qu'il soit compact, assis sur un territoire aussi homogène que possible. De ce point de vue, l'empire qui demeure la référence, l'Empire romain, a quelque chose d'aberrant : il était bâti autour d'un espace ne pouvant être occupé de manière stable, la mer Méditerranée !

Voiture de l'armée allemande enlisée par la boue en Russie en octobre 1941.

Le climat

Le climat, lui aussi, fait partie des facteurs géopolitiques.

Exemple

La Russie, immense, enclavée, dispose en outre d'un climat particulièrement rigoureux. De nombreux conquérants (Charles XII, Napoléon, Hitler) ont vu leur rêve se briser sur les difficultés occasionnées par le froid et la boue. La Sibérie dispose d'un climat hostile, d'où son peuplement par la force (déportations de populations, camps de prisonniers...).

Les changements climatiques affectent-ils les jeux géopolitiques ? Le petit âge glaciaire (1550-1870), du fait des nombreuses mauvaises récoltes dont il est la cause en Europe, exaspère-t-il les luttes pour les ressources alimentaires et explique-t-il – au moins partiellement – les multiples guerres du Vieux Continent ? Sans doute... Pourtant, le réchauffement intervenu depuis 1870 ne calme pas les appétits belliqueux, comme l'illustrent les deux guerres mondiales.

Les liens entre climats et comportements géopolitiques sont trop indirects, trop complexes pour susciter des évaluations simples. Toutes les recherches sur les climats et leurs effets politiques précis sont encore balbutiantes. Mais les préoccupations écologiques, l'analyse en termes scientifiques des rapports entre hommes et environnements pourraient conduire peu à peu à une meilleure compréhension de l'impact géopolitique des climats.

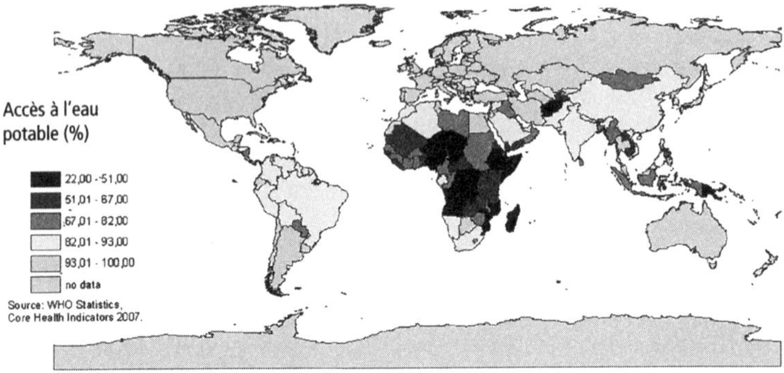

Carte montrant l'accès à l'eau potable des États du monde en 2007.

Les ressources

Les rapports entre l'homme et son environnement affectent eux aussi les jeux géopolitiques. Les constructions géopolitiques reposent sur un équilibre toujours précaire entre une population et les ressources disponibles pour la faire vivre. Que cet équilibre se rompe à cause d'une mauvaise récolte, d'une épidémie ou d'une rupture des circuits d'échange, et c'est tout l'édifice qui vacille et souvent s'effondre. Dans la chute de tout régime, il y a toujours un facteur économique essentiel, les hommes étant d'abord des êtres devant se nourrir.

Le progrès technique, l'enrichissement des sociétés et un système économique planétaire de plus en plus sophistiqué semblent atténuer la contrainte de la rareté mais ne suppriment pas la question économique, encore plus obsédante dans les régions pauvres que dans les régions favorisées. La violence dans certaines régions du globe est enracinée dans des conflits âpres autour des richesses.

Exemple

Au Moyen-Orient, poussée démographique, ratages du développement économique, hasards de la distribution des réserves de pétrole, petitesse des territoires (Palestine), insuffisance de certaines ressources (eau) génèrent et amplifient les antagonismes politiques.

Les permanences

Les « permanences » peuvent être naturelles : les océans, les chaînes de montagnes, les plaines ne bougent pas à l'échelle des vies humaines. Ces données représentent autant de contraintes dites « immuables » dont s'accommodent les hommes, même s'il arrive à certains de vouloir changer la donne (ainsi du communisme soviétique rêvant d'inverser le cours des fleuves sibériens).

Certaines permanences sont historiques ou culturelles. Les continents, les pays, les régions sont modelés et remodelés par des histoires multiséculaires. Le temps façonne les comportements, les traditions, les règles. L'homme est un animal historique, façonné par d'innombrables souvenirs et héritages dont il n'est, le plus souvent, pas conscient. Tout cela crée, selon une expression établie, une « seconde nature », nature historique fabriquée par les siècles et n'ayant de « naturels » que le nom et l'apparence.

Un groupe, une communauté, un peuple est un ensemble d'individus liés par un territoire et une histoire, cette histoire ne cessant de travailler et de retravailler cet ensemble. La géopolitique cherche à identifier et à isoler les constantes et les répétitions.

Exemple

La Chine est sans doute la plus vieille des constructions géohistoriques. La combinaison de cette ancienneté et de la masse chinoise – qui représente environ un cinquième de l'humanité depuis des millénaires – ne saurait imprimer chez les Chinois qu'un sentiment de quasi-éternité et d'invulnérabilité. Pourtant, le pays est régulièrement envahi, ne cessant de se décomposer et de se recomposer. D'où la tentation profonde de la fermeture, de la muraille, pour rétablir une unité perdue, une intégrité corrompue. Dans cette perspective, l'ère maoïste (1949-1976) n'est plus une rupture radicale avec le passé mais, bien au contraire, un énième renfermement de la Chine, celle-ci se rassemblant après un siècle d'effondrement à la suite des guerres de l'Opium.

Autre exemple : les « régions-tampons ». Ces zones charnières se retrouvent, à travers les siècles, entre les blocs de puissance. Ainsi, le Proche-Orient, à cheval entre l'Empire romain et la Perse sassanide durant l'Antiquité, puis entre Byzance et les empires arabes puis turcs, entre les États-Unis et l'URSS durant la guerre froide, et enfin entre occidentalisation et islamisation aujourd'hui. Ces « régions-tampons » sont en permanence tiraillées entre plusieurs hégémonies ou protections : il leur faut un protecteur, mais lequel choisir ?

Les cycles

Le pouvoir et la puissance n'échappent pas à un cycle simple : ascension, apogée, déclin. Aucune entité géopolitique n'échappe à cette loi d'airain. Dans les faits, les processus ne sont jamais linéaires : il y a des répits, des renaissances (authentiques ou illusoires), des accélérations, des effondrements surprenants. Chacune des phases de ce cycle peut se borner à quelques années ou décennies ou s'étaler sur des siècles. Rome est fondée en 753 avant J.-C. ; le dernier empereur d'Occident, Romulus Augustule, est déposé en 476. Mais Rome demeure une extraordinaire exception. L'empire britannique, dans sa plénitude, dure deux siècles (les Indes sont britanniques de 1763 à 1947). Le rêve de puissance de l'Allemagne s'épanouit dans le sillage de son unification en 1871 et s'évanouit avec les défaites des deux guerres mondiales.

Et la France ? Elle est la première puissance européenne pendant deux siècles, de Richelieu à Napoléon, mais elle est déjà sur le déclin tout au long du XVIIIe siècle face à l'Angleterre qui triomphe sur les océans. Depuis ce moment de gloire, la France, imaginative, conçoit des substituts, des multiplicateurs de puissance : un deuxième empire colonial au XIXe siècle et dans la première moitié du XXe (le premier ayant été perdu en 1763, à l'issue de la guerre de Sept Ans), la construction européenne depuis les années 1950…

La démarche géopolitique s'interroge sur ces cycles de puissance. En ce début de XXIe siècle, les États-Unis ne sont plus au faîte de la puissance. Disposent-ils toujours de l'intelligence et de la force nécessaires pour faire face à des défaites (au Vietnam au début des années 1970, en Irak et en Afghanistan dans les années 2000) ? Ou bien leur déclin est-il déjà amorcé, peu visible encore sous les ors de la puissance, mais entamant déjà leur capacité à se faire obéir et respecter ? Le cas échéant, des successeurs se profilent-ils ?

Pour aller plus loin

Dans le monde des années 2000, toutes sortes de géants géopolitiques s'affrontent quand, dans le même temps, en émergent de nouveaux : Chine, Inde, Arabie saoudite, Iran, Brésil, Nigeria, Afrique du Sud, entre autres. La question de la capacité d'un État (ou d'une poignée d'États) à continuer à décider du sort de la planète et à arbitrer les débats se pose. Sur cette Terre de plus en plus interdépendante, de plus en plus institutionnalisée, les jeux d'équilibre entre puissances vont-ils laisser la place à une gouvernance plus organisée, encadrée par le droit et des organisations planétaires ?

Les ruptures

L'histoire est marquée par des permanences géoculturelles, des tendances de fond, mais aussi par le heurt imprévu de forces et par des cassures. Constitue une rupture tout accident mûri longuement dans les profondeurs de l'histoire avant d'éclore brutalement dans les sociétés pour en bouleverser toutes les composantes. Les ruptures ne sont pas si fréquentes. Quatre exemples distincts montrent qu'il faut manipuler cette notion avec prudence :

- **1789.** Le feu révolutionnaire embrase soudainement la France monarchique de la fin du XVIIIe siècle. Bien des évolutions – d'abord les Lumières – ont annoncé ce changement. Mais les événements, par leur soudaineté, leur brutalité, leur ampleur, constituent pour les contemporains un séisme incompréhensible. Plus rien ne sera comme avant. L'ordre monarchique – l'Ancien Régime – est poussé dans les fossés de l'histoire. En 1917-1918, ses ultimes vestiges – Russie des Romanov, Allemagne des Hohenzollern, Autriche-Hongrie des Habsbourg – sont engloutis.
- **1914.** L'éclatement de la Première Guerre mondiale durant l'été 1914 est vécu comme une plongée dans les ténèbres. La guerre détruit la vieille Europe des empires, mais accouche aussi de phénomènes inédits : la révolution soviétique en Russie, le fascisme en Italie, le nazisme en Allemagne. La violence de la guerre métamorphose les peuples.

- **1989-1991.** Le monde soviétique s'écroule sous le poids de ses contradictions. Il s'agit moins d'une rupture que de la fermeture d'une « grande parenthèse » (Jean Baechler) ouverte par la Première Guerre mondiale et l'un de ses enfants, la révolution soviétique. En effet, avec la fin de soixante-dix ans de communisme marxiste-léniniste, l'histoire, bousculée en 1914, reprend plutôt son cours.
- **2001.** Avec les attentats d'al-Qaïda contre les deux tours du World Trade Center de New York (11 septembre 2001), le monde comprend que n'importe qui peut être frappé n'importe où par les moyens les plus inattendus (ici, des avions détournés). L'événement est certes impressionnant, mais il est limité dans l'espace et le temps. Dès le lendemain du 11 Septembre, même si Wall Street demeure fermé quelques jours, la vie reprend très vite. Le 11 septembre 2001 marque l'avènement d'un terrorisme planétaire. S'agit-il alors d'une rupture ou de l'expression d'une violence inhérente à la mondialisation, aux frustrations (haine de la richesse de l'Occident) qu'elle suscite ?

À retenir

Du point de vue de la géopolitique, la rupture – s'il y a rupture – n'abolit pas les permanences. Elle les conduit seulement à se redéfinir.

Les traumatismes

Pour un individu, constitue un traumatisme tout événement qui affecte irrémédiablement son existence, comme une maladie, la mort d'un proche, un échec sentimental... Le traumatisme laisse une cicatrice, une trace, une empreinte indélébile et douloureuse. Il y a un avant et un après, rien ne sera plus comme avant. Les peuples, les régions, les continents et même l'humanité entière subissent, eux aussi, des traumatismes : catastrophes naturelles, épidémies, guerres, révolutions... Ces chocs, essentiels pour comprendre ces ensembles, constituent des jalons incontournables dans la mémoire collective des peuples et pèsent très lourd dans leurs choix fondamentaux.

Ainsi, la Russie demeure hantée par le souvenir des invasions (Mongols, Charles XII, Napoléon Ier, Hitler) qui l'ont ravagée et qui, aujourd'hui, expliquent l'obsession sécuritaire des gouvernants russes : l'étranger veut notre mort, alors faisons de notre pays une forteresse impénétrable ! L'Allemagne, marquée par la guerre de Trente Ans (1618-1648) et les guerres napoléoniennes (dont nombre de batailles ont lieu sur le sol allemand), n'oublie jamais qu'elle est au centre de l'Europe, champ clos où se rencontrent et s'affrontent l'Est et l'Ouest ; d'où son rêve de domination de l'Europe (Guillaume II, Hitler), ou sa tentation isolationniste. Les défaites de la France (fin de l'Amérique française en 1763, échec définitif de l'Empire napoléonien en 1815, première débâcle devant l'Allemagne en 1871, deuxième débâcle face à l'Allemagne en 1940) façonnent sa politique étrangère : révision à la baisse des ambitions planétaires, priorité à la relation avec l'Allemagne.

Tous les peuples ont leurs traumatismes, expériences fondatrices obsédantes qui déterminent les choix cruciaux. La Suisse n'échappe pas à la règle. Se souvenant de ses combats farouches contre les colosses (empire des Habsbourg, France monarchique puis napoléonienne), elle opte pour la neutralité. L'indépendance et la quiétude de la Confédération sont garanties par le refus de toute alliance, de tout engagement dans un conflit. L'exemple suisse confirme que l'analyse géopolitique doit toujours être globale, prendre en considération tous les facteurs en interaction. La géopolitique doit les explorer, car ils façonnent tous les groupes humains, leur culture, leurs réflexes, et produisent une seconde nature qui ne se dissocie pas de l'histoire des subconscients collectifs.

Les engrenages

Il y a engrenage lorsque des individus ou des sociétés se découvrent pris dans un enchaînement de décisions vécues comme inéluctables et conduisant au désastre.

Deux exemples parmi d'autres :

- **L'été 1914.** L'assassinat de l'archiduc François-Ferdinand d'Autriche, à Sarajevo (28 juin 1914), enclenche un compte à rebours conduisant dans les premiers jours d'août à une conflagration générale en Europe. Les chancelleries européennes ont vécu bien des fois ce genre de crise et ont donc tous les outils diplomatiques pour y faire face. Pourtant la guerre éclate. L'Autriche-Hongrie se convainc qu'elle va enfin pouvoir régler son compte à la voisine haïe, la Serbie. L'Allemagne apporte un soutien inconditionnel à son allié austro-hongrois. La Russie, grande amie de la Serbie, craint de ne pas avoir le temps de mobiliser ses forces armées pour faire face à l'Allemagne. La France, inquiète d'être submergée par les troupes allemandes, veut que la Russie attaque très vite l'Allemagne à l'est. Tout s'emballe. Les plus lucides voient l'Europe plonger dans l'inconnu. Mais la mèche est allumée, le baril de poudre explose.
- **La crise de 1929.** Le jeudi 24 octobre 1929, la Bourse de New York s'effondre. C'est le début d'un engrenage menant à la Seconde Guerre mondiale. Entre 1929 et 1932, les gouvernements

américains et européens, affolés par la crise, réagissent de façon traditionnelle : ils multiplient les mesures de protection et de fermeture de leurs économies respectives. Ces mesures, amplifiant la réduction des échanges, accentuent le krach au lieu de le résorber. Le 30 janvier 1933, Hitler est nommé chancelier d'Allemagne. La question change de nature, Hitler étant déterminé à bouleverser l'ordre international.

Attention

Une catastrophe se produit souvent du fait de l'aveuglement des hommes, convaincus de prendre les bonnes décisions – parce qu'elles sont conformes à la « sagesse établie » –, alors que ces décisions accélèrent le processus. Ce que la sagesse populaire traduit par l'expression : « mettre le doigt dans l'engrenage ».

Les hommes croient prendre des décisions techniques, sans portée, ou se laissent ballotter par les circonstances. L'engrenage s'enclenche, d'abord à peine perceptible, puis soudain irréversible. En ce début de XXIe siècle, les exemples ne manquent pas : Israël englué dans les territoires occupés (Cisjordanie) par les îlots de colonisation juive qu'il y a implantés, États-Unis pris au piège de l'Afghanistan et de l'Irak, et même l'État providence à l'européenne ou à l'occidentale, prisonnier des droits et des avantages qu'il a distribués et qui sont désormais « acquis ».

Enrichissement et appauvrissement

Les sociétés pauvres ne peuvent raisonner comme les sociétés riches. Une société pauvre est organisée autour de ses besoins immédiats : nourrir ses membres, assurer la survie du groupe toujours menacé par des accidents (mauvaises récoltes, arrivée d'envahisseurs). D'où des disciplines très strictes : élimination ou abandon des bouches inutiles, esclavage des vaincus. L'enrichissement dégage peu à peu un surplus. Celui-ci est contrôlé jalousement par les maîtres du pouvoir, mais ces derniers, pour assurer leur prestige et limiter les troubles sociaux, sont contraints d'en distribuer une partie. Ces conflits autour du surplus, autour de ressources toujours limitées exaspèrent les frustrations et les tensions. Tout cela pèse aussi sur la géopolitique. La pauvreté induit en principe la guerre (ainsi dans l'Afrique postcoloniale).

Sans doute plus importantes que les niveaux de pauvreté ou de richesse sont les dynamiques d'enrichissement ou d'appauvrissement. Les sociétés qui s'enrichissent sont tirées vers le haut, par la perspective d'un avenir plus facile, plus ouvert. Les sociétés qui s'appauvrissent ne peuvent, elles, que se déchirer ou tenter de piller des voisins. Avec la diminution des richesses, tout devient difficile, le moindre partage (de la nourriture ou des emplois) déclenche des disputes, des jalousies.

Exemple

Dans l'Occident des années 1930, la contraction des échanges et des productions nationales ainsi que le chômage massif disloquent des sociétés et réveillent haines et passions (notamment en Allemagne et au Japon, très durement frappés par le krach).

Dans une direction ou dans l'autre, toute dynamique creuse des écarts, suscitant comparaisons et luttes. Dans une société en croissance, les plus dynamiques ou les plus avides grimpent beaucoup plus vite que le plus grand nombre, d'où un creusement des inégalités. Dans une société stagnante ou qui s'appauvrit, les riches se cramponnent à une fortune qui s'évanouit, tandis que les plus défavorisés sont immédiatement frappés.

Toutes ces données économiques et sociales ne peuvent être oubliées par la géopolitique. L'enrichissement ne résout pas les problèmes sociaux et politiques. Mais il met de l'huile dans les rouages sociaux. À l'inverse, l'appauvrissement durcit, rouille tous ces rouages. Dans cette perspective, le XXe siècle est marqué par la claire reconnaissance de l'importance de l'économique : pas de paix possible sans croissance.

La Grande Muraille, instrument et symbole de la fermeture de la Chine.

Ouverture ou fermeture ?

Est fermée toute société percevant l'extérieur et l'étranger comme une menace, et se faisant forteresse pour s'en protéger (Union soviétique, Cuba, Corée du Nord), d'où une agressivité, une méfiance ou une hostilité à l'égard de l'étranger. L'absence ou le refus du contact avec l'extérieur stimule l'égocentrisme national et la peur de l'autre. À l'inverse, est ouverte toute société pour laquelle l'extérieur et l'étranger sont source d'enrichissement matériel et moral (démocraties occidentales). Une société ouverte croit en l'échange et en ses vertus, elle est donc *a priori* pacifique.

Voilà pour la théorie. Dans les faits, les sociétés réelles sont plus complexes, et leur rapport à l'autre plus ambivalent. Certes, il peut y avoir des sociétés totalement fermées (régimes totalitaires). Mais nombre de sociétés closes, installées dans l'autosuffisance, se révèlent finalement peu agressives, négligeant tout simplement l'extérieur. À l'inverse, les sociétés ouvertes le sont toujours imparfaitement, tout groupe humain reposant sur la séparation entre intérieur (nous) et extérieur (eux) : les démocraties occidentales contrôlent ainsi strictement les entrées de personnes sur leur territoire. Ces sociétés peuvent se révéler agressives, tenant à ce que les autres se convertissent aux mêmes valeurs qu'elles.

Les régimes selon Aristote

Selon le philosophe grec Aristote (384-322 av. J.-C.), précepteur d'Alexandre le Grand, il existe trois types possibles de régime :

- le régime d'un seul, la monarchie ;
- le régime d'un collège, d'un groupe restreint, l'aristocratie ;
- le régime de tous, la démocratie.

Le critère d'Aristote est simple : le nombre des gouvernants. Aristote ajoute qu'avec le temps tout régime se dégrade : la monarchie vire à la tyrannie, l'aristocratie à l'oligarchie, la démocratie à la démagogie.

Le schéma d'Aristote, qui s'intéresse à ce qui se passe au sein de chaque entité politique, peut être transposé aux rapports entre ces entités. Ainsi, avec le temps, la monarchie se métamorphose en empire, l'aristocratie en système d'équilibre sous la direction d'un concert de puissances, et la démocratie en sécurité collective. Ces trois types de paix – empire, équilibre, sécurité collective – n'existent pas dans la réalité où ces trois éléments se combinent selon des dosages variables et changeants.

Or qu'il s'agisse de l'empire, de l'équilibre ou de la sécurité collective, le but et le moteur du système sont sa préservation (maintenir l'empire, l'équilibre, la sécurité collective). La paix ou plus précisément l'absence d'affrontement armé n'existe que si le système fonctionne bien. Que le système se dérègle et les armes sont vite de retour.

Aristote.

Les monocraties et les oligarchies

Les monocraties et les oligarchies sont deux des systèmes politiques les plus répandus au monde, le troisième étant la démocratie.

Dans une monocratie (du grec *monos*, « seul », et *kratos*, « pouvoir »), le pouvoir est confié à un seul individu. Un tel système est vite prisonnier de son maître, de ses caprices ou de ses hésitations. La géopolitique explore alors la psychologie du chef, ses motivations avouées ou cachées.

Exemple

Hitler est emporté par un délire messianique : persuadé d'être le sauveur de l'Allemagne, il ambitionne d'étendre son empire sur le monde entier. Par ses coups de poker répétés (agression de la Pologne, attaque de l'URSS), il fait sombrer le rêve nationaliste allemand.

Dans le chaos des événements, des dynamiques collectives et des innombrables calculs individuels, les données et les tendances massives, matériau de la géopolitique, pèsent toujours, mais elles ne fixent pas le cours de l'histoire. Cette dernière, modelée par tant de facteurs et notamment par les décisions individuelles, demeure aléatoire et imprévisible.

Nombreuses à travers l'histoire, les oligarchies (du grec *oligos*, « peu nombreux », et *arkhè*, « commandement ») s'épanouissent indifféremment dans des régimes monarchiques ou démocratiques. La spécificité de ce système réside dans la position centrale et directrice d'une élite. Dépassant les inévitables rivalités individuelles, celle-ci est soudée par un sens aigu de sa supériorité et de sa mission. Nombre d'empires, notamment les empires coloniaux européens (Espagne, Pays-Bas, Angleterre, France), sont bâtis par une poignée d'individus convaincus que le monde leur appartient.

Attention

Comme dans la plupart des systèmes, ce qui fait la force des oligarchies fait également leur faiblesse. Ces élites, initialement ouvertes et mobiles, peuvent se fermer, se fatiguer, se scléroser. Au XXe siècle, l'Angleterre d'Eton et des lords, s'épuisant à conserver un empire devenu trop étendu, est finalement contrainte de passer sous les fourches Caudines de sa relation « privilégiée » (*special relationship*) avec les États-Unis.

Dans la perspective géopolitique, ces ascensions parfois fulgurantes de groupes limités, puis leur long et chaotique déclin coïncident avec des cycles de puissance. Non linéaire, le processus est toujours différent d'une oligarchie à l'autre, leur déclin ou leur décadence étant indissociable de très nombreux facteurs : amoindrissement des richesses, apparition de nouveaux rivaux... Des oligarchies peuvent s'adapter ou se renouveler : ainsi la République romaine se soumettant à l'empereur Octave Auguste.

Les démocraties

La démocratie (du grec *démos*, « peuple », et *kratos*, « pouvoir ») est fondée sur le peuple ; ce dernier est composé de citoyens égaux, qui élisent les gouvernants. Tout au long du XXe siècle, la démocratie, en dépit de ses imperfections et de ses dysfonctionnements, s'est peu à peu imposée comme le régime politique de référence universel. Winston Churchill (1874-1965) la définissait, non sans humour, comme « le pire des régimes, à l'exception de tous les autres ».

Dans une perspective géopolitique, la question qui se pose est la suivante : les démocraties ont-elles une géopolitique particulière ? La réponse est clairement non. Les démocraties sont des États comme les autres, avec des contraintes et des obligations. Le Royaume-Uni, les États-Unis, États démocratiques, n'oublient jamais leur priorité géopolitique : tenir les océans.

Les démocraties ne peuvent pas vivre sans le soutien du peuple. C'est à la fois leur force (être en mesure de mobiliser toute une population) et leur talon d'Achille (devoir répondre aux attentes de l'opinion). Ainsi, dans les démocraties, la guerre commence souvent dans l'enthousiasme (Première Guerre mondiale, interventions militaires américaines au Vietnam dans les années 1960, puis en Irak en 2003). Le soutien populaire est d'autant plus massif que le combat engagé est guidé par les motifs les plus élevés : sauver la patrie, libérer l'ennemi de la tyrannie auquel il serait soumis. Mais l'ennemi résiste, les morts s'accumulent, l'enthousiasme s'effrite, il faut en finir le plus vite possible. Soit l'on se replie dans la hâte (la France d'Indochine en 1954, les États-Unis du Vietnam en 1975), soit on met les bouchées doubles pour parvenir à une victoire totale (« capitulation sans conditions » de l'Allemagne puis du Japon en 1945).

Attention

Les démocraties libérales sont fondées sur la séparation des pouvoirs et des procédures, et sur l'opinion publique – autant d'éléments qui les contraignent en principe au dialogue, à la négociation, au règlement pacifique de leurs différends... Cependant, qui peut assurer que, dans un climat de tension extrême (effondrement économique, luttes âpres pour les marchés et les matières premières, fièvres nationalistes), des démocraties s'étant données à des gouvernants à poigne n'en viendraient pas aux mains ? Contrairement à une idée reçue, démocratie ne rime pas forcément avec règlement pacifique des conflits. En 1914, tous les parlements (français, britannique, allemand...) ont voté les crédits pour la guerre...

Les régimes impériaux

L'empire est sans doute la construction géopolitique la plus représentée tout au long de l'histoire. Les empires évoluent (et meurent), mais présentent toujours, au-delà de leur extrême diversité, deux constantes :

- **Une dynamique d'expansion.** Moteur de l'empire, cette dynamique est toutefois vouée à s'épuiser à un moment donné, l'empire sentant que, s'il veut durer, il doit se fixer dans un territoire protégé par un mur en principe impénétrable (la Grande Muraille de Chine, le limes de l'Empire romain).
- **Une organisation hiérarchique autour d'un centre, l'empereur.** Le pouvoir impérial a deux missions : assurer la défense de l'empire contre les agressions extérieures et maintenir la paix au sein de l'empire dans le respect de ses diversités ethniques, religieuses, etc.

Les constructions impériales ne cessent de séduire les hommes, fascinant par leur taille monumentale, leur capacité à garantir à des populations sécurité et prospérité dans le respect d'une certaine diversité, leur longévité : l'Empire romain dure entre cinq et quinze siècles, selon que l'on prend en considération la fin de l'empire d'Occident en 476 ou la chute de Byzance, capitale de l'empire d'Orient, en 1453. L'Empire ottoman, qui naît à la fin du XIIIe siècle, est démantelé plus de six siècles plus tard par les vainqueurs de la Première Guerre mondiale.

Le régime impérial fait également preuve d'une remarquable plasticité. Empire et démocratie semblent s'opposer : le premier, hiérarchique et autoritaire, la seconde, égalitaire et gouvernée par le consentement des peuples. Or, tout au long de l'histoire, empire et démocratie se combinent. De l'Empire romain à l'empire britannique, le pouvoir impérial peut s'accompagner de mécanismes démocratiques, indispensables à la perpétuation de l'empire : ouverture des carrières impériales sinon aux colonisés, du moins aux colonisateurs, éléments de démocratie locale, statuts particuliers.

À retenir

Pour la géopolitique, les empires constituent une source inépuisable de réflexion. Leur naissance, leur développement, leurs défaites temporaires ou définitives, parfois leur renaissance ou leur réinvention éclairent les relations toujours changeantes entre territoire et politique.

Les constructions impériales sont indissociables de leur enracinement territorial : la Méditerranée pour Rome, l'Eurasie pour la Russie… Chaque empire se traduit par une appropriation unique des territoires. Ceux-ci contribuent à façonner les structures impériales, mais ils ne les déterminent pas, l'humain ne perdant jamais sa part d'imprévisibilité.

Alexandre le Grand et son cheval Bucéphale, illustration de Walter Crane en 1910.

Quelques empires célèbres

Certains empires continuent à hanter la mémoire des hommes :

- **L'empire d'Alexandre le Grand :** de 356 à 323 avant J.-C, il s'étend de l'Égypte au Pakistan actuel.
- **L'Empire romain :** né en même temps que Rome (753 av. J.-C.), il est démantelé en 476 en Occident et subsiste en Orient jusqu'à la prise de Byzance par les Ottomans en 1453.
- **L'empire du Milieu :** fondé au IIIe siècle avant J.-C. sur le territoire de la Chine actuelle, il s'éteint avec la déposition du dernier empereur, Puyi, en 1912.
- **L'empire colonial portugais :** le premier empire colonial de l'Europe survit jusqu'à la mort du dictateur Salazar (1970).
- **L'empire colonial espagnol :** il débute avec la découverte de l'Amérique (1492) et se désagrège à partir du début du XIXe siècle avec l'indépendance des colonies latino-américaines.
- **La Russie impériale :** façonnée au XVIe siècle par Ivan le Terrible, elle s'étend de l'Ukraine au Pacifique. L'empire des tsars disparaît en 1917 (révolution d'Octobre).
- **L'empire britannique :** prenant forme au XVIIe siècle, il inclut notamment l'Amérique du Nord et l'Inde.
- **L'empire colonial français :** il y en eut deux. Le premier, centré sur l'Amérique (Antilles, Louisiane, Québec), disparaît en 1763, à l'issue de la guerre de Sept Ans. Le second (Afrique et Indochine) est démantelé au lendemain de la Seconde Guerre mondiale.

La cité

Nombreuses sont les cités qui ont marqué l'histoire : cités célèbres de la Grèce antique (Athènes, Sparte, Corinthe), cités marchandes de l'Europe du Moyen Âge et de la Renaissance (Amsterdam, Venise), mégalopoles modernes du continent asiatique (Singapour, Hong Kong). Ces organisations politiques originales prospèrent aux marges des empires ou des royaumes, au carrefour des voies commerciales, vivant de l'échange avec une vitalité parfois éblouissante.

Exemple

La situation privilégiée de Venise, dans une lagune de la mer Adriatique, a assuré la prospérité de la cité, restée libre pendant près de dix siècles. Stratégiquement positionnée au carrefour des empires d'Orient et d'Occident et du monde slave, Venise connaît son apogée à partir de 1204, avec la prise de Constantinople lors de la quatrième croisade.

Si les empires soulèvent la question des rapports entre immensité et pouvoir, les cités soulèvent celle des rapports entre petitesse et pouvoir. L'atout des cités, qui est aussi leur faiblesse majeure, réside dans cette petite taille : elles ne s'appuient pas sur un vaste territoire, qu'il faut surveiller et défendre. Elles doivent cependant survivre entre des colosses qui les convoitent. Elles doivent toujours se tenir sur leurs gardes, disposer d'informateurs (policiers, ambassadeurs) afin de connaître et d'exploiter les jalousies de leurs prédateurs. L'Italie des villes marchandes se transforme ainsi en champ de bataille où s'affrontent la France et l'Autriche des Habsbourg. En 1797, la République sérénissime de Venise, l'un des plus hauts lieux de la civilisation européenne, est prise par Bonaparte et livrée à l'Autriche.

Les cités rappellent qu'il existe d'innombrables possibilités d'organisation de la vie publique, avec leurs avantages et leurs inconvénients propres. La cité est en général l'option de sociétés sentant ou comprenant que le commerce est la vraie source de l'enrichissement. Ce qui importe, c'est d'être à la jonction des réseaux, des routes. La cité dépend de l'échange. Elle est donc vulnérable à toute rupture dans les circulations. Soit elle est en mesure de garantir par elle-même la sécurité de ces circulations, soit elle a besoin d'un ou de plusieurs protecteurs.

L'État-nation

Un État se définit d'abord par un territoire aux frontières clairement délimitées, faisant l'objet de reconnaissances mutuelles avec les autres États. Sur son territoire, l'État est souverain, il n'est subordonné à aucune autorité supérieure, il établit les lois et veille à leur respect. Il se doit de garantir la sécurité de sa population, mais aussi de son territoire.

À partir du XVIe siècle, la question de la légitimité de cet État devient centrale : d'où tient-il son pouvoir ? Pourquoi faut-il lui obéir ? À travers des crises violentes, il est peu à peu admis que, dans un monde où chacun devient libre de ses croyances religieuses, Dieu ne peut plus être le fondement du pouvoir. Il faut au pouvoir un fondement humain. Des philosophes forgent alors le concept de contrat social : l'État est un monstre chargé d'assurer la paix sociale entre les hommes qui, sans lui, se déchireraient.

Mais l'État peut-il n'être qu'une machine à maintenir l'ordre, sans substance humaine ? Cette question fait naître l'idée de nation, qui désigne une communauté d'hommes, soudée par des souvenirs, des sentiments communs, développant une conscience propre. Dans cette optique, l'État et la nation sont naturellement associés : l'État donne à la nation des structures juridico-politiques, la souveraineté la consacrant face aux autres États ; la nation fait de l'État un ensemble vivant, pleinement légitime dans l'esprit de chaque citoyen.

À la fin du XVIIIe siècle, la fusion entre État et nation paraît aller de soi, notamment dans les deux États-nations qui naissent alors : les États-Unis, où la guerre d'Indépendance semble fonder simultanément la République américaine et la nation américaine, et la France révolutionnaire, où la communauté nationale a été préparée par des siècles de centralisation et d'unification monarchiques. L'État-nation, adéquation entre un cadre institutionnel et une communauté humaine, promet d'être la cellule de base du système international, à charge pour celui-ci de faire vivre ensemble, en principe harmonieusement, toutes ces cellules.

Attention

Pourtant, État et nation ne coïncident pas nécessairement. En ce début de XXIe siècle, l'éventail des possibles paraît infini : à un extrême, des États sans nation ou, plus exactement, multinationaux, allant du Royaume-Uni ou de l'Espagne à la Russie ; à l'autre extrême, beaucoup de nations sans État, allant des Catalans aux Kurdes, en passant par les Tibétains. Au point que l'on peut se demander s'il existe encore aujourd'hui un véritable État-nation, dans la plus stricte acception du terme, à savoir un État fait d'une seule nation.

L'idéologie

Les sociétés ont toujours le même souci : donner à leur combat pour la survie des motivations supérieures. Depuis l'aube des temps, tout conflit important combine ainsi lutte pour des territoires et heurts entre différentes représentations du monde.

Exemple

Aux IIIe et IIe siècles avant J.-C., lors des guerres puniques, Rome et Carthage combattent à mort pour le contrôle de la Méditerranée occidentale (enjeu territorial) mais s'opposent aussi idéologiquement (République romaine contre ploutocratie carthaginoise).

Schématiquement, on appelle idéologie la représentation qu'un peuple se donne à lui-même, autrement dit, son système de valeurs. Depuis les origines, bien des peuples sont persuadés de représenter la quintessence de l'humanité (certains appelant tout simplement leur communauté « les hommes ») et assimilent les autres populations à des sauvages appartenant à une espèce différente. De même, durant la Première Guerre mondiale (1914-1918), des deux côtés, les plus grands intellectuels (Paul Valéry en France, Thomas Mann en Allemagne) se mobilisent pour expliquer que leur camp incarne la civilisation en lutte contre la barbarie.

Peut être définie comme politique idéologique toute politique visant à soumettre ou à rallier d'autres peuples à une « Vérité » absolue ou à une vérité particulière. Ces politiques caractérisent des entités porteuses d'une nouvelle croyance ou issues d'une révolution (Arabes déferlant sur le Moyen-Orient au VIIe siècle pour y implanter la « vraie » foi, l'islam ; France de la Révolution française voulant couvrir l'Europe de républiques sœurs ; Union soviétique se donnant pour mission de convertir l'humanité au marxisme-léninisme...) et sont d'autant plus efficaces qu'elles prétendent servir le bien général (Union soviétique, « patrie du socialisme », mettant à son service le mouvement communiste international).

Mais un État menant une politique idéologique bute tôt ou tard contre le même dilemme : quelle articulation établir entre cette priorité idéologique et les intérêts propres de l'État ? La France révolutionnaire sème en Europe le principe national, qu'Allemands et Italiens, entre autres, s'approprient pour combattre et détruire l'hégémonie française. Les États-Unis ne cessent d'être tiraillés entre la diffusion hasardeuse de la démocratie et leur besoin d'alliés, ces derniers pouvant être fort peu démocratiques (Arabie saoudite, Égypte...).

Attention

Les idées sont des instruments redoutables pouvant se retourner contre leur promoteur.

Les universalismes

Lorsqu'un système de valeurs, même s'il prend forme dans un groupe particulier, s'adresse à tous les hommes, a vocation à les toucher tous, entend s'imposer à l'humanité entière comme un modèle universel, on parle d'universalisme.

Les premiers universalismes émergent dès le Ier millénaire avant notre ère : le bouddhisme en Inde, le zoroastrisme en Iran, le pythagorisme en Grèce et en Italie. Ces tentatives sont relayées par la mise en place de la citoyenneté romaine, par les trois grands monothéismes (le judaïsme, le christianisme et l'islam), et, enfin, par les universalismes modernes (le socialisme, le libéralisme, etc.).

Animés par une logique expansionniste, ces universalismes ont besoin, pour asseoir leur supériorité sur les autres systèmes, de se doter d'une légitimité.

Exemple

Lors de leur expansion coloniale, les puissances européennes sont convaincues de participer à l'émancipation des « peuples enfants » en semant dans les contrées sauvages d'Amérique, d'Asie et d'Afrique les germes de la civilisation et du progrès.

Tout universalisme est le lieu d'affrontements virulents et sans fin : hérésie, schisme, excommunication, inquisition. *A fortiori* lorsque deux universalismes contemporains ou deux champions du même système de valeurs entrent directement en concurrence.

Exemple

De 1917 à 1949, l'Union soviétique, seul État où a pris racine le socialisme marxiste, est l'unique propriétaire de l'utopie communiste ; en 1949, la Chine devient communiste par ses propres forces : la voici, elle aussi, détentrice de l'utopie. Rivalités, haine, jalousie s'installent vite entre Moscou et Pékin, chacun de ces deux colosses revendiquant la propriété du véritable communisme.

Constante historique, la compétition que se livrent les universalismes débouche sur des conflits permanents ; en fin de compte, elle apparaît comme une source inépuisable d'instabilité. Les constructions mentales, culturelles ou religieuses échafaudées par les acteurs géopolitiques sont instables, changeantes, mal déterminées. Elles se combinent pour se dissocier, se séparent pour se rapprocher. Remarquables outils de domination des peuples, elles se métamorphosent, renaissent sous d'autres formes ou bien meurent écrasées sous le poids du pouvoir qui les incarne.

Sigmund Freud, fondateur de la psychanalyse, en 1926.

Le scientisme

Dans la seconde moitié du XIXe siècle, la science triomphante, réduisant la religion à une aliénation dont l'humanité doit se libérer, promet de tout déchiffrer. L'homme, son corps et même sa pensée peuvent être démontés comme des mécaniques. Grâce à la science, l'humanité accédera à la pleine maîtrise de la nature et d'elle-même. Le déterminisme triomphe ; tous les phénomènes deviennent des enchaînements de causes et d'effets. C'est dans ce contexte d'optimisme scientiste que s'épanouissent des systèmes d'explication totale de l'homme et de l'histoire : le positivisme d'Auguste Comte (1798-1857), le socialisme scientifique de Karl Marx (1818-1883) et, plus tard, la psychanalyse de Sigmund Freud (1856-1939). Ces systèmes prétendent non seulement tout expliquer en formulant des lois universelles et immuables, mais aussi poser les fondements d'un futur âge d'or où l'homme aura triomphé de tout, de la faim, de la misère, de la peur, de la superstition.

À retenir

La géopolitique s'inscrit dans cette démarche scientifique ou plutôt « scientiste » ; selon la même logique, elle sera la science de l'État considéré dans ses rapports avec son environnement.

Le darwinisme social

L'ouvrage majeur du naturaliste britannique Charles Darwin (1809-1882), *De l'origine des espèces au moyen de la sélection naturelle* (1859), constitue une cassure historique dans la vision que les hommes ont d'eux-mêmes : l'homme, qui se croyait une créature de Dieu, se révèle un animal, soumis aux mêmes lois que les autres animaux et notamment à la lutte sans fin pour la survie. Étendant les lois darwiniennes aux sociétés humaines, le philosophe britannique Herbert Spencer (1820-1903) élabore le concept de darwinisme social.

La période 1850-1914 fournit la toile de fond de la « première » mondialisation. Durant ces décennies, le système mondial d'échanges progresse considérablement grâce à l'exploitation, à très grande échelle, de nouvelles techniques : chemins de fer, bateaux à vapeur, câbles télégraphiques... Les rivalités entre grandes puissances européennes (Angleterre, France, Allemagne, Italie, Russie) et non européennes (États-Unis, Japon) s'intensifient (course aux armements) et s'étendent à tous les continents. L'Asie, l'Afrique, le Pacifique sont à prendre. Les nations occidentales sont engagées dans une lutte sans merci pour la conquête de ces territoires et de ces richesses. Les impérialismes se déchaînent. Les puissances occidentales ouvrent, très souvent à coups de canon, les espaces fermés : la Chine avec les guerres de l'Opium (1839-1842, 1856-1860), le Japon avec l'arrivée dans la baie de Tokyo du commodore américain Matthew C. Perry (1794-1858), l'Afrique à partir des années 1880. Les nations « blanches », imbues de leur supériorité, s'approprient la planète et se disputent tout ce qu'elles peuvent prendre. D'où le sentiment d'une lutte pour la survie entre les peuples.

Voici trois autres exemples qui illustrent parfaitement le concept de darwinisme social :

- **La Première Guerre mondiale (1914-1918) :** les puissances européennes s'entretuent pendant plus de quatre ans, la boucherie s'arrêtant en novembre 1918 après le retrait de la Russie (révolution d'octobre 1917) et l'intervention des États-Unis.
- **Les traités de 1919-1920 :** les empires vaincus (Autriche-Hongrie, Empire ottoman) sont dépecés ; l'Allemagne garde son unité, mais elle est lourdement sanctionnée afin qu'elle ne soit plus en mesure de nuire (réparations financières, strict plafonnement et surveillance de ses forces armées).
- **La Deuxième Guerre mondiale (1939-945) :** le combat est total, mobilisant toutes les capacités des belligérants, faisant des dizaines de millions de morts, anéantissant des villes entières.

La naissance de la géopolitique

- Héritière du scientisme et du darwinisme social, la « géopolitique classique » se développe entre la seconde moitié du XIXe siècle et la première moitié du XXe siècle. Fortement déterministe, celle-ci s'appuie sur trois idées fortes : L'État est un organisme vivant, qui naît, croît, décline et meurt. Il est inséparable d'un milieu : ici, la jungle interétatique. Ses priorités sont la survie et donc une inévitable expansion, sans laquelle il y a stagnation puis contraction.
- **La richesse, le pouvoir, la puissance sont basés sur des « masses »** (territoires, populations, ressources naturelles). Ce constat inspire au géographe politique allemand Friedrich Ratzel (1844-1904) la notion d'« espace vital » (*Lebensraum*) : tout grand peuple doit disposer de territoires suffisamment vastes pour y trouver tout ce dont il a besoin. Les biens « immatériels » (commerce, finances, capacités créatrices) tendent à être sous-estimés.
- **La guerre est un mécanisme de régulation nécessaire,** qui permet d'acquérir territoires et richesses. Moralement, elle est une épreuve indispensable testant la capacité des peuples à lutter.

Portrait

Alfred T. Mahan (1840-1914) est l'un des grands représentants de ce courant. Annonçant la formidable expansion de la puissance des États-Unis, l'œuvre de ce stratège naval américain est traversée par une interrogation : comment faire pour que les États-Unis, qui, comme l'Angleterre, bénéficient de la protection des océans, succèdent à celle-ci au rang de grande puissance ? Pour répondre à cette question, Mahan suit un raisonnement combinant géographie et histoire. Étudiant le long affrontement des deux grandes puissances de la seconde moitié du XVIIe siècle, la France et l'Angleterre, il en dégage deux priorités :

- **Une approche économique et financière du conflit.** Pour l'Angleterre, la guerre doit être une source de profit, son financement méthodiquement organisé, son coût attentivement surveillé. La France de Louis XV et de Louis XVI échoue tragiquement sur ce terrain, son endettement considérable et son incapacité à le réduire contribuent à l'effondrement de 1789, le roi cherchant désespérément de l'argent auprès de ses sujets.
- **Le contrôle de la mer.** L'Angleterre, avec une obstination jamais relâchée, assoit son emprise sur les océans, s'empare des points de passage (Gibraltar, Suez, Le Cap...). La France, soudée au continent, cumule ambitions maritimes et coloniales et volonté de dominer l'Europe ; elle perd sur les deux tableaux.

Halford J. Mackinder

Si l'Américain Mahan est le penseur de la montée vers la puissance, le Britannique Halford J. Mackinder (1861-1947), géographe de formation, est le penseur du déclin.

Son raisonnement s'articule autour de deux éléments :

- **Une vision géographique planétaire.** Les neuf douzièmes de la surface du globe sont des espaces maritimes. Les océans forment un immense boulevard permettant d'accéder à tous les rivages : l'Océan mondial. Les espaces terrestres – les trois douzièmes restants – se divisent en deux parties inégales : deux douzièmes pour l'Île mondiale (Europe-Asie-Afrique), le dernier douzième regroupant principalement l'Amérique et l'Australie. Au centre de l'Île mondiale se trouve une zone stratégique, qui s'étend de l'Europe centrale (Allemagne) à la Sibérie, le *Heartland*, ou « cœur du monde ». Celui qui en est maître domine l'Île mondiale et, partant, la Terre. Tout en étant protégée par des forêts et des déserts, cette immense masse continentale peut projeter ses forces à l'ouest (Europe), au sud (Moyen-Orient, Inde) et à l'est (Chine).
- **La prise en compte des techniques.** À la fin du Moyen Âge, les puissances européennes se libèrent de la route de la soie ; leurs bateaux rejoignent l'Asie par la mer, en contournant l'Afrique. Le *Heartland* est marginalisé, la route de la soie s'étiole. Mais les techniques redistribuent sans cesse les cartes : si les progrès de

la navigation en haute mer ouvrent les océans aux puissances européennes, l'arrivée du chemin de fer (puis de l'avion) permet de lier les immensités continentales. Les différentes parties du *Heartland* interconnectées par les voies ferrées acquièrent une unité, une cohésion nouvelles : avec ces voies ferrées, la puissance qui domine le *Heartland* peut déplacer ses moyens militaires, les acheminer de l'Europe vers l'Asie et vice versa.

Exemple

De 1941 à 1945, l'Allemagne hitlérienne et l'Union soviétique se battent pour le contrôle du *Heartland*. En 1945, voici l'ours russe victorieux en mesure de défier l'impératrice des océans, l'Angleterre, et de dominer le monde. Pour contenir le colosse soviétique, enclavé dans son immense domaine continental, Mackinder formule cette stratégie : isoler le géant russe par le contrôle du *Rimland* (« terres du bord »), c'est-à-dire les zones périphériques ou côtières par lesquelles sont acheminées les marchandises. Ce faisant, Mackinder esquisse la politique du camp occidental à partir de 1947 : la stratégie de *containment* (« endiguement ») conduira à l'effondrement du bloc soviétique en Europe orientale (1989) et à la dissolution de l'URSS (1991).

Friedrich Ratzel, père de la notion d'espace vital.

La *Geopolitik* allemande

Dans la seconde moitié du XIXe siècle, l'Allemagne s'interroge sur son destin géopolitique, sa place et son rôle dans les équilibres et les changements du monde. État unifié en 1871, c'est une « nation tardive » ; elle rejoint la table des grandes puissances (Angleterre, France, États-Unis, Russie) alors que le repas (le partage des territoires et des richesses du monde) est bien avancé. D'où de redoutables frustrations : pourquoi l'Allemagne, dont la population et l'économie sont en pleine croissance, étouffe-t-elle dans des frontières trop étroites pour elle ?

C'est dans ce contexte qu'apparaît la géographie politique de Friedrich Ratzel (1844-1904). Son œuvre considérable développe l'idée que la géographie humaine (développement d'activités économiques, édification d'États, etc.) obéit aux mêmes lois organiques que la biologie (formation, croissance, déclin, mort). Selon cette analyse, toutes les populations de culture et de langue allemandes sont appelées à être regroupées dans un même État (thèse du pangermanisme) et l'Allemagne doit avoir une flotte et un empire colonial.

À retenir

La géographie politique allemande est un instrument scientifico-politique : les « lois » que cette géographie dégage doivent fournir des préceptes d'action au politique.

Karl Haushofer

Relayées par des élites intellectuelles et politiques particulièrement imbues d'elles-mêmes, les théories pangermanistes de Friedrich Ratzel trouvent un écho d'une ampleur inédite dans l'œuvre de Karl Haushofer (1869-1946). Issu de la bourgeoisie intellectuelle allemande, ce dernier suit une carrière très classique d'officier, occupant quelque temps des fonctions diplomatiques en Extrême-Orient. Au lendemain de la défaite de l'Allemagne en 1918, Haushofer, quinquagénaire, multiplie les activités : enseignement de la géographie, création et animation de la revue de géopolitique *Zeitschrift für Geopolitik*, conférences pour le *Volkstum* (communauté allemande incluant les millions d'Allemands « ethniques » ressortissants d'autres États).

Comme tout géopoliticien, Haushofer est un penseur en situation. Durement marqué par la défaite de 1918, il se demande comment faire à nouveau de l'Allemagne l'une des grandes puissances mondiales. La représentation haushoférienne du monde se résume en quatre points :

- **Un grand peuple doit disposer d'un espace vital** (*Lebensraum*) lui procurant toutes les ressources dont il a besoin.
- **L'avenir appartient aux ensembles continentaux,** ensembles économiques fermés, hiérarchisés, associant agriculture, industrie et commerce. D'où les « pan-idées » (pangermanisme, panslavisme, panasiatisme, panaméricanisme…) autour

desquelles les grandes régions du monde sont appelées à s'organiser sous la conduite d'une puissance (Communauté économique européenne du ministre de l'Économie du IIIe Reich Walther Funk, sphère de coprospérité asiatique...).

- **Une alliance naturelle doit s'établir entre l'Allemagne et le Japon,** peuples revendiquant leur espace vital, et les populations colonisées prisonnières d'empires européens (britannique, français...) artificiels, dispersés sur tous les coins de la planète et donc voués à disparaître.
- **Les ennemis à abattre sont les puissances maritimes** (Royaume-Uni, États-Unis) qui, maîtresses des océans, étouffent les ensembles continentaux.

Yves Lacoste en 1972.

La géopolitique à la française

Dans la première moitié du xxe siècle, la géopolitique s'épanouit dans tout pays avide de puissance ou s'interrogeant sur les raisons de son déclin.

Pour la plupart des gouvernants français, le raisonnement géopolitique est quasi instinctif.

Exemple

Charles de Gaulle (1890-1970) pense en termes d'entités, de masses qui se neutralisent ou se dominent les unes les autres. François Mitterrand (1916-1996) considère la construction européenne comme la voie nécessaire pour équilibrer l'ancien ennemi, l'Allemagne.

La seule tentative d'édification d'une géopolitique à la française reste l'aventure de la revue *Hérodote*, créée en 1976 par le géographe Yves Lacoste. Né en 1929, cet homme de gauche se montre très attaché à la France républicaine, donc à l'idée de nation. Constatant la débâcle de l'universalisme communiste, il se tourne vers ce qui modèle les hommes : les territoires, leurs ressources, leurs délimitations. *Hérodote* véhicule bien une forme d'idéologie, centrée sur les liens territoriaux. Les flux (de biens, d'hommes, d'idées) sont seconds, ils n'affectent pas la « substance » (les peuples, les nations, les États). Toutefois, ils la remodèlent, notamment en rendant les frontières poreuses. L'État souverain ne contrôle plus son territoire qu'en le verrouillant et en le vouant à la pauvreté ou en coopérant avec les autres États pour surveiller ces flux.

La géopolitique de l'après-guerre

En 1945, le sort de la *Geopolitik* est scellé. Si elle a été identifiée à tort à Hitler – alors que celui-ci l'a superbement ignorée –, son naufrage s'inscrit dans un contexte beaucoup plus large : celui de la fin de la foi dans la science et le progrès. L'année 1945, en effet, est marquée par plusieurs événements terribles : les bombes atomiques sur Hiroshima et Nagasaki et la libération des camps de concentration qui célèbrent, si l'on peut dire, les noces du progrès et de l'horreur. De plus, l'issue de la guerre porte en elle une nouvelle tragédie : l'Europe orientale « libérée » passe d'une tyrannie à une autre, de l'hitlérisme au stalinisme.

Et la géopolitique ? Elle se porte fort bien, chacun des vainqueurs optant pour une approche spécifique. Les États-Unis, puissance décisive et pivot de la Grande Alliance, adoptent évidemment l'approche la plus large, la plus globale : Washington conçoit une paix planétaire mettant fin aux empires coloniaux et gérée par des institutions à vocation universelle (ONU, FMI...). L'URSS, qui a résisté au plus gros de la force militaire allemande, est ravagée ; ce que veut Staline, grand expert en calculs géopolitiques, c'est une forteresse (Union soviétique plus Europe orientale) isolée et protégée jusqu'au jour où l'humanité entière se sera ralliée au communisme. Quant au troisième vainqueur, le Royaume-Uni, il est éclopé et ruiné, il s'abrite sous l'aile du grand frère américain.

Dès 1946-1947, la guerre froide s'installe. C'est un bras de fer géopolitique, opposant deux ensembles quasi impériaux : le camp atlantique, sous la direction des États-Unis, et le bloc soviétique, sous celle de l'URSS. L'enjeu du combat est la Terre entière : sera-t-elle libéralo-capitaliste ou marxiste-léniniste ? Dans cette partie qui s'étend de la fin des années 1940 à la chute du monde soviétique (1989-1991), le raisonnement géopolitique se révèle plus pertinent que les lunettes idéologiques.

Exemple

En 1972, les États-Unis du président Nixon, démocratie capitaliste, et la Chine maoïste, communiste, opèrent un rapprochement historique, alors que l'idéologie les oppose radicalement. Ce qui l'emporte ici, c'est bien la géopolitique : le colosse américain et le colosse chinois veulent « équilibrer » le colosse soviétique, dont l'expansionnisme s'affirme dans plusieurs régions du tiers-monde.

La sécurité collective, un pacte social

La paix démocratico-institutionnelle repose sur la notion de sécurité collective, laquelle requiert d'abord un pacte social entre les États. Dans l'état de nature qui définit les rapports traditionnels entre États souverains, il existe une ébauche de société interétatique : les relations diplomatiques qu'établissent entre eux les États créent un tissu social interétatique, celui-ci pouvant à tout moment être déchiré par la guerre. Dans la sauvagerie de la guerre subsistent peut-être des morceaux de société interétatique, à travers les règles humanitaires que les belligérants respectent plus ou moins. La sécurité collective exige plus : un pacte écrit, formel ; une Constitution interétatique, un code de conduite. Jusqu'à présent, la plus remarquable matérialisation de cette idée est la Charte des Nations unies (1945). Les États membres de l'ONU – en principe, tous les États de la planète – adhèrent à des principes communs, à des normes de civilisation ou de bon comportement : respect mutuel de la souveraineté et de l'intégrité territoriale des États ; non-ingérence dans les affaires intérieures ; règlement pacifique des différends…

L'institutionnalisation contractuelle des relations interétatiques met les États à égalité. À l'Assemblée générale de l'ONU, chaque

État, de la Chine (1,3 milliard d'habitants) à l'avant-dernier arrivé, le Monténégro (un peu plus de 600 000 habitants), dispose d'une voix.

Dans la sécurité collective, la guerre, acte souverain et libre de l'État – fauve devant toujours pouvoir se défendre contre les autres fauves –, disparaît, les États s'engageant à ne plus s'agresser les uns les autres et à toujours négocier en cas de désaccord. L'éventuel recours à la force armée d'un État contre un autre État n'est plus qu'une délinquance, une violation du pacte social devant être sanctionnée.

Le pire ne doit jamais être exclu : quelqu'un doit séparer le ou les États violant le pacte, les punir, les ramener dans le droit chemin. La sécurité collective requiert donc un policier, un gendarme. Les États parties au pacte doivent consentir à mettre en place, au-dessus d'eux, une instance prête à intervenir, éventuellement par la force armée, si ces États en viennent aux mains. Cette instance doit avoir à la fois la légitimité et la capacité de maintenir et de rétablir l'ordre.

À retenir

En vertu de la sécurité collective, les États souverains, sortant de l'état de nature, se lient par un contrat social ; par ce pacte, ils renoncent à se faire justice eux-mêmes et s'en remettent à un policier supérieur.

Les équivoques du contrat

Le pacte social interétatique, ciment de la sécurité collective, n'est pas dépourvu d'ambiguïtés qui limitent son efficacité réelle.

Pour qu'une société interétatique se matérialise, les États doivent renoncer clairement à se faire justice eux-mêmes pour s'en remettre à l'autorité d'un policier supra-étatique. Or la légitimité des États est indissociable de leur contrôle exclusif de la force légitime (police, armée). Aujourd'hui, aucun État ne veut ni même ne peut abandonner ce contrôle. Pour l'État, s'en remettre à une autorité supérieure, garantissant, à sa place, sa sécurité, celle de son territoire et de sa population, ce serait anéantir le fondement même de son pouvoir. La Charte des Nations unies garantit ainsi « le droit naturel de légitime défense, individuelle ou collective, dans le cas où un membre des Nations unies est l'objet d'une agression armée, jusqu'à ce que le Conseil de sécurité ait pris les mesures nécessaires pour maintenir la paix et la sécurité internationales ».

La sécurité collective exige un policier supra-étatique institutionnel, capable de ramener les États récalcitrants ou délinquants dans le droit chemin. C'est le rôle du Conseil de sécurité des Nations unies. Mais les membres du Conseil restent des États avec leurs intérêts propres. Lorsqu'ils délibèrent sur une crise internationale (Moyen-Orient, Afrique...), leur position ne peut être dictée exclusivement par l'impératif supérieur de la paix et de la sécurité mondiales ; ces États ne sauraient oublier leurs protégés (par exemple, Israël pour les États-Unis) ou leurs ennemis. Le policier collectif se retrouve à la fois juge et partie des conflits impliquant, sinon des membres mêmes du Conseil, au moins certains de leurs alliés. Par ailleurs, que faire si le policier institutionnel, inévitablement composé d'États, se divise, les uns souhaitant agir, les autres s'y opposant ? Comme il arrive très, très souvent, on ne fait finalement rien et on laisse les belligérants s'entretuer.

Pour aller plus loin

Souvent surgit un policier de fait. Certaines grandes puissances entretiennent des relations privilégiées avec des zones dont elles maintiennent plus ou moins l'ordre : Amérique centrale, Caraïbes, Europe, Moyen-Orient pour les États-Unis ; Caucase et Asie centrale pour la Russie ; Afrique noire pour la France... À ces policiers hégémoniques d'intervenir, le résultat n'étant jamais garanti, une anarchie sanglante pouvant en remplacer une autre. Restent les bricolages ou les cocktails : des troupes locales, une pincée d'organisation régionale, un zeste de puissances établies, et, saupoudré sur le tout, un mandat onusien.

Les ingérences

Pour ses promoteurs, le droit d'ingérence représente une avancée historique. Il matérialise le principe qu'une communauté entre tous les hommes est supérieure à leurs intérêts étatiques ou nationaux. Aucune partie de l'humanité, même la plus démunie, ne doit être abandonnée. Le droit d'ingérence s'inscrit dans une dynamique d'ensemble, celle de l'édification de l'humanité comme une société politique. Dans cette perspective, les gouvernants ne disposent plus du droit de faire ce qu'ils veulent au nom de la souveraineté étatique. Dans une logique démocratique et internationaliste, cette dernière n'est légitime que si elle rend des comptes, d'une part au peuple dont l'État n'est que le cadre et l'instrument (élections libres et transparentes) ; d'autre part, aux organisations internationales garantes de l'ordre établi (soumission à des contrôles indépendants).

Dans les faits, force est de constater que les ingérences se passent souvent mal. Beaucoup s'enlisent : Afrique subsaharienne, Haïti. Il arrive que l'intervenant extérieur, fatigué ou écœuré, file à l'anglaise : en 1991, les troupes occidentales se retirent du Kurdistan irakien.

À retenir

Quelles que soient ses intentions (piller, exploiter ou apporter de l'aide), tout intervenant extérieur – soldat, ingénieur, médecin… – reste un étranger, venant pour un temps limité et voué à repartir. Pour les gens du pays, cet étranger peut représenter une chance (d'être nourri, soigné...), mais il est aussi un enjeu, une cible, une proie : il apporte, dans ses bagages, beaucoup de choses rares et convoitées – boîtes de conserve, médicaments, armes, essence, pneus... L'intervenant protecteur parti, querelles et vengeances se déchaîneront à nouveau.

Tout rappelle à l'intervenant qu'il est un intrus voire un occupant : langage incompréhensible ; autorités obséquieuses, toujours prêtes à satisfaire l'étranger (au moins en apparence) ; vols de matériel retrouvé au marché noir ; haine des seigneurs locaux, furieux que leur contrôle sur les populations soit mis en cause... L'intervenant se met alors en colère, frappant sur le premier venu et déclenchant contre lui des représailles. La peur et la lassitude s'installent. L'intervenant se rend compte qu'il n'est pas vraiment apprécié et que son pouvoir est très limité. Il s'enferme dans ses casernes et se déplace dans les zones sûres. S'il est coincé dans ce pays qui n'est pas sa terre, c'est simplement parce que son gouvernement, soucieux d'asseoir sa respectabilité, l'y a envoyé !

Le droit d'ingérence, une protection ?

L'une des innovations majeures du système planétaire est bien le devoir de protéger. « C'est à chaque État qu'il incombe de protéger les populations du génocide, des crimes de guerre, du nettoyage ethnique et des crimes contre l'humanité. [...] Il incombe également à la communauté internationale, dans le cadre de l'Organisation des Nations unies, de mettre en œuvre les moyens diplomatiques, humanitaires et autres [...] afin d'aider à protéger les populations du génocide, des crimes de guerre, du nettoyage ethnique et des crimes contre l'humanité » (paragraphes 138 et 139 du document final du Sommet mondial de 2005, 15 septembre 2005).

Ce texte résume les transformations radicales tant de l'État que de la communauté internationale :

- **La légitimité de l'État souverain est indissociable de sa volonté, de sa capacité à protéger sa population de l'atroce :** meurtres de masse, extermination de groupes... L'État est au service de sa population. Responsable devant elle, il doit être son bouclier contre le pire. La souveraineté n'est plus le droit pour l'État de faire ce qu'il veut chez lui ; elle requiert d'être responsable de sa population.
- **Les États forment une communauté internationale, avec un devoir commun :** agir dans le cas où certains d'entre eux soit se

montreraient défaillants, soit mèneraient des entreprises criminelles. Les États sont membres d'une société interétatique, dont la priorité est de protéger les populations.

- **Deux dynamiques expliquent ces transformations :** la multiplication des liens entre les hommes, constituant une communauté concrète, dans laquelle chacun doit protéger chacun ; l'universalisation des droits de l'homme.

Focus

Le Suisse Henri Dunant (1828-1910) fonde la Croix-Rouge dans les années 1860. Cette organisation affiche d'emblée un but strictement humanitaire : porter secours à toutes les victimes des guerres en ne prenant jamais parti pour (ou contre) l'un des belligérants. Lors de la Seconde Guerre mondiale, la Croix-Rouge, fidèle à son apolitisme, travaille avec l'Allemagne nazie, livrant des colis dans les camps de concentration sans poser la moindre question sur les horreurs qui s'y déroulent. Dans les années 1960, le nouvel humanitarisme de Médecins sans frontières se construit contre l'apolitisme de la Croix-Rouge : il faut non seulement prendre soin des victimes, mais également dénoncer ceux qui commettent des crimes.

Ingérence et politique

L'ingérence humanitaire fait face aux besoins élémentaires d'une population en détresse : nourrir, soigner, loger... Pour agir sur la racine du problème, l'ingérence doit être politique : mettre fin aux combats ; ramener, si possible, les réfugiés chez eux ; fournir aux populations une sécurité durable par l'édification de structures économiques et d'institutions politiques.

Tout au long de l'histoire, les grandes puissances ne cessent de s'ingérer dans les affaires intérieures des faibles au prétexte de faire leur bien. Les colonisateurs européens habillent la mise sous tutelle des Asiatiques et des Africains de nobles justifications : amener ces peuples à la maturité, en les christianisant, en leur enseignant des rudiments d'éducation, en les faisant bénéficier de la médecine moderne (notamment, des vaccinations). D'où, aujourd'hui, un rejet viscéral du droit d'ingérence par les anciens colonisés, les États du Sud, très soucieux de protéger leur indépendance.

Quels que soient les efforts qu'elle fasse pour y échapper, l'ingérence bute toujours sur le politique. L'humanitaire – médecin, éducateur, organisation non gouvernementale... –, dans les situations difficiles (interventions dans des zones de guerre), est contraint de se demander s'il est disposé à travailler dans des conditions « inadmissibles » (partage des secours ou des médicaments entre les victimes et les maîtres du lieu, prélevant leur « impôt ») ? Quant aux États intervenants, les troupes qu'ils mobilisent et les soldats tués leur imposent de poursuivre un but politique, un objectif à long terme : la transformation de l'espace de guerre en un espace de paix, de prospérité et de démocratie.

En ce début de XXIe siècle, les laboratoires de l'ingérence étatique ne manquent pas : Afghanistan, Irak, Timor-Leste, Haïti... Au premier abord, le bilan est désastreux. Les peuples se rebellent, souvent très violemment, contre toute transformation imposée. De plus, ces ingérences, comme tout choc extérieur, mettent brutalement à nu haines et conflits cachés : en Irak, déchirements entre Kurdes, sunnites et chiites... En même temps, l'ingérence constitue une cassure historique, avec un avant et un après. Sous le rejet ou la passivité des populations visées, des évolutions lentes, peu visibles mais capitales, se mettent en marche : ouverture de routes ; implantation de marchés ; femmes portant un regard nouveau sur leur condition...

Attention

Fût-il animé des meilleures intentions et muni d'importants moyens, il demeure impossible pour un tiers (grandes puissances, ONU) de changer un peuple malgré lui !

Soldats armés pour la guérilla, province de Maguindanao, Philippines, 1999.

La guerre, une question d’organisation

Le vainqueur de la guerre est en général le belligérant le mieux organisé, qui mobilise ses ressources le plus efficacement. Lors des deux guerres mondiales, l’organisation (des approvisionnements, des forces, des opérations) joue un rôle crucial. Aucune ressource n’est illimitée et la moindre pénurie peut bloquer tout le dispositif.

Une organisation doit être adaptée à l’environnement. Les armées « classiques », aussi remarquables soient-elles, sont toujours désemparées face à la mobilité des guérillas (armée française en Indochine, soldats américains en Irak...). Les organisations, elles aussi, apprennent et s’adaptent, mais elles ne peuvent pas totalement renier leur nature, effacer d’un coup leurs inerties. Une armée classique se déplacera toujours moins vite qu’une guérilla. À l’inverse, les guérillas sont obligées de se transformer en armées pour obtenir la victoire : en 1954, le Viêt-minh engage ainsi le combat décisif contre la France avec l’attaque du camp retranché de Diên Biên Phu.

Attention

Même adéquate, l’organisation est loin de décider de tout. Dans toute guerre interviennent des facteurs psychologiques ou moraux. Celui qui se bat pour sa terre trouve une force que n’a pas l’envahisseur : le premier est chez lui, le second non.

Guerre et morale

Le but de la guerre n'est pas de désigner le meilleur mais le plus fort. *A priori*, la morale n'a donc pas de place dans l'univers de la guerre. Mais chassez la morale, elle revient au galop ! Dans une perspective morale, l'idéal serait d'abolir la guerre, ce que préconise le pacifisme. Mais l'homme est par nature un animal violent raisonnant en termes de rapports de force. Faute de pouvoir éradiquer la guerre, de grands théologiens comme saint Augustin, saint Thomas d'Aquin et d'autres imaginent de la réconcilier avec la morale en développant une réflexion toujours actuelle sur la guerre juste. L'usage de la force, inhérent à l'homme, doit pouvoir être soumis à des principes. Serait juste toute guerre ayant pour objectif de réparer un tort (par exemple, stopper ou repousser un agresseur), conduite par une autorité légitime dûment habilitée, employant des moyens proportionnés et, enfin, menée avec de réelles chances de succès. Cette définition subtile soulève des controverses très contemporaines. De la guerre de Corée (1950-1953) aux affrontements de l'ex-Yougoslavie (décennie 1990), les Nations unies ne cessent de débattre du juste recours à la force.

Ce qu'illustre cette théorie de la guerre juste, c'est que la morale hante la guerre. Les belligérants, même les plus cyniques, cherchent des arguments pour mettre la morale de leur côté ! Les nazis arborent l'inscription *Gott mit uns* (« Dieu avec nous ») sur leur ceinturon. Pour les communistes, est juste toute guerre révolutionnaire faisant avancer la cause du marxisme-léninisme. Quant aux néoconservateurs américains, ils parlent volontiers de « croisade » pour justifier l'intervention des États-Unis en Irak (2003).

À retenir

La question de la moralité de la guerre est plus que jamais présente. Des États, siégeant notamment au Conseil de sécurité des Nations unies, tentent d'édifier une société mondiale sans guerre. Mais ces mêmes États, jaloux de leurs prérogatives, restent maîtres de l'essentiel des armements et ne sont pas près d'en abandonner le contrôle.

La guerre, facteur d'évolution et de transformations

Étroitement liées à la question de l'organisation sont celles de la technique et de l'économie. Au cœur de la guerre, il y a des armes. Celui qui a les meilleurs armements dispose d'un atout pas forcément décisif mais capital. D'où la quête permanente d'armes toujours plus sophistiquées. Chaque progrès dans les moyens d'attaque suscite des innovations dans la défense, et vice versa. Les guerres, surtout depuis les révolutions industrielles modernes, stimulent l'invention technique (par exemple, lors des deux guerres mondiales, avec les transmissions et l'aéronautique).

La guerre se décide partout, sur les champs de bataille, dans les usines, les laboratoires et les circuits financiers. Elle coûte toujours infiniment plus cher que le prévoient ceux qui s'y engagent. Certains se ruinent et s'effondrent : l'Espagne des Habsbourg, la France des Bourbons... D'autres mobilisent leur intelligence financière pour gérer des charges toujours trop lourdes : l'Angleterre face à Napoléon, les États-Unis soutenant des alliés en faillite (l'Angleterre, notamment). Dans les deux guerres mondiales, les ressources pèsent lourd, de même que les réseaux d'échanges des belligérants. L'Allemagne, prisonnière du continent européen, asphyxiée par les blocus, souffre de graves pénuries (d'abord et surtout de pétrole). Entre l'Angleterre et les États-Unis, l'océan

Atlantique est un véritable cordon ombilical, que les sous-marins allemands tentent de rompre en coulant le plus grand nombre possible de navires marchands.

Formidable vecteur de transformations, la guerre affecte l'ensemble de la réalité sociale, et en premier lieu les structures politiques. Ainsi, l'État moderne, émergeant laborieusement en Europe à partir du Moyen Âge, naît dans, par et de la guerre. Les monarques, notamment en France et en Angleterre, soumettent peu à peu les féodaux et les populations par la guerre ; or celle-ci réclame des impôts et des hommes ; les armées grossissent, les peuples grognent. Les mercenaires, coûteux et prompts à se rebeller s'ils ne sont pas payés, sont remplacés par des soldats-citoyens. La guerre accouche alors de la démocratie, ces soldats-citoyens devant être convaincus que le combat dans lequel ils sont engagés est leur combat. Aujourd'hui, la fragmentation des violences (guerres, guérillas rurales et/ou urbaines, terrorismes...) contourne, déborde les États et les contraint à ne plus raisonner en entités closes, maîtresses de leur territoire, mais en plaques tournantes de flux, de réseaux connectés aux autres plaques tournantes que sont les autres États.

La guerre, une épreuve humaine et sociétale

Une guerre affecte tant les rapports entre les États belligérants que la substance des sociétés et des États impliqués. Elle ne s'arrête jamais aux champs de bataille ou aux zones frontalières, elle irradie partout : morts, blessés, séparations de familles, exodes, difficultés économiques, émotions incontrôlables... Si la guerre persiste, immuable et changeante depuis le Néolithique, ses effets apparaissent sans cesse plus considérables, les morts ne se comptant plus par milliers mais par millions, les destructions touchant des villes, des régions entières. Bref, la guerre, voulue comme un pari rationnel, débouche toujours sur des enchaînements inconnus et imprévisibles.

La guerre met l'homme à nu et le transforme. Durant la Première Guerre mondiale (1914-1918), l'exaspération des passions nationales, l'efficacité effroyable des moyens de destruction utilisés (canons, mitrailleuses, gaz), les abominables conditions de vie dans les tranchées, les « boucheries » de masse libèrent une brutalité plus ou moins domptée par la civilisation bourgeoise du XIXe siècle et accouchent de monstres idéologiques : nazisme, fascisme, communisme. Sans le chaudron de la Grande Guerre, pas de révolution soviétique ni d'Allemagne hitlérienne. À ceux qui s'étonnent que les atrocités de la guerre ne dégoûtent pas l'humanité de la haine et de la violence, on répondra que l'homme est un « bois tordu » (Emmanuel Kant). À l'issue de la Grande Guerre, beaucoup d'anciens combattants expriment un pacifisme d'une vigueur inconnue, mais d'autres (comme Hitler) n'ont qu'une aspiration : se venger et en découdre à nouveau !

Dans cette optique, les sentiments nationaux ne doivent pas être sous-estimés. Durant l'été 1914, des membres de l'Internationale socialiste espèrent stopper la montée vers la guerre en faisant appel à la solidarité transnationale des prolétaires ; cette solidarité se révèle évanescente, les ouvriers obéissent aux ordres de mobilisation. Lors de la guerre entre l'Irak et l'Iran (1980-1988), les Irakiens de confession chiite auraient pu se montrer solidaires de l'Iran, la grande nation chiite ; il n'en a rien été, le réflexe patriotique irakien l'a, semble-t-il, emporté, substantiellement stimulé par la police de Saddam Hussein. Il est presque impossible, dans un pays en guerre, de mettre en doute l'impératif absolu de se battre pour la patrie en danger : celui qui se désolidarise est un traître.

Les conflits d'autodétermination

Les frontières, qui devraient être fondées tant sur le droit que sur l'intérêt mutuel des États à respecter leurs territoires respectifs, demeurent instables. Dans les années 1990, la Yougoslavie éclate, l'URSS est dissoute, Tchèques et Slovaques se séparent. Chacune des populations ne voulant plus vivre ensemble acquiert en principe son État propre. Tout de suite, les difficultés s'installent : quels territoires pour ces peuples, quand les revendications des uns et des autres se heurtent (le Kosovo, terre historique serbe, est peuplé à 90 % d'Albanais) ? Que faire, lorsque les communautés se sont enchevêtrées, pour éviter que le partage ne se mue en boucherie ? Alors se déchaînent, au nom d'une « purification ethnique », des guerres atroces, des affrontements entre ethnies explosant dans un chaudron de haines historiques, économiques, religieuses... On se bat toujours pour des territoires.

Comment mettre un terme à ces guerres, concilier une relative stabilité des frontières et le droit de chaque peuple à vivre dans le cadre politique qui lui convient ? D'un côté, des États aux populations trop hétérogènes sont invivables (ainsi de la Yougoslavie), de l'autre côté, des États « parfaits » (à chaque peuple son territoire) se révèlent impossibles à matérialiser, les hommes ne se laissant pas emprisonner dans une identité politique rigide (être serbe, ou croate et rien d'autre). Comme l'illustre l'ex-Yougoslavie à l'issue des guerres de la décennie 1990, on bricole. Les frontières interétatiques retenues sont celles des républiques de Tito. Ces républiques (à l'exception, en principe, de la Slovénie) ne sont pas homogènes : enclaves serbes en Croatie, Bosnie-Herzégovine incluant des Bosniaques (musulmans), des Serbes et des Croates, Serbie avec, au nord, la Vojvodine (minorité hongroise) et, au sud, le Kosovo, proclamant, après bien des péripéties, son indépendance le 17 février 2008.

À retenir

Les conflits d'autodétermination sont innombrables, allant d'Aceh (Indonésie) aux Kurdes du Moyen-Orient, des Basques au Québec. Certains dégénèrent en guerres. Dans ces luttes, la victoire est probablement impossible, et la défaite temporaire. Celui qui paraît l'emporter à un moment est contraint de chercher un *modus vivendi* avec le vaincu : Israël est ainsi condamné à vivre parmi des Arabes. Quant à ceux dont le droit à être eux-mêmes demeure étouffé ou réprimé, ils savent qu'une revendication, aussi minoritaire soit-elle, peut l'emporter si elle se maintient à travers les générations. Des « peuples » finissent par obtenir leur État : juifs, Ukrainiens, Arméniens…

Les guerres à trois dimensions de la mondialisation

L'épanouissement de la mondialisation appelle *a priori* une Terre plus pacifique. Les hommes sont de plus en plus liés par des intérêts communs, d'abord le souci d'un bon fonctionnement du système économique, garantie de prospérité. Mais en fait, la violence des hommes ne disparaît pas, elle se déplace et se métamorphose. La mondialisation produit des guerres spécifiques, qui peuvent combiner trois dimensions :

- **Les disputes territoriales sont toujours là.** Le droit international repose sur le respect de l'intégrité territoriale des États, la reconnaissance mutuelle des frontières. Pourtant l'on se bat toujours pour des territoires : question palestinienne, innombrables frontières aux délimitations contestées, rivalités pour des îles.
- **Les revendications du droit des peuples à disposer d'eux-mêmes se nourrissent les unes les autres.** De la Tchétchénie au Kurdistan, du Cachemire au Tibet, les revendications d'autonomie ou d'indépendance prolifèrent, chacune en suscitant d'autres. La multiplication des contacts, inhérente à la mondialisation, conduit les hommes à sans cesse se comparer : pourquoi pas moi ? Depuis les années 1990, les éclatements d'États ou les sécessions se bousculent : Yougoslavie, Union soviétique, Tchécoslovaquie, Soudan...

▸ **L'affrontement entre démocratie et tous les autres régimes se démultiplie à l'infini.** Depuis la fin du XXe siècle, la poussée de mondialisation économique déclenche une onde de choc démocratique. Les échanges, même de marchandises, ouvrent les sociétés, diffusent l'information et l'éducation, stimulent les demandes de droits. Chaque crise locale, des guerres de l'Afrique subsaharienne aux révoltes arabes, est attirée dans le drame planétaire et le fait évoluer. Que peut être un monde démocratique ? Comment le pouvoir peut-il être exercé dans des sociétés reposant sur l'égalité de tous et dans lesquelles l'éducation, l'information ne sont plus le monopole de minorités privilégiées ? De quelle manière gérer la Terre, si petite du fait des hommes, à la fois encombrée (d'individus, de voitures...) et souffrant de pauvretés, semble-t-il, insurmontables ? Chaque lutte, chaque émeute suscite d'autres combats. D'un bout à l'autre du globe se répondent les explosions sociales. Les guerres civiles planétaires enchevêtrent combats territoriaux, ethniques et idéologiques.

La paix-trêve

Jusqu'aux deux conflits mondiaux en Europe, et encore aujourd'hui dans bien des parties du monde, la guerre sert à désigner le plus fort jusqu'au prochain affrontement. La paix n'est qu'une trêve, durant laquelle ceux qui le peuvent reconstituent leurs forces en vue de la revanche.

Le traité de paix est l'acte solennel consacrant le rapport de force entre vainqueur et vaincu et fixant les dettes du second envers le premier. Sa signature (ou celle d'un armistice) donne généralement lieu à des cérémonies grandioses, à travers lesquelles le vaincu doit revivre symboliquement sa défaite, et le vainqueur faire étalage de sa force pour dissuader, à l'avenir, toute tentative de défi.

Focus

La dernière grande conférence de la Paix est probablement celle du 18 janvier 1919 au 10 août 1920. Elle a mis fin à la Première Guerre mondiale et accouché entre autres du traité de Versailles. Cette conférence laisse un très mauvais souvenir ; rêvant de faire de la guerre de 1914-1918 la « der des ders » et d'établir la « paix perpétuelle », elle redessine l'Europe de fond en comble. Vingt ans plus tard, c'est à nouveau la guerre. Depuis ce fiasco historique, des traités de paix continuent à être conclus. Mais la paix est une construction patiente, exigeant des belligérants qu'ils nouent une relation vraiment nouvelle de travail en commun.

L'heure du vainqueur passe très vite. Il lui faut profiter du bref moment de la victoire pour bâtir une paix aussi durable et avantageuse que possible pour lui. Pour affaiblir le vaincu, il a en général recours à des moyens « classiques » (limitations des moyens militaires, amputations territoriales, réparations...). Dans de rares cas, le vaincu est anéanti. La victoire ne résulte pas alors d'éléments purement militaires, elle est due à des facteurs plus profonds (par exemple, le déferlement des Européens balayant les Indiens d'Amérique).

Tout de suite après sa défaite, le vaincu est forcé de se soumettre et de marchander cette défaite. En réalité, il attend sa revanche. Patiemment, il se reconstruit et se prépare pour le moment souvent lointain où son vainqueur, amolli ou affaibli, pourra être défait. En fait de vengeance, certains préfèrent se résigner à une défaite irrémédiable. Mais le vaincu dit « définitif » peut tenir indirectement sa revanche : l'Allemagne et le Japon, reconstruits, démocratisés et protégés par les États-Unis à l'issue de leur écrasante victoire de 1945, deviennent, dans les années 1970 et 1980, de redoutables concurrents pour l'économie américaine.

La paix-construction

Le XXe siècle marque l'émergence d'une nouvelle représentation de la paix : la paix-construction. Il s'agit de briser le cercle vicieux des guerres à répétition et d'amener les peuples à s'installer dans une relation permanente de paix. Elle peut s'établir par une collaboration entre les peuples, par l'ouverture des marchés, la multiplication des échanges, l'instauration d'une dynamique économique globale. La paix, au lieu d'être un constat précaire de la configuration des forces, est soudée par la perspective d'un avenir partagé. Mais de quelle manière passer d'un monde où la guerre va de soi à un monde où elle devient inconcevable ?

Attention

La paix-trêve et la paix-construction n'appartiennent pas à des univers distincts. Les États peuvent multiplier leurs liens, leurs échanges ; aussi longtemps qu'ils subsistent, ils peuvent mettre ces relations en question, les défaire et, à l'extrême, se faire à nouveau la guerre.

Le dépassement de la guerre requiert d'abord que le protagoniste le plus puissant prenne l'initiative et soit en mesure de briser ce cercle vicieux. Telle est la mission que se donnent les États-Unis à l'issue des deux guerres mondiales. Les Européens demeurent prompts à s'entretuer, l'Europe doit donc être mise sous tutelle : elle l'est en 1945, sous la co-surveillance des États-Unis et de l'Union soviétique. Les États-Unis combinent trois actions :

- remodelage total de l'ancien ennemi, l'Allemagne (dans sa moitié occidentale), transformée en démocratie fédérale et pacifique ;
- aide à la reconstruction de l'Europe de l'Ouest (plan Marshall) pour l'ancrer dans la prospérité ;
- encadrement de cette Europe par un mécanisme de sécurité, l'Alliance atlantique (OTAN), la protégeant contre l'URSS et tenant la nouvelle Allemagne.

Le dépassement de la guerre exige également que les anciens ennemis acceptent leurs frontières, et notamment les vaincus, amputés parfois de provinces historiques. Les populations doivent oublier leurs vieilles rancœurs et s'accommoder de leurs différences. Au lendemain de l'ouverture, puis de la suppression du rideau de fer entre l'Est et l'Ouest, les États européens, avec la charte de Paris (21 novembre 1990), consacrent l'inviolabilité de leurs frontières et l'interdiction du recours à la force pour les modifier.

Attention

Le dépassement de la relation vainqueur-vaincu ne résulte pas de la bonne volonté des protagonistes. Il est imposé soit par la pression du plus fort, soit peut-être par les priorités du temps : de nos jours, les colosses asiatiques concentrent toutes leurs énergies sur leur développement économique et, dans ce but, pacifient leurs rapports.

Le président Thomas Woodrow Wilson.

La paix institutionnelle

La paix impériale requiert un empire à la fois maître de son territoire et apportant des avantages à ceux qu'il domine. Pas de paix impériale fondée exclusivement sur la force et sans collaborateurs zélés et efficaces ! Mais tout empire se fatigue et se corrompt. La paix par l'équilibre, tel un feu follet, est, elle, toujours insaisissable : les parties prenantes demeurent des rivaux, des ennemis déterminés à l'emporter.

Pour échapper à cette alternative, la paix démocratico-institutionnelle tente d'établir une sécurité collective basée sur des règles interétatiques formelles et équitables. Elle entre dans la politique internationale, à l'issue de la Première Guerre mondiale, avec le projet du président américain, Thomas W. Wilson (1856-1924) : la Société des Nations (SDN). Lorsque la SDN voit le jour, en 1920, l'État initiateur qui est aussi la première puissance de la planète, les États-Unis, n'en est pas membre. La SDN n'empêche pas un conflit mondial en 1939 et disparaît dans l'indifférence. Pour les États-Unis du président Franklin D. Roosevelt, cet échec n'enterre pas le principe d'un pacte interétatique ; au contraire, il faut une nouvelle SDN, mieux conçue, et dans laquelle les États-Unis s'impliquent totalement. Le 2 juin 1945, à San Francisco, naît l'ONU, qui demeure à ce jour l'expérience majeure de sécurité collective.

Le XIXe siècle européen est considéré comme une ère de paix.
Mais cette période « pacifique » est ponctuée de guerres : Crimée (1854-1855), France-Prusse (1870-1871), Balkans…
Beaumont-de-Lomagne, Tarn-et-Garonne, France
Monument aux Morts de 1870-1871.

Les équilibres, toujours précaires

Historiquement, la problématique de l'équilibre émerge sur les ruines de l'Empire romain. Du Moyen Âge aux deux guerres mondiales, l'Europe est hantée par Rome. Charles Quint, Napoléon, Hitler rêvent de recréer l'empire, symbole de perfection. Mais les États qui émergent à cette époque (France, Angleterre, Autriche, Pays-Bas...) refusent d'être subordonnés à un pouvoir supérieur. C'est dans ce contexte que l'idée d'équilibre prend forme. Selon cette idée, la priorité des États est de rester maîtres d'eux-mêmes. Or il arrive toujours que l'un de ces États veuille dominer les autres. Si une telle ambition s'affirme, tous les autres États s'allient pour la briser et font la guerre jusqu'à ce que ce but soit atteint.

Attention

Dans un système d'équilibre, le but n'est donc pas la paix, mais le maintien du système – par la guerre si nécessaire ; la paix est toujours une trêve entre deux guerres.

Par définition imparfaits et précaires, les moments d'équilibre, lors desquels les puissances semblent être tellement à égalité qu'aucune n'ose déclencher la guerre par peur de ne pas l'emporter, sont exceptionnellement rares. Ils suivent souvent une longue période de guerre et d'instabilité ; peuples et gouvernants fatigués de se battre sont alors prêts à accepter des compromis.

Les gardiens de l'équilibre

Tout équilibre, par définition fragile et incertain, peut être remis en cause par le moindre événement. D'où la nécessité d'un arbitrage, fait par un ou des gardiens, pour rétablir l'équilibre si ce dernier est perturbé.

De la fin du XVIe siècle aux deux guerres mondiales, le Royaume-Uni se pose en gardien de l'équilibre européen. Cette île au bord du continent européen est relativement à l'abri d'une invasion et n'a aucune ambition territoriale sur le continent ; l'Angleterre, édifiant un empire au-delà des mers, tient à ce que l'Europe lui reste ouverte et, par conséquent, ne soit pas constituée en un empire hostile. L'Angleterre combat, avec ses capitaux, par des jeux d'alliance, toutes les tentatives hégémoniques (Philippe II d'Espagne, Louis XIV, Napoléon Ier, Guillaume II, Hitler). Mais le gardien ou l'arbitre n'est pas au-dessus des autres, il est un État parmi les autres, une des parties prenantes de l'équilibre. Lors des deux guerres mondiales, face à la force allemande, l'Angleterre doit s'engager directement, massivement, faire tuer en masse ses propres troupes. Épuisée, ruinée, elle passe le flambeau à l'autre grande puissance anglo-saxonne, les États-Unis.

Dans le système Est-Ouest, les États-Unis et l'URSS sont à la fois les protagonistes principaux et les gardiens. Drôle de jeu, où les participants eux-mêmes fixent et font évoluer les règles ! Ainsi, la règle fondamentale du jeu Est-Ouest est l'équilibre de la terreur. Chacun des deux supergrands, doté d'un formidable arsenal atomique, est dissuadé de tirer, sachant que, s'il tire, il déchaîne contre lui un feu équivalent. Mais tous les deux s'accommodent finalement mal de cette vulnérabilité mutuelle, faisant de l'un et l'autre une cible permanente. D'où des tentatives pour se libérer de ce risque. En 1983, le président américain Ronald Reagan (1911-2004) lance l'Initiative de défense stratégique (IDS ou guerre des étoiles) : il promet de protéger le territoire américain par un bouclier spatial arrêtant tout missile venu du ciel. Reagan bluffe, mais l'URSS le croit, et veut avoir son bouclier. Déjà fatiguée par ses efforts d'armement et ses engagements en Europe et ailleurs, elle s'engage dans une nouvelle course, qui achève de l'épuiser.

Attention

Le gardien des équilibres internationaux, pour exercer une réelle autorité, ne doit pas seulement être une très grande puissance, il doit être l'incontestable premier. Mais être le premier n'est jamais facile. On ne cesse jamais d'être talonné par ses « challengers ». Le moindre trébuchement est exploité par les poursuivants. Enfin, les hommes ne sont jamais tendres avec des forts devenus faibles.

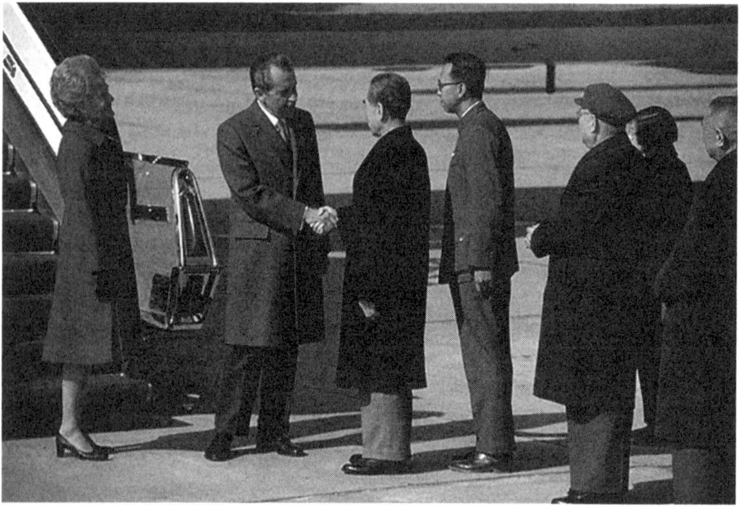

Le président Richard Nixon serrant la main du Premier ministre chinois Zhou Enlai.

Idéologies et équilibre

Certaines périodes de l'histoire se caractérisent par une instabilité ou par des luttes idéologiques, comme en Europe lors des guerres de Religion. Durant ces époques, les passions sont exaspérées, chacun exclut toute autre issue qu'une victoire totale, les guerres sont à la fois civiles et interétatiques. Les jeux d'équilibre exigent trop de retenue, de prudence pour fonctionner dans ces circonstances. Tout équilibre nécessite un environnement idéologique clair et stable.

Exemple

Dans les trois dernières décennies du XXe siècle, l'Asie émerge de décennies de colonisation, de guerre, de décolonisation et de révolution. Les passions extrêmes – nationalismes, déchaînements maoïstes – sont épuisées. En Chine, Mao Zedong, l'empereur rouge décidé à tout pour rester le maître absolu, laisse la place au réaliste Deng Xiaoping, qui donne la priorité à la modernisation économique. Alors se mettent en place des jeux d'équilibre, d'abord et surtout entre les États-Unis capitalistes et la Chine communiste (en 1972 a lieu la rencontre historique entre le président américain Richard Nixon et Mao). Ces jeux sont possibles parce que les protagonistes admettent que ce qui importe, c'est la prospérité économique. On se surveille, on se frotte, on se cogne, mais on négocie et on admet toujours les compromis !

De l'équilibre au déséquilibre

Plusieurs facteurs peuvent conduire à une rupture de l'équilibre :

- **Les déstabilisations idéologiques :** les équilibres idéologiques les plus sophistiqués sont balayés par le vent des idées nouvelles. Dans l'Europe des années 1848-1914, l'équilibre européen meurt tant des changements radicaux dans les équilibres de puissance (affirmation de l'Allemagne, poids croissant des États-Unis...) que des virulences nationalistes, associées aux rêves socialistes. Dans les années 2000, les États-Unis, piégés par leur croisade pour la démocratie (enlisement en Irak et en Afghanistan), renouent avec les jeux d'équilibre et entament le dialogue avec la Russie, la Chine, l'Inde, l'Iran... Toute puissance impériale, submergée par les difficultés (comme l'Amérique de l'administration Bush finissante), résiste en gérant sa faiblesse, en jouant des équilibres ou des déséquilibres internationaux, tel un funambule sur son fil.
- **Des petits ou des faibles n'obéissant pas ou plus :** les diplomaties d'équilibre ont besoin d'un nombre limité de partenaires respectueux des règles. En théorie, un tel système exige que chacun soit convaincu que sa position dans la hiérarchie correspond à son rang et s'y conforme, les puissants comme les petits. Le puissant commande, le petit obéit. Mais l'équilibre réel n'est pas plus solide qu'un château de cartes. Dissensions ou affrontements entre puissants, prétentions des petits, le moindre dérèglement déséquilibre l'ensemble.

- **Des puissances dépassées :** la désobéissance ou la rébellion des petits devient possible seulement parce que les puissants sont las ou submergés par trop de responsabilités.

Focus

À l'issue des guerres napoléoniennes, l'Angleterre devient la gardienne des équilibres internationaux. Peu à peu, elle se heurte à une prolifération de rivaux : les États-Unis l'excluent des Amériques ; en Asie centrale, la Russie s'approche dangereusement des Indes ; en Europe, l'Allemagne, unifiée à la suite de la défaite de la France (1870-1871), émerge comme un colosse menaçant tout le continent. L'Angleterre doit désormais s'engager beaucoup plus, envoyer ses propres troupes se battre en masse en Europe. C'est le choc terrible de la Première Guerre mondiale. Dans les années 1933-1938, l'Angleterre, traumatisée, appauvrie, privilégie l'apaisement ; elle multiplie les concessions envers l'Allemagne hitlérienne. Rien n'y fait. En septembre 1939, la Seconde Guerre mondiale éclate. L'Angleterre de Churchill se bat férocement, mais elle sait qu'elle ne peut plus assumer son rôle mondial. Se trouvant au bord de la faillite, elle se tourne vers son enfant, celui qui a formidablement réussi, les États-Unis.

La naissance des droits de l'homme

Les droits de l'homme, définis comme universels et intemporels, naissent dans un lieu précis, à une époque précise : l'Europe moderne des XVIIe et XVIIIe siècles. Ce n'est pas un hasard. L'Europe de cette époque est emportée par une mutation globale : poussée démographique due à l'amélioration de l'agriculture ; avancées scientifiques et techniques ; grandes découvertes ; consolidation des États... Cette effervescence s'accompagne de débats sur l'homme, la société, le pouvoir, le droit naturel. D'où des formulations de plus en plus précises de l'idée de contrat social, des droits de l'individu.

Dès sa création, à la fin du XVIIIe siècle, la jeune République américaine est consciente d'avoir une mission : elle a le devoir de diffuser au monde ses principes démocratiques, seuls capables d'apporter la paix, la prospérité et le bonheur aux hommes. Mais le colosse américain est isolé, il est encore fragile et vulnérable. La France révolutionnaire, elle, rayonne sur le monde. La France de 1789-1792, entourée de monarchies dont la priorité est de détruire l'hydre révolutionnaire, se convainc vite qu'elle ne saurait survivre qu'en couvrant l'Europe de républiques sœurs. S'ensuivent vingt-trois ans de guerre (1792-1815).

En 1815, avec la chute de Napoléon et la restauration des Bourbons, la France révolutionnaire paraît irrémédiablement vaincue. Mais les idées révolutionnaires – et d'abord le droit des peuples à disposer d'eux-mêmes – sont semées, elles vont germer. Tout au long du XIXe siècle, ces idées contaminent et transforment les monarchies, la Prusse unifiant l'Allemagne et le Piémont l'Italie au nom de la nation. En 1918, la Révolution française triomphe : les trois vieux empires – Russie, Allemagne, Autriche-Hongrie – sont balayés.

Mais déjà d'autres bouleversements se profilent : révolution soviétique de 1917 ; fascisme italien des années 1920 ; nazisme en 1933. En 1945, le flambeau de la liberté est brandi par les États-Unis ; face à eux, l'autre grand vainqueur, l'URSS, patrie du socialisme, assure la promotion de son propre universalisme. Mais, en 1989-1991, le monde soviétique s'écroule. Le vent des droits de l'homme s'engouffre à l'Est (même la Russie revêt des habits démocratiques) et souffle jusqu'en Asie, en Afrique, en Amérique latine. Même la Chine post-maoïste se laisse – malgré elle – ensemencer par le libéralisme.

À retenir

Présents en Angleterre dès le XVIIe siècle (*Glorious Revolution*, 1688), les droits de l'homme se diffusent dans le champ géopolitique à la fin du XVIIIe siècle, avec les révolutions américaine (indépendance des États-Unis, 1776) puis française (1789-1799).

La diffusion des droits de l'homme

Pour leurs partisans, les droits de l'homme sont une arme unique et exceptionnelle de l'humanité. Dans les faits, leur diffusion enclenche des enchaînements imprévus, dont la principale victime est le plus souvent le promoteur lui-même :

- **La France révolutionnaire et impériale.** Les peuples « libérés », en réalité occupés, constatent l'écart entre les principes nobles et généreux apportés par les armées et des réalités plus dures : répressions, pillages... Les idées échappant toujours à leurs auteurs, les peuples s'approprient notamment le droit de disposer d'eux-mêmes. Les consciences nationales allemande, italienne, espagnole et russe, excitées par les valeurs révolutionnaires, les retournent contre la France.
- **Les colonisateurs britanniques et français.** Même s'ils imaginent mal de les y faire appliquer, ces derniers diffusent, eux aussi, les droits de l'homme dans leurs empires. Nourris d'idées européennes, les grands combattants de la décolonisation (les Indiens Gandhi et Nehru, le Vietnamien Hô Chi Minh, l'Algérien Ferhat Abbas...) apprennent à les manipuler pour se libérer.
- **Les États-Unis.** Promoteurs systématiques des droits de l'homme, les États-Unis les enracinent notamment en Allemagne et au Japon à la suite de la victoire de 1945. Mais leurs

intérêts géopolitiques les conduisent à soutenir bien des régimes peu respectueux des droits de l'homme, notamment beaucoup de dictatures latino-américaines. De plus, la transformation de pouvoirs autoritaires en démocraties libérales est souvent une tâche très incertaine. La démocratisation peut accoucher de résultats peu plaisants (au moins pour les États-Unis).

Exemple

En janvier 2006, la tenue d'élections libres chez les Palestiniens fait triompher le mouvement Hamas, ouvertement hostile à Israël, l'allié privilégié de Washington. Les peuples sont imprévisibles et ne font pas toujours ce que l'on attend d'eux...

Attention

Chacun s'approprie et interprète les droits de l'homme à sa manière. La notion de droits de l'homme a une unité : l'établissement des individus et aussi des groupes comme entités dotées de droits. Au-delà de ce fondement, la liste des droits de l'homme juxtapose des principes parfois contradictoires ou conflictuels. La liberté individuelle stimule l'épanouissement de chacun, lequel révèle l'inégalité (des dons, des talents) des individus. L'égalité, excluant dans sa version la plus extrême (communisme soviétique) toute différence entre les individus, ne saurait qu'entretenir une relation difficile avec la liberté, facteur de différenciation.

Nourrir l’humanité

L’humanité du XXIe siècle peut-elle se croire libérée de la première préoccupation de l’homme : se nourrir ? Progrès techniques, manipulations génétiques, productions hors sol, tout suggère que la question agricole est réglée. Inexorablement, l’agriculture s’industrialise : rendements croissants, fermes gérées comme des entreprises… L’agriculture n’est plus le monopole des pays dits « à vocation agricole » (comme la France) mais devient une activité économique comme les autres.

L’agriculture, productrice de la nourriture, demeure à part. Beaucoup d’États, riches et pauvres, la protègent et la subventionnent. Elle constitue un enjeu spécifique et toujours très délicat dans les négociations commerciales internationales. On ne libéralise pas la nourriture comme les automobiles !

Les prix des produits agricoles sont appelés à rester à la hausse. La population mondiale, même si la natalité baisse partout, reste pour quelques décennies sur une pente ascendante. Le développement économique fait bondir les classes moyennes, qui consomment plus de viande et moins de végétaux ; d’où un besoin croissant de produits céréaliers pour nourrir les animaux que mangeront les hommes.

Face à ces pressions, trois options se présentent :

- **L'autosuffisance alimentaire.** Le potentiel agricole est toutefois très variable d'un pays à l'autre et la fertilité des terres coïncide rarement avec la distribution de la population. Que feront de leurs surplus les pays plus qu'autosuffisants ? Les pays mal dotés seront-ils voués à la misère ou à l'assistance ? Dans un monde où la plupart des activités économiques sont soumises au marché et à la compétition, l'agriculture peut-elle rester à part ?
- **La normalisation de l'agriculture,** cette dernière rejoignant les règles du marché auxquelles sont soumises les activités économiques. Toute production agricole sophistiquée dépend d'éléments importés : machines, engrais, pesticides… L'ouverture des marchés est réclamée notamment par les pays émergents exportateurs (Brésil). Les vieilles nations agricoles (France, États-Unis…) redoutent et combattent cette perspective. Quant aux pays les plus pauvres, leur agriculture sous-capitalisée, archaïque, risquerait d'être balayée par la concurrence.
- **L'établissement d'un marché mondial,** complété par des mécanismes de régulation et éventuellement de soutien aux agricultures les plus défavorisées. La préservation du potentiel agricole serait érigée en priorité ; des stocks mondiaux seraient mis en place afin de faire face aux variations climatiques. Mais qui financera le dispositif ?

Le vieillissement des populations

L'humanité entre dans une phase démographique qu'elle n'a jamais connue : son vieillissement massif, porté par deux dynamiques de fond : la diminution des taux de natalité, l'allongement de la durée de la vie.

À retenir

En 1950, les personnes âgées de plus de 60 ans représentent environ 8 % de la population mondiale (environ 200 millions d'individus) ; en 2010, plus de 10 % (environ 750 millions d'individus) ; en 2050, elles représenteront un quart (2 milliards d'individus).

L'humanité entre dans une longue transition : l'équilibre forte natalité – forte mortalité laisse la place à un autre équilibre faible natalité – faible mortalité. Cette vague de fond historique s'étale sur des décennies ou des siècles, avec des rythmes très variables d'une société à l'autre. Aujourd'hui, le déclin démographique est engagé dans les pays riches ; dans ceux du Sud, la jeunesse explose encore.

Des jeunes des pays du Sud en quête d'emplois forcent les barrières des nations riches et vieillissantes : Maghrébins vers l'Union européenne, Mexicains vers les États-Unis. Les nations vieillissantes redoutent d'être submergées par une jeunesse colorée mais ont besoin de bras pour accomplir les travaux les plus durs. Après les luttes de classes, les guerres entre nations, viendraient les conflits entre générations, les vieux s'accrochant à leurs privilèges, les jeunes se révoltant contre l'incertitude de leur avenir.

Deux hypothèses géopolitiques extrêmes peuvent être envisagées :

- La fragmentation de la Terre entre zones de croissance, portées par leur population jeune, et zones stagnantes, enlisées dans leur vieillissement. Cette dynamique d'éclatement résulterait très probablement d'une crise économique planétaire, ce type de choc entraînant toujours des replis sur soi. Des facteurs mettent à mal cette hypothèse. Le vieillissement ne se concentre pas dans des régions délimitées, il touche toutes les sociétés. De plus, les régions vieillissantes évolueront (allongement de la vie professionnelle).
- Une gestion planétaire de la population humaine. La circulation planétaire des individus est déjà une réalité : les migrants sont de mieux en mieux informés et prêts à aller toujours plus loin ; les entreprises se délocalisent en fonction des marchés. Une organisation mondiale des populations et des migrations peut-elle être instaurée ? Rien n'est moins sûr. Les individus ne sont pas des robots ; ils ont des attachements personnels, nationaux. La gestion planétaire des populations ne va pas sans conflits, les États tenant à conserver leur contrôle sur ces masses humaines, source de leur richesse et de leur légitimité.

La marchandisation du monde

Relèvent de la marchandisation du monde les processus pluriséculaires par lesquels les hommes font entrer leurs innombrables échanges dans la sphère économique et monétaire : institution de marchés, monnaies, fixation de prix... La marchandisation est essentielle à la formation des sociétés et au développement des commerces. En traitant tel élément, telle activité en bien marchand (un travail, une maladie...), l'homme en fait un objet de choix rationnels. Combien ça vaut ? Combien ça coûte ?

Aujourd'hui, deux domaines parmi d'autres illustrent cet impératif de la marchandisation, imposé par les contraintes de la rareté ou de la raréfaction :

- **L'environnement.** Des biens naturels (air, eau, espace...) apparaissent longtemps infinis, l'homme les utilisant sans les épuiser. Or l'augmentation de la population humaine, l'industrialisation provoquent une raréfaction : qualité de l'atmosphère affectée par des émissions artificielles ; surexploitation des nappes phréatiques. Face à ces problèmes, s'offrent toujours les deux mêmes options : le rationnement autoritaire des éléments convoités ; l'attribution d'une valeur monétaire, d'un prix à ces éléments. Le rationnement requiert un pouvoir incontesté et incontestable, veillant à interdire tout privilège, tout passe-droit, à éliminer tout marché noir. La marchandisation, elle, parie sur la contrainte des prix. Elle paraît conforme à des sociétés de liberté, chacun étant maître de ses choix en fonction de ses ressources. De plus, elle dégage des recettes (rémunération de la rareté), susceptibles de financer des équipements réduisant cette rareté.

- **La santé.** Elle fait partie des « droits-créances » des sociétés les plus développées. Or son coût s'alourdit sans cesse : vieillissement des populations ; ambition de soigner, si possible, les maladies les plus incurables ; moyens techniques et remèdes de plus en plus sophistiqués. Que faire ? Limiter, rationner les soins ? Les faire payer par leurs bénéficiaires ? Quelle est la solution la plus juste ? Celle qui prétend ou qui croit être universelle ? ou celle qui laisse l'individu responsable de sa bonne santé... en fonction de ses ressources ? Ces dilemmes sont ceux de la « nouvelle » géopolitique, qui traite notre planète comme inexorablement une. Il ne s'agit plus de s'interroger sur les luttes territoriales entre des entités souveraines mais de débattre de l'administration de la Terre comme une totalité, la population humaine devenant elle aussi un ensemble avec des intérêts communs : survivre, se perpétuer dans des conditions décentes...

Le poids du pétrole

Le pétrole reste la ressource géopolitique du XXe siècle. Il s'impose comme un atout majeur lors de la Première Guerre mondiale (1914-1918), et un enjeu décisif durant la Seconde Guerre mondiale (1939-1945) ; celui qui contrôle ses principales zones d'exploitation dispose d'une supériorité écrasante, d'abord pour faire bouger camions, chars, avions. Depuis 1945, bien des crises (Suez en 1956, chocs pétroliers de la décennie 1970, montée vertigineuse des prix dans les années 2000) confirment le poids de la contrainte pétrolière.

Quatre facteurs font que cette contrainte n'est pas près de disparaître :

- Le pétrole, à la fois source d'énergie et matière première, est bien le sang des systèmes industriels contemporains. S'il manque, l'activité économique se grippe.
- La concentration de la majorité des réserves facilement exploitables se situe dans une zone sensible. Depuis les deux guerres mondiales, le pétrole s'identifie à une région : le Moyen-Orient. Les grands producteurs-exportateurs y sont localisés : Arabie saoudite, Irak, Iran... En même temps, inexorablement, la hausse du prix des hydrocarbures entraîne la mise en exploitation de régions longtemps analysées comme peu rentables : Afrique subsaharienne, Russie, Brésil... Cet élargissement de l'offre ne fait pas disparaître la primauté

du Moyen-Orient : il dispose de réserves colossales et d'une position carrefour. Contrôler le Moyen-Orient, c'est toujours tenir la plaque tournante de bien des échanges.

- En ce début de XXIe siècle, la demande d'hydrocarbures explose, du fait des pays émergents pressés d'accéder aux avantages de la société de consommation.
- Il n'existe pas d'alternative technologique. Depuis les chocs pétroliers des années 1970, des avancées sont accomplies pour réduire la dépendance à l'égard des hydrocarbures : politiques d'économie d'énergie ; développement du nucléaire ; autres énergies... Mais jusqu'à présent aucune percée technologique ne fait entrer l'humanité dans l'après-pétrole.

Pour aller plus loin

Alors le pétrole, cause de guerres ? Les grands conflits ont pour enjeu le contrôle de territoires, de voies de communication. Au XXe siècle, lors des deux guerres mondiales puis de la guerre froide, les belligérants se disputent d'abord l'Europe, alors centre du monde, et au-delà la Terre entière. Le pétrole est un élément essentiel de ces affrontements, mais ces derniers ne se réduisent pas à la lutte pour des produits bruts, aussi vitaux soient-ils. Qu'est-ce qu'être maître du pétrole si l'on ne tient pas la région où il est produit, les routes par lesquelles il circule ?

Depuis l'accident nucléaire de Fukushima (Japon) en mars 2011, Namie, dans la préfecture de Fukushima, est devenue une ville fantôme.

Catastrophes et épidémies

Difficilement prévisibles parce que résultant d'enchaînements naturels, les catastrophes n'en sont pas moins intégrées dans une rationalité. Aujourd'hui, désastres provoqués par la nature et suscités par l'homme (accidents industriels) s'entremêlent : l'impact destructeur d'un tremblement de terre est amplifié par l'industrialisation et l'urbanisation. Les circulations répandent les catastrophes : particules nocives se diffusant dans l'air ou véhiculées par l'eau ; maladies transportées par les voyageurs... Les frontières ne sont pas des murailles.

Les chocs (naturels, industriels, politiques...) qui secouent la Terre appellent des dispositifs de contrôle, de prévention et de gestion. Des réseaux multiples (satellites, ONG, forums...), liés entre eux, traitent notre planète comme un organisme sous surveillance multiforme et permanente, dont les fièvres doivent être constamment évaluées. Ici aussi, peu à peu, se constitue une gouvernance mondiale des catastrophes : devoir pour les États de rendre des comptes ; échanges systématiques d'information ; mécanismes d'enquête...

À retenir

Les besoins toujours croissants de sécurité, la multiplication des interactions, la maîtrise de moyens de plus en plus perfectionnés font que la gestion des catastrophes se dessine comme l'un des champs privilégiés de la gouvernance planétaire.

L'élargissement des cadres politiques

Une histoire très schématique de l'humanité suggère une progression inexorable vers des entités collectives de plus en plus vastes, de plus en plus bureaucratiques : d'abord villages, tribus ; puis provinces, féodalités ; ensuite États modernes ; enfin, organisations internationales ou interétatiques. Trois dynamiques se combinent pour expliquer cette marche vers des cadres politiques de plus en plus larges :

- **Le développement multiforme des moyens de communication.** Ces moyens contractent massivement non seulement l'espace et le temps mais aussi les coûts. De l'Antiquité à l'ère préindustrielle, la transmission des messages et des lettres – outils essentiels du pouvoir –, assurée par des cavaliers ou par des coureurs à pied, prend des semaines. Il en résulte des contraintes, des incertitudes dans le gouvernement des empires ; l'organisation du service de courriers atténue ces difficultés mais ne les élimine pas. La formation de l'État moderne dans l'Europe du XVe au XXe siècle est indissociable de l'apparition de l'imprimerie et du chemin de fer, qui contribuent à créer de vastes espaces unifiés de culture et d'échanges.
- **L'éducation des populations.** La diffusion de l'éducation, grande productrice des cultures nationales, exaspère chez les hommes le besoin de se comparer et, partant, d'imiter ceux qui réussissent en s'appropriant la recette de leur succès.

- **La démocratisation.** À partir du XVIIIe siècle, les agglomérats baroques des monarchies se trouvent remplacés par des sociétés basées sur des Constitutions, des contrats réglant la vie de millions d'individus réunis au sein d'une même communauté juridico-politique. Ce dispositif est soumis à la garde d'un monstre bureaucratique : l'État, maître de l'ordre social et garantie contre les agressions extérieures.

Pour aller plus loin

En ce début de XXIe siècle, ces trois dynamiques poussent, semble-t-il, vers des structures politiques planétaires, déjà ébauchées par la constellation onusienne (ONU, FMI). Les moyens de communication (la téléphonie, Internet) sont déjà disponibles. Des plates-formes favorisant l'échange intellectuel (les forums mondiaux, par exemple) s'organisent. Et l'universalisation, encore confuse mais bien réelle, des droits de l'homme semble favoriser la dissémination du modèle démocratique.

Puissance douce *vs* puissance dure

Le politologue américain Joseph Nye (né en 1937) oppose puissance dure et puissance douce. La première utilise la force, les capacités militaires, la seconde la négociation, les sanctions, les cadeaux. Rome, qui reste un exemple en matière de gestion de la puissance, combinait habilement tous ces instruments.

De nos jours, l'usage de la puissance dure devient beaucoup plus aléatoire pour trois raisons :

- la quasi-impossibilité de fermer un territoire, et donc de le contrôler totalement ;
- l'éducation, l'information des populations, beaucoup plus imaginatives pour résister ;
- l'évolution des mentalités des soldats, qui ne sont plus des machines à obéir, s'ils l'ont jamais été.

La puissance douce peut, en revanche, s'avérer très efficace lorsque des conditions précises sont réunies.

Exemple

L'Union européenne (UE) pratique beaucoup la puissance douce : ouvertures commerciales, aides financières et même accueil de nouveaux États membres (élargissements).

Cette démarche ne réussit que si les partenaires sont disposés à jouer le jeu. Dans des situations extrêmes (guerres civiles, terrorisme), les armes restent un outil indispensable pour montrer à ceux qui ne croient qu'en la violence qu'une force peut se dresser en face d'eux pour les bloquer.

Joseph Nye, en 2014.

En 1982, Margaret Thatcher, alors Premier ministre du Royaume-Uni, arrache la victoire contre l'Argentine, qui a envahi les Falkland (Malouines) britanniques.

Les femmes au pouvoir

Pendant des millénaires, les femmes sont des enjeux d'échange. Les figures les plus remarquables comme Aliénor d'Aquitaine ne séparent pas calculs politiques et alliances matrimoniales. Mais, dans le sillage de la vague de fond démocratique, depuis le XIXe siècle, les femmes conquièrent des droits et elles sont de plus en plus nombreuses à accéder aux plus hautes responsabilités politiques.

Les protagonistes de la géopolitique sont des hommes, souvent traditionnels et peu ouverts aux droits des femmes. La guerre est une affaire d'hommes, les femmes en subissant toute l'horreur : massacres, viols... Alors l'entrée des femmes dans les jeux politiques porte-t-elle une transformation de la géopolitique ? Apparemment non. D'ailleurs, pourquoi une femme serait-elle moins patriote, moins déterminée qu'un homme ?

Exemple

Des femmes chefs de gouvernement se révèlent tout autant chefs de guerre : ainsi en 1971, Indira Gandhi (1917-1984) vainc le Pakistan et obtient l'indépendance du Bangladesh.

Le côté obscur du progrès

« Le mieux est l'ennemi du bien », affirme la sagesse populaire, ou encore : « L'enfer est pavé de bonnes intentions. » Le progrès est ainsi souvent porteur d'aspects négatifs. Sur la question du traitement réservé aux peuples colonisés, le progrès confirme cette ambivalence. Dans le monde moderne, cinq changements principaux affectent les victimes :

- **L'industrialisation.** Si les vaincus sont par principe maltraités, le « progrès » industriel a permis l'exploitation et le massacre à très grande échelle (complexes concentrationnaires de l'Allemagne hitlérienne et de l'Union soviétique).
- **Les motivations ou les justifications.** Traditionnellement, l'anéantissement et/ou la mise en esclavage du vaincu visent simplement (si l'on peut dire) à le priver de toute capacité de revanche. Au carrefour de la science et de l'idéologie, la modernité, elle, voit dans l'ennemi un microbe qui corrompt le corps national et qu'il faut éradiquer (purification ethnique).
- **Le droit.** Depuis le milieu du XIXe siècle, le droit humanitaire s'efforce de protéger les populations civiles. Ce progrès a tout de même son envers : ces civils « humanisés » deviennent des enjeux que l'on n'hésite pas à bombarder pour les inciter à faire céder leur gouvernement (par exemple, durant la guerre du Vietnam).

- **Les médias.** Grâce aux médias modernes, dit-on, aucun massacre ne saurait désormais rester caché. Voilà pour la théorie. Mais, dans la réalité, les faits font des croche-pieds à la morale. Bien des massacres demeurent exotiques, laissant les opinions indifférentes (par exemple, au Cambodge avec les Khmers rouges). Les images, se succédant en un flot continu, perdent de leur impact. Et bien des criminels ont appris à utiliser à leur profit des médias instrumentalisés (otages américains en Iran, otages des FARC...).
- **Les vaincus comme ressources à intégrer.** Dans le sillage des deux guerres mondiales, quelque chose semble toutefois changer dans le bon sens : les vaincus, une fois leurs crimes expiés, réintègrent le système international des échanges. Ce qui permet ce changement, c'est le développement d'un jeu économique par lequel le vainqueur rallie le vaincu en lui offrant une part du gâteau.

L'espace extra-atmosphérique

Le 4 octobre 1957, l'Union soviétique envoie dans l'espace le premier satellite, *Spoutnik 1*, mettant le cosmos à la portée de l'homme. Cinquante ans plus tard, près de 10 000 satellites ont été mis en orbite, 570 satellites sont en activité, 20 000 tonnes gravitent autour du globe terrestre.

L'espace extra-atmosphérique confirme la permanence des dynamiques géopolitiques. Dès que la technique le permet, tout domaine se trouve soumis aux lois établies de la puissance :

- **Occupation.** Durant les quinze-vingt premières années, les plus puissants mènent la course. L'URSS met en orbite le premier satellite ; le 16 juillet 1969, le premier homme à marcher sur la Lune est l'Américain Neil Armstrong. À partir des années 1970, la bousculade commence : France, Japon, Chine, Inde et d'autres se joignent à la compétition. Tout État revendiquant un rang dans le système mondial doit avoir ses engins spatiaux.
- **Militarisation.** Le premier usage de l'espace est militaire. Comment ne pas exploiter cette immensité enveloppant la Terre et ouverte à l'implantation ? Les satellites d'observation et de guidage s'imposent comme une composante de tout arsenal sophistiqué. La tentation surgit de se servir de satellites comme d'armes détruisant soit d'autres satellites, soit des troupes, des chars, des avions.

Exemple

Le 11 janvier 2007, la Chine, voulant montrer ses capacités militaires, anéantit avec un missile l'un de ses satellites météorologiques. Le résultat est désastreux : des milliers de débris sont dispersés dans l'espace, chacun pouvant endommager des engins en activité. La guerre dans l'espace risque d'être particulièrement hasardeuse !

- **Appropriation.** L'espace extra-atmosphérique échappe en principe à l'appropriation. Mais cette dernière fait partie des réflexes fondamentaux de l'homme. Le 3 décembre 1976, le Brésil, la Colombie, l'Équateur, l'Indonésie, le Kenya, l'Ouganda et le Zaïre, tous situés sur l'équateur, proclament leur souveraineté sur l'orbite géostationnaire, qui se trouve dans le plan exact de l'équateur. Or tout satellite placé sur cette orbite tourne à la même vitesse que la Terre et garde donc toujours la même position par rapport à elle. D'où sa valeur économique et stratégique. Cette souveraineté ne peut être que refusée par les autres États.
- **Réglementation.** Le droit de l'espace se développe très vite et dans de multiples directions : statut de la Lune et des corps célestes ; immatriculation des objets ; responsabilité pour les dommages causés... L'espace est bien l'un des territoires parmi d'autres (océans, pôles, atmosphère...) où s'édifie une gouvernance universelle.

La révolution du Néolithique

C'est durant le Néolithique que l'homme, naguère nomade, se fixe géographiquement, se sédentarise. Cette mutation, qui coïncide avec le recul de la chasse et de la cueillette devant l'agriculture et l'élevage, et avec l'apparition de l'écriture, est rendue possible par des perfectionnements techniques. L'homme du Néolithique apprend à labourer, à irriguer, à apprivoiser des animaux, à bâtir des villages puis des villes. Grâce au progrès technique, il se trouve en mesure de s'enraciner, pour une durée assez longue, dans une terre qu'il soumet à une exploitation organisée et régulière. Cette évolution cruciale, on s'en doute, n'est pas sans conséquences sur le sort de l'humanité.

L'une des avancées majeures de la sédentarisation réside dans le stockage. Il permet à l'homme de constituer des réserves de grain, d'eau, de viande. L'existence humaine se fait moins aléatoire. D'emblée, le contrôle de la terre, de ses productions, des stocks, de l'eau est constitué en enjeu politique majeur. Le maître des terres, le gardien des greniers a la puissance, il est la puissance. Cette territorialisation du pouvoir s'accompagne d'un formidable développement des entités politiques. S'appropriant les territoires, les organisant, celles-ci assoient leur légitimité par une multitude de marques, d'empreintes : règles sociales, monuments, villes, qui consolident et exaltent leur pouvoir. Concomitamment, ces territoires, leurs limites et leurs ressources deviennent la source de rivalités et de conflits.

Les hommes étant plus nombreux et leurs communautés plus importantes, les frictions se multiplient, les heurts doivent être efficaces, donc organisés. L'homme, prédateur violent par nature, apprend à canaliser sa violence afin qu'elle ne soit pas un déchaînement inutile de force mais qu'elle soit mise au service d'objectifs rationnels et précis : soumettre ou éliminer des rivaux, s'approprier des territoires ou des richesses. Cette instrumentalisation de la violence porte un nom : la guerre.

Pour aller plus loin

Depuis le Néolithique et le partage – sans cesse modifié – des terres, la guerre demeure au cœur des relations entre entités politiques. Épreuve temporairement décisive désignant un vainqueur et un vaincu, elle assume toujours un rôle central dans la régulation des rapports entre des entités inégales.

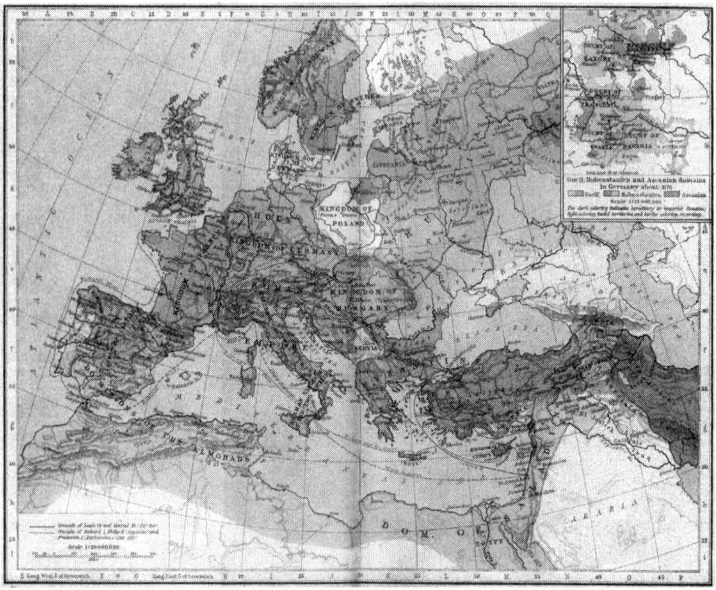

L’Europe en 1190.

L'Europe, une construction médiévale

L'aire définie et nommée « Europe » est une construction du Moyen Âge chrétien. Pour les Romains, l'Europe n'existe pas : centré sur la Méditerranée, l'empire inclut les territoires actuels de l'Italie, de la France, de l'Espagne, de l'ouest de l'Allemagne et de l'Angleterre (sans l'Écosse) ; au-delà s'étend la barbarie. Il faut attendre la chute de l'Empire romain, en 476, et la conversion des populations au christianisme, du IVe au VIIe siècle, pour qu'émerge une Europe unifiée « de l'Irlande à la Baltique », même si le monde scandinave et slave n'est pas évangélisé avant le Xe siècle. En 1054, cette unité se brise sous le coup du schisme d'Orient, qui provoque la cassure toujours actuelle entre Rome, la catholique, et Byzance, l'orthodoxe. Depuis lors, l'Europe chrétienne vit dans le conflit permanent : schismes, Réforme protestante au XVIe siècle, querelles entre le pape et les rois affirmant leur souveraineté, etc.

À retenir

Du Moyen Âge au XVIIIe siècle, l'Europe est le théâtre d'un extraordinaire bouillonnement : augmentation de la population (malgré la peste noire au XIVe siècle), accroissement des richesses, curiosité scientifique, mutations techniques accouchant des révolutions industrielles, invention de l'individu, de sa liberté face aux autorités.

Siège du Fonds monétaire international, à Washington, États-Unis.

Du national au supranational

Il convient de faire la distinction entre les termes « national », « international », « transnational » et « supranational », afin de bien saisir les différentes formules politiques qui permettent d'organiser et de gérer les territoires :

- Est **national** ce qui s'inscrit dans le cadre d'un État. Ainsi de la politique de défense, parce l'État reste garant de la souveraineté de son territoire et de la sécurité de sa population.
- Est **international** tout rapport, lien ou pacte entre deux (ou plusieurs) États souverains. Ainsi des traités interétatiques et des grandes organisations mondiales : l'ONU, le Fonds monétaire international (FMI), etc.
- Est **transnational** tout ce qui traverse les frontières étatiques. Ainsi des flux transnationaux ou plutôt transétatiques : mouvements de marchandises, de capitaux, d'hommes (migration, tourisme).
- Enfin, est **supranational** (ou supraétatique) tout dispositif institutionnel édifié par des États acceptant de mettre en commun certaines de leurs compétences. Ces dernières sont alors soumises à des procédures spécifiques : des règles ou lois supranationales, dont l'application est contrôlée par des instances supranationales. Pour le moment, le seul exemple de véritable supranationalité reste la construction européenne (Communautés européennes, UE).

La puissance impériale

Pour durer comme pour se bâtir, tout empire a d'abord besoin de victoires, pour faire étalage de sa force et confirmer sa supériorité. Concrètement, la puissance impériale doit assumer simultanément deux tâches indissociables : protéger l'empire des agressions extérieures ; maintenir l'ordre à l'intérieur de l'empire. La légitimité, la crédibilité et, partant, la pérennité de tout empire dépendent étroitement de la capacité que celui-ci a (ou non) d'y parvenir. Voici un exemple qui illustre l'importance de cette double mission.

Focus

En 1823, les États-Unis sont le premier État indépendant du continent américain. S'ils ne bâtissent pas un empire formel, ils exercent néanmoins, la réussite économique aidant, une hégémonie « impériale » sur tout le continent. Aussi, lorsque les colonies espagnoles et portugaises de l'Amérique latine s'émancipent de leurs métropoles à la suite de l'occupation de la péninsule Ibérique par Napoléon (1808-1813), les États-Unis s'autoproclament protecteurs de ces jeunes indépendances contre toute velléité des puissances européennes de reprendre pied dans ces pays. Les États-Unis voient le continent américain, de l'Alaska à la Terre de Feu, comme une île dont ils sont à la fois défenseurs contre les incursions étrangères et gardiens de ses équilibres internes, tout désordre dans cette zone pouvant inciter des puissances extérieures à intervenir. Leurs protégés peuvent s'entretuer mais le patron impérial nord-américain ne tolère pas les conflits offrant prise à des ingérences, des pénétrations de pays non américains. En 1898, les États-Unis mènent ainsi contre l'Espagne une guerre victorieuse mettant fin à la domination de Madrid sur Cuba.

Par ailleurs, tout empire est bâti par un ensemble d'hommes convaincus d'être les meilleurs pour gouverner le monde, d'avoir une mission ou un destin à accomplir : le « fardeau de l'homme blanc » (Rudyard Kipling) pour l'Angleterre victorienne ; la « mission civilisatrice » pour la France de la IIIe République.

Attention

Pour mener à bien le but qu'ils s'assignent, les bâtisseurs d'empire doivent non seulement disposer d'un solide appétit de pouvoir et de moyens militaires idoines, mais aussi (surtout !) savoir construire. La paix romaine repose sur les légions, mais également sur les routes et les aqueducs, la multiplication des villes. Les empires coloniaux apportent dans leurs bagages des administrateurs, des juges, des médecins, des instituteurs. Tout empire ne reposant que sur la force se retrouve très vite assiégé par les résistances et les haines qu'il suscite : ainsi de l'empire hitlérien en Europe orientale et en Union soviétique (1939-1944).

La surextension, une menace pour l'empire

Un empire ne cesse d'être tiraillé entre deux exigences contradictoires : d'un côté, s'étendre, acquérir des territoires, des ressources afin de satisfaire les besoins toujours plus lourds de la population impériale (produits alimentaires, matières premières stratégiques…) ; de l'autre côté, contrôler cette expansion de façon à maintenir l'empire dans des limites qui permettent d'en assurer la défense. L'Empire romain tient notamment parce qu'il veille plus ou moins à ce que sa frontière soit rapidement accessible par les légions en cas d'attaque. *A contrario*, l'Angleterre des années 1930 règne sur un empire si vaste qu'il peut être attaqué ou déstabilisé en des points très éloignés (Moyen-Orient, Corne de l'Afrique, Birmanie…). Durant la Seconde Guerre mondiale, elle subit des défaites humiliantes (Libye, Hong Kong, Singapour…) qui étalent aux yeux du monde sa vulnérabilité ; quinze ans plus tard, l'empire britannique était démantelé. De même, la domination française en Afrique du Nord est ébranlée de manière irréversible par le débarquement anglo-américain de novembre 1942. Le maître impérial, rappelons-le, ne doit jamais être vu en position de faiblesse par le peuple soumis ou colonisé.

Focus

Dans les années 2000, l’hégémonie impériale des États-Unis illustre ce problème d’*overstretching* (« surextension »). Les États-Unis sont pris entre au moins quatre priorités : conserver une position directrice en Europe, veiller à la stabilité du Moyen-Orient, construire un équilibre en Asie-Pacifique, avec ses colosses (Japon, Chine, Inde...), enfin, lutter contre la délinquance internationale des États qualifiés de « voyous » (Corée du Nord, Iran...). À partir de 2003, l’intervention militaire en Irak confirme que toute puissance impériale, loin de disposer de capacités infinies d’action, a des moyens – notamment militaires – limités qui la contraignent à renoncer à sa politique impériale et à renouer avec les jeux d’équilibre (par exemple, avec l’Iran).

Depuis 2009, les présidences Obama (2009-2017) puis Trump (2017-2021) enclenchent un repli qui semble irréversible des États-Unis, du marchandage des engagements à l’étranger au projet de mur entre les États-Unis et le Mexique. Les États-Unis, numéro un mondial de la seconde moitié du xxe siècle à l’aube du xxie siècle, sont désormais concurrencés par un rival déterminé à s’emparer de cette première place : la Chine. La surextension n’est plus possible pour les États-Unis, tentés, en dépit de la mondialisation de leur économie, de s’ériger en forteresse.

Des empires et des hommes

Le traitement des populations est la principale raison, avec les appétits insatiables de conquête, à la fin de la paix hégémonique instauré par tout empire. Les peuples impériaux sont pris au piège de leurs contradictions : défenseurs autoproclamés de la civilisation, ils sont convaincus de faire le bien des populations soumises ; mais, paradoxalement, l'importance de la mission civilisatrice qu'ils sont persuadés d'accomplir justifie tout, y compris les actes les plus barbares (massacres, pillages, exploitation, expropriations...). En d'autres termes, aussi bien les écoles et la médecine que l'esclavage et la torture ! Ce divorce flagrant entre la fin et les moyens peut faire naître un doute, sinon un sentiment de culpabilité, dans l'esprit du colon. En Amérique latine, par exemple, pendant que les Espagnols brutalisent et surexploitent les Indiens, certains – en particulier les prêtres – commencent à questionner le bien-fondé de cette violence.

En même temps, les puissances impériales attirent à elles les élites locales et les érigent en collaboratrices privilégiées : Rome accorde largement la citoyenneté aux « bourgeois » des villes de l'empire, toutes bâties sur le modèle de la capitale ; l'Angleterre se concilie les maharajas aux Indes ; la France s'appuie en Indochine sur les Cochinchinois, considérés comme plus accommodants que les Tonkinois et plus travailleurs que les Cambodgiens et les Laotiens... Dans un premier temps, ces élites obéissent, n'ayant pas d'autres choix. Mais au contact du maître impérial, elles s'instruisent et développent une conscience politique qui s'avère une arme redoutable au moment où, comme souvent dans l'histoire, elles prennent la tête de la lutte anticoloniale.

À retenir

En un mot, la paix impériale repose sur des équilibres fragiles entre peuples impériaux et populations soumises. Elle requiert que les maîtres commandent et qu'aucun doute ne mine ce commandement ; de même, elle exige que les soumis obéissent sans la moindre arrière-pensée. Que cet équilibre précaire se rompe, et le bel édifice se lézarde.

Les empires, objets de convoitises

Un dernier facteur accélère la décomposition de la paix impériale : la convoitise. Vient toujours le moment où l'empire arrive à son apogée. Au faîte de sa puissance, le monstre, énorme, a beaucoup conquis et pillé ; il est gorgé de richesses et de puissance. Le voici alourdi et fatigué. C'est à ce moment que se manifestent les appétits de ses rivaux qui, jusque-là, se tenaient prudemment dans l'expectative.

L'empire britannique de la seconde moitié du XIXe siècle et de la première moitié du XXe incarne parfaitement les dilemmes auxquels est confronté tout empire déclinant, contraint aux concessions et aux compromis. Il tient d'abord à faire ami-ami avec celui qu'il sait être son successeur, les États-Unis, et reconnaît donc que le continent américain relève d'eux seuls.

Avec la Russie qui lorgne vers les Indes, joyau de l'empire britannique, l'Angleterre parvient en 1907 à un *modus vivendi* ; l'ours russe, toujours avide de territoires, mais s'étant quasiment effondré en 1905 (défaite face au Japon, révolution avortée), limite temporairement son appétit. Mais il reste l'Allemagne de Guillaume II, unifiée en 1871. Entre l'Angleterre et l'Allemagne, l'enjeu est l'Europe. Celle-ci ne fait pas partie de l'empire britannique, mais elle constitue l'un des piliers de la « Grande Stratégie » du

Royaume-Uni : l'Europe doit rester ouverte à ce dernier, elle ne doit jamais devenir un empire unifié, sous la direction d'une des puissances du continent (Espagne de Philippe II, France de Louis XIV puis de Napoléon). Or l'Allemagne de Guillaume II est jalouse de l'Angleterre, elle veut l'égaler et avoir son empire à elle. Durant la crise fatale de l'été 1914, l'Allemagne envahit la Belgique : pour Londres, c'est un *casus belli*, le signe que l'Allemagne rêve pour elle d'un ensemble continental qui exclurait l'Angleterre du continent. Dans les deux guerres mondiales, le Royaume-Uni combat l'ambition allemande avec une obstination jamais démentie. En 1945, cette ambition est anéantie. Mais, à la suite de ces affrontements titanesques, l'Angleterre, usée, ruinée, perd ce pour quoi elle luttait, son empire, qui se défait dès la fin des années 1940 (indépendance des Indes en 1947). Des morceaux de l'ex-empire tombent bientôt sous la houlette de nouveaux protecteurs plus ou moins durables : le Moyen-Orient sous la garde des États-Unis, l'Inde pendant un temps sous celle de l'URSS.

À retenir

Les empires sont initialement portés par une formidable énergie collective. Cette énergie épuisée, les empires, dont les blessures et les faiblesses sont tout de suite repérées, attirent les convoitises.

Le déclin de l'Empire romain

L'une des constructions géopolitiques les plus extraordinaires et les plus durables de l'histoire, la *pax romana* (« paix romaine »), se défait sous l'influence de quatre facteurs :

- **Les invasions barbares.** Le facteur retenu ici est le choc extérieur, l'inégalité des masses en heurt ; l'empire est débordé, submergé par des peuples toujours plus nombreux qu'il ne parvient pas à absorber ou à repousser.
- **La décadence.** L'Empire romain, comme toute construction humaine, est voué au déclin. Les mécanismes sont toujours les mêmes : emprise croissante du luxe, pétrification des élites, alourdissement et coût croissant des structures bureaucratiques... Chacun continue à commander ou à obéir ; en fait, ne subsiste qu'un jeu de faux-semblants. Qu'une crise, une famine ou une guerre survienne, et le décor s'écroule.
- **La conversion de l'empire au christianisme.** L'une des habiletés reconnues de l'empire est son extrême tolérance religieuse, les peuples soumis gardant leurs dieux. Or, au début du IVe siècle, avec l'empereur Constantin Ier, l'empire devient chrétien, le christianisme est érigé en religion d'État, les autres cultes étant bientôt interdits. Ici l'emporte l'explication idéologique : l'empire, usé, se donne, en optant pour le christianisme, une légitimité nouvelle, unique et cohérente ; mais ses citoyens se trouvent incités à placer la Cité céleste (Dieu) au-dessus de

la Cité terrestre (l'empire). Telle est la thèse du plus célèbre historien de la fin de Rome, le Britannique Edward Gibbon (1737-1794).

- **L'insurmontable fragilité économique.** L'Empire romain se bâtit dans un monde agraire, très vulnérable tant aux aléas naturels (sécheresses...) qu'à la désorganisation des circuits économiques par la guerre. Rome, la capitale, devient progressivement une agglomération monstrueuse que l'empire nourrit et approvisionne en distractions. À partir du IIIe siècle, les crises économiques et financières révèlent et entraînent la contraction des échanges et l'appauvrissement des populations.

À retenir

Ce que confirme la paix romaine, c'est que toute paix est faite d'une conjonction de conditions matérielles, sociales, politiques et psychologiques en interaction, d'abord dans une dynamique de renforcement, puis dans une dynamique de décomposition.

Quelques figures marquantes de la géopolitique (1)

On prête à certains hommes la capacité de changer le monde, de modifier le cours de l'histoire, d'infléchir le destin, comme les fondateurs de religions ou de philosophies ou encore les grands savants. Pourtant, ces prétendus démiurges ont une influence limitée du point de vue de la géopolitique, dont les moteurs fondamentaux demeurent les dynamiques collectives.

- **Alexandre** (356-323 av. J.-C.) : Macédonien de culture grecque, il clôt le conflit multiséculaire opposant la Grèce à la Perse des Achéménides. Mais victorieux, il se métamorphose en empereur oriental, devenant le fossoyeur de la liberté grecque.
- **Jésus de Nazareth** (v. 4 av. J.-C.-28) aurait pu rester dans l'histoire comme l'un des très nombreux agitateurs et prophètes de cette terre, mais sa vie ou ce qui en est raconté cristallise une dynamique religieuse. Néanmoins, le christianisme ne serait pas devenu l'une des plus grandes religions de l'humanité si, au IVe siècle, l'empereur romain Constantin Ier le Grand n'avait pas été saisi par la foi et si le christianisme n'avait pas été imposé comme religion exclusive de l'Empire romain par Théodose Ier le Grand (v. 346-395).
- **Mahomet** (v. 570-632), fondateur de l'islam, mais aussi redoutable guerrier, pose les premières pierres de ce qui

deviendra l'empire des Omeyyades, puis des Abbassides. L'islam ne se serait pas imposé dans la durée comme l'un des trois grands monothéismes s'il ne s'était pas approprié des empires, la Perse puis, au XVe siècle, Byzance.

- **Napoléon Ier** (1769-1821) : le bouleversement qu'il provoque en Europe vient de ce qu'il y exporte, avec ses armées, les idées de la Révolution française, dans l'air du temps. Quant à l'ambition impériale visant à remettre la France à égalité avec l'Angleterre, elle est vouée à l'échec. Lorsque Napoléon prend le pouvoir, la France a perdu depuis longtemps, l'Angleterre est la maîtresse incontestée des mers, il ne peut rien ou presque contre cette hégémonie.
- **Lénine :** Vladimir Ilitch Oulianov, dit Lénine (1870-1924), transforme la Russie des tsars en Union soviétique. En fait, d'un point de vue géopolitique, l'Union soviétique se montre incroyablement fidèle à la Russie tsariste dans sa conviction messianique, sa difficulté à se moderniser, ses obsessions impériales, sa quête obstinée du désenclavement...
- **Staline** (1879-1953) est vraiment un tsar communiste. Sous son règne, l'Empire russe vit un apogée précaire. Il entreprend des projets pharaoniques, mais cet effort démesuré pour contraindre le peuple soviétique à devenir le phare de l'humanité se dégrade inexorablement dès le lendemain de sa mort...

Winston Churchill.

Quelques figures marquantes de la géopolitique (2)

- **Adolf Hitler** (1889-1945) promet de bâtir autour de l'Allemagne un empire eurasiatique (le IIIe Reich) de mille ans. Mais le racisme hitlérien, planifiant l'élimination des peuples non aryens, amène ces derniers à se battre férocement. Surtout, l'Allemagne des années 1871-1945 ne peut égaler les nouveaux géants, comme les États-Unis ou la Russie soviétique.
- **Mao Zedong** (1893-1976), fondateur de la République populaire de Chine, ne fait, dans ses comportements les plus radicaux, que renouer avec les traditions impériales : l'empereur est le maître absolu de l'ordre du monde ; toute position, tout pouvoir peut être anéanti à n'importe quel instant si telle est sa volonté.

À retenir

Bien souvent, les individus qui prétendent s'approprier les forces de l'histoire en sont les instruments.

D'autres individus, plus modestes ou plus habiles, se coulent dans une continuité historique pour saisir et brandir l'étendard d'une idée qui les dépasse : Franklin D. Roosevelt installe ainsi en 1945 la puissance américaine au centre de la politique mondiale ; Winston Churchill donne, de 1940 à 1945, son plus beau moment à l'empire britannique mais n'empêche pas sa disparition à l'issue de la guerre.

Haushofer face à Hitler

Pauvre Haushofer ! Lui qui se rêvait conseiller du prince n'eut finalement sur Hitler qu'une influence limitée et dut payer son aveuglement de sa vie. Haushofer rencontre Hitler une dizaine de fois, semble-t-il entre 1922 et 1938. Il ne reste aucune trace des conversations entre eux. Haushofer ne sera jamais membre du parti nazi et restera éloigné du pouvoir.

Conformément au schéma de son livre *Mon combat* (*Mein Kampf*), Hitler attaque l'Union soviétique en juin 1941. Le but officiel est idéologique : détruire le bolchevisme. L'agression de l'URSS paraît déraisonnable : l'URSS est immense, son climat est très hostile, plusieurs envahisseurs y ont tout perdu. Pourtant, cette attaque obéit à une authentique logique géopolitique. En 1941, l'Allemagne de Hitler domine toute l'Europe ou presque ; lui échappent encore, à l'ouest, le Royaume-Uni et, à l'est, l'URSS. Pour l'Allemagne, la priorité géopolitique est claire : faire de l'Europe une forteresse imprenable et, plus précisément, rendre impossible tout débarquement par les puissances maritimes (Royaume-Uni, États-Unis). En anéantissant l'URSS, l'Allemagne supprime le seul point d'appui possible sur le continent et, en même temps, s'approprie ses richesses : blé, charbon, pétrole… Certes, mais les risques sont considérables. Pour Hitler le joueur, le pari vaut d'être tenté : l'Allemagne, avec ses capacités industrielles et militaires, doit pouvoir écraser l'URSS en quelques semaines.

Contrairement à celle de Hitler, la démarche de Haushofer se veut rationnelle et, surtout, raisonnable. Mais pourquoi les puissances maritimes accepteraient-elles soudain ce qu'elles ont toujours combattu : une Europe soumise à la seule puissance d'un empire, en l'occurrence allemand ? Autant prendre acte de cette opposition. Hitler intègre cette idée, mais pour lui, cet empire, s'il doit voir le jour, se fera, par les armes, contre ces puissances.

L'échec de Haushofer est total : non seulement Hitler ne l'écoute pas, mais ses conclusions sont erronées et la défaite du Reich enterre son rêve de puissance continentale. Après la capitulation de l'Allemagne (8 mai 1945), le vieux géopoliticien est soumis par les forces américaines à l'interrogatoire que doivent subir les personnalités suspectes de collaboration avec les nazis. Finalement, le 10 mars 1946, Haushofer et sa femme se donnent la mort.

Pour aller plus loin

En 1944, Albrecht, le fils de Haushofer, fait partie des comploteurs qui tentent d'assassiner le Führer. Alors que Haushofer condamne l'attentat, son fils est arrêté et exécuté.

L’Allemagne, un encombrant voisin

L’émergence de l’Allemagne dans la seconde moitié du XIXe siècle installe un concurrent de plus en plus menaçant à la frontière est de la France. La France d’alors n’est plus le colosse qu’elle a été de Richelieu à Napoléon. Après l’unification de l’Allemagne (1871), sa politique étrangère est gouvernée par une obsession : comment vivre avec ce voisin encombrant ?

En 1918, à l’issue de la Première Guerre mondiale, la France figure parmi les vainqueurs, mais elle est saignée, épuisée. En 1940, l’armée française est balayée par les troupes allemandes. Mais, en 1945, l’Allemagne est écrasée, occupée et mise sous tutelle par les nouveaux maîtres du monde, les États-Unis et l’URSS. La France, grâce à Churchill et à de Gaulle, se retrouve parmi les vainqueurs. Très vite, les deux colosses américain et soviétique, qui dominent l’Europe, se chamaillent. C’est la guerre froide. L’Allemagne est divisée en deux États, l’un lié à l’Ouest, la République fédérale d’Allemagne (RFA), l’autre incorporé dans le bloc soviétique, la République démocratique allemande (RDA). Or, à l’Ouest, le protecteur américain reconstruit et même tient à armer « son » Allemagne. La France se trouve à nouveau face au « problème allemand ». Mais le cauchemar se dissipe. L’Allemagne de l’Ouest devient une démocratie prospère. Il reste à consolider tout cela en faisant de la France et de l'Allemagne (alors occidentale) des partenaires unis de manière institutionnelle. Telle est l'une des tâches réussies de la construction européenne.

À retenir

En ce début de XXIe siècle, l'Europe est débarrassée des grands affrontements guerriers. La France, quelles que soient ses tergiversations, fait partie d'un club d'États européens, l'UE. Longtemps menacée sur l'une ou l'autre de ses frontières, la France s'inscrit dans une Europe en principe réconciliée. Mais celle-ci n'est plus la maîtresse du monde : le défi fondamental qui se présente désormais à elle est de ne pas devenir une zone périphérique en marge des flux mondiaux.

Ruines dans la ville de Beit Hanoun, dans la bande de Gaza, un territoire que se disputent Israéliens et Palestiniens, août 2014.

La fin des guerres de conquête

Au lendemain de la Seconde Guerre mondiale, les espaces terrestres se trouvent partagés entre près de 200 États se reconnaissant les uns les autres. Le droit international garantit ce partage : égalité souveraine des États, inviolabilité de leurs territoires, interdiction de modifier les frontières par la force… La bonne vieille guerre de conquête devient illégitime.

Attention

La guerre ne disparaît pas pour autant. Elle adopte simplement de nouvelles formes. Les disputes pour des territoires subsistent (Israël et Arabes pour la Palestine), mais le plus souvent, les combats s'enlisent, sans vainqueur ni vaincu.

L'occupation d'un territoire étranger est toujours incertaine. L'occupant, même animé des meilleures intentions (implanter la démocratie), demeure un étranger, un intrus. Pour l'emporter, il doit disposer d'une force supérieure écrasante. De nos jours, l'entreprise est encore plus aléatoire. Les populations, plus instruites, s'adaptent vite à l'occupant et s'en jouent. En outre, les territoires occupés sont presque impossibles à isoler. Comment pacifier des zones poreuses où les rebelles se ravitaillent sans mal, où de nouveaux combattants se faufilent en permanence ? Enfin, les médias, en montrant les maladresses et les brutalités de l'occupant, minent la légitimité de son combat.

Du pillage au commerce

L'un des grands motifs de la guerre est le pillage. Dans des sociétés vivant dans la pauvreté et la hantise de la famine, la prise par la force des stocks et des richesses du voisin peut permettre de briser temporairement l'étau de la pénurie. À l'issue de la Première Guerre mondiale, pour la France et le Royaume-Uni, qui exigent des réparations de l'Allemagne, l'ennemi vaincu doit payer, c'est le prix de sa défaite. Le pillage fait partie des prérogatives du vainqueur.

Pour sortir d'une logique millénaire de pillage, le vainqueur doit comprendre que son intérêt n'est pas l'appauvrissement du vaincu mais sa reconstruction ; pour cela, il doit passer d'un jeu à somme nulle (je m'enrichis en pillant l'autre) à un jeu à somme positive (mon enrichissement est indissociable de celui de l'autre).

À l'issue de la Seconde Guerre mondiale, les États-Unis – s'opposant frontalement à l'autre grand vainqueur, l'URSS, qui, elle, tient à piller – choisissent de reconstruire l'Allemagne et le Japon. Pour Washington, ces vaincus, s'ils sont maintenus dans leurs ruines et leur misère, seront un fardeau et s'enfonceront dans le chaos et la rancœur. La seule voie qui puisse annihiler un éventuel désir de revanche chez ces anciens ennemis est d'en faire des pays prospères, ancrés dans les échanges internationaux. Émerge ainsi, dans le sillage des guerres mondiales et de leurs destructions astronomiques, l'idée qu'il existe peut-être une manière plus efficace, plus rationnelle, moins coûteuse que le pillage pour s'enrichir : créer entre vainqueurs et vaincus une dynamique vertueuse de multiplication des échanges et de développement économique. Telle est, dès le tournant des XVIIIe et XIXe siècles, la pensée des grands libéraux, comme l'Écossais Adam Smith (1723-1790) ou le Suisse Benjamin Constant (1767-1830). Le commerce, compétition pacifique bénéficiant à tous, est appelé à remplacer la guerre.

Dans les années 1950, la construction européenne, initiée notamment par Jean Monnet (1888-1979), concrétise cette approche : pour libérer les nations européennes du cauchemar de la guerre, il faut les unir par et dans un grand marché, qui les liera de plus en plus par les échanges et le travail. En ce début de XXIe siècle, tous les processus de paix et de réconciliation sont nourris de ce raisonnement : le dépassement de la guerre repose sur une richesse et une prospérité produites en commun.

L'arme nucléaire

La bombe atomique (1945) et surtout la bombe thermonucléaire (1952) donnent à l'homme des moyens de destruction d'une force radicalement nouvelle, une seule de ces bombes pouvant tuer des millions de personnes. Que peut dès lors signifier une guerre rayant de la carte des agglomérations, rendant radioactifs des territoires immenses, laissant vainqueurs et vaincus aussi abîmés l'un que l'autre ?

Même s'il peut toujours exister des individus ou des groupes, qui, dotés d'armes redoutables (atomiques, chimiques, biologiques...), seraient assez fous pour les « balancer » n'importe où dans le seul but de faire le maximum de dégâts, deux évidences ne doivent pas être oubliées :

- L'obsession première de tout homme, et d'abord des détenteurs du pouvoir convaincus d'être indispensables à l'humanité, est de survivre. Jamais un dirigeant n'acceptera de mourir s'il peut continuer à exercer le pouvoir. En 1945, Hitler se donne la mort parce que sa défaite est totale et qu'il lui est inacceptable de se retrouver emprisonné et jugé.
- L'homme se comporte de manière totalement différente s'il peut commettre un crime avec la certitude de l'impunité ou si, à l'inverse, il sait qu'il risque d'être pris et puni. Des États utilisant des armes de destruction massive seraient tout de suite repérés et subiraient des représailles terribles, les autres États

ne pouvant laisser faire sous peine de se résigner à une surenchère de chantage et de coups dévastateurs, chacun brandissant ses armements sous n'importe quel prétexte.

Dans cette perspective, l'arme nucléaire, associée au missile – capable de la transporter en quelques minutes à des milliers de kilomètres de son lieu de lancement –, contribue incontestablement au recul de la guerre. Tout au long de l'antagonisme Est-Ouest (1947-1991), et surtout après la crise des fusées (octobre 1962), les deux superpuissances, États-Unis et Union soviétique, mènent des stratégies « au bord du gouffre » (*brinkmanship*) : ne jamais s'affronter directement, veiller à ce que l'escalade des crises ne dérape pas.

Exemple

En 1999, pour une énième fois, Inde et Pakistan se retrouvent au bord de l'affrontement à propos du Cachemire. Les deux États se sont déjà fait trois fois la guerre. Pourquoi pas une quatrième fois ? Or la guerre n'a pas lieu : tous deux détiennent l'arme nucléaire et savent que, s'ils se laissent entraîner dans un conflit armé, la tentation du recours au feu atomique sera irrésistible pour obtenir une victoire rapide, avec des conséquences potentielles aussi catastrophiques qu'imprévues pour chacun des protagonistes. La prudence est donc de mise.

Les représentants de la délégation nippone quittent le pont de l'USS Missouri après la capitulation du Japon.

1945, la fin de l'âge européen

La Seconde Guerre mondiale prend officiellement fin en mai-août 1945. Néanmoins, les accords signés ne sont en rien des traités de paix. Ils prennent seulement acte des capitulations inconditionnelles des deux grands vaincus : Allemagne et Japon. Au-delà des combats de la Seconde Guerre mondiale, la lutte à mort entre l'Occident et l'URSS ne cesse pas ; de 1941 à 1945, la « Grande Alliance » des États-Unis, du Royaume-Uni et de l'URSS de Staline n'est qu'une trêve entre ces ennemis, enterrant provisoirement leurs querelles pour anéantir les trouble-fête allemand et japonais.

À retenir

La fin de la Seconde Guerre mondiale ne marque certes pas l'arrêt des antagonismes entre les puissances, mais elle clôt assurément les trois siècles et demi (XVIe siècle – première moitié du XXe siècle) de domination des puissances européennes sur le monde.

En 1945, la grande guerre civile européenne prend fin. Les puissances européennes sortent du jeu planétaire. Les deux grands vainqueurs, les États-Unis et l'URSS, deviennent les patrons du Vieux Continent, dont ils se partagent désormais le contrôle. À quelques années de distance, la chute de l'Europe entraîne la fin – souvent sanglante – des empires coloniaux.

L'Europe de l'après-guerre

Entre 1945 et 1949, l'Europe, plaque tournante du système planétaire pendant près de cinq siècles, se retrouve partagée entre deux blocs : l'un occidental, sous la direction de Washington, l'autre oriental, sous la direction de Moscou. L'Europe reste centrale. C'est sur son territoire que se font face les dispositifs politico-militaires des deux colosses, l'Alliance atlantique, le pacte de Varsovie. Les variations de l'antagonisme Est-Ouest, de la fin des années 1940 à l'effondrement du monde soviétique (1989-1991), s'organisent finalement autour de crises européennes : blocus de Berlin en 1948-1949, mur de Berlin en 1961, affaire des euromissiles de 1979-1987.

Si une troisième guerre mondiale devait éclater entre les deux blocs, c'est en Europe que se produirait le choc direct des deux coalitions ; l'Europe serait à nouveau le premier champ de bataille. Pourtant, la quarantaine d'années de la période Est-Ouest constitue, pour l'Europe, un moment de paix... équivoque. Prudemment, les deux camps n'en viennent pas aux mains. Chacun redoute une possible escalade vers les armes nucléaires, qui ravageraient irrémédiablement le Vieux Continent. Cette paix armée est très inégale : l'Europe occidentale, sous la garde plutôt bonhomme des États-Unis, se reconstruit et accède à l'abondance de la société de consommation ; l'Europe orientale, sous la botte de l'URSS, est soumise au socialisme bureaucratique et se rebelle souvent : Berlin-Est en 1953, Hongrie en 1956, Prague en 1968, Pologne en 1980.

À retenir

La séparation concrétisée par le rideau de fer s'inscrit dans la longue histoire de l'Europe, de tout temps divisée en une Europe occidentale, ouverte par et sur la mer, innovatrice et aventureuse, et une Europe orientale, enclavée, dominée par des empires continentaux (empire des Habsbourg, Russie et Empire ottoman dans les Balkans).

L'Europe centrale, celle des « petites nations » (Milan Kundera) – Slovènes, Tchèques, Slovaques, Hongrois, Polonais, Baltes –, émerge dans l'entre-deux-guerres (1918-1939) pour être bientôt engloutie par l'affrontement sanglant des colosses allemand et russe (1941-1945). Dans les années 2000, l'Europe centrale, libérée du grand frère soviétique, consciente de son irréductible vulnérabilité, se trouve le plus vite possible deux protecteurs, en adhérant à l'Alliance atlantique et à l'UE.

Les États-Unis, nouveaux gardiens de l'Europe

En 1945, l'Europe est mise sous tutelle par les États-Unis et l'Union soviétique, qui sont seuls à même de décider s'il y aura ou non la guerre en Europe. Dès la fin des années 1940, alors que la coupure américano-soviétique s'installe en Europe, les Européens apprennent qui sont les nouveaux patrons de leur continent. À l'Ouest, la peur l'emporte : si jamais les chars soviétiques déferlaient sur la partie occidentale de l'Allemagne et arrivaient à Paris... Or, l'Europe occidentale de l'après-guerre est très appauvrie ; elle doit se reconstruire et se sent incapable de résister à une offensive soviétique. Quant aux États-Unis, ils comprennent que leur position de première puissance du monde, de promoteurs du capitalisme et de la démocratie, leur impose d'assurer et d'organiser la survie d'une Europe occidentale non soviétisée, d'abord par une aide économique substantielle (plan Marshall, 1948-1952) puis par un pacte de défense commune (Alliance atlantique, 1949).

Les États-Unis, remplaçant le Royaume-Uni, se trouvent consacrés comme gardiens de l'équilibre européen contre toute tentative de formation d'un empire continental européen sous contrôle soviétique lors de la guerre froide. La protection de l'Europe occidentale par les États-Unis est, elle aussi, de nature impériale. Les seconds garantissent la sécurité de la première et exigent en retour sa loyauté – développement des échanges entre les deux rives de l'Atlantique, mêmes valeurs idéologiques, éventuellement actions militaires communes. Dès que les tensions se durcissent (blocus de Berlin, crises de Berlin, de Cuba et des euromissiles), les alliés ouest-européens se blottissent autour du protecteur américain, lui réclament un renforcement des moyens militaires. En même temps, ils sont tentés par le pacifisme, le neutralisme.

À la suite de la chute du monde soviétique, en 1989-1991, les États-Unis sont confirmés dans leur position de grands maîtres de la sécurité européenne. Les anciens satellites de l'URSS (Pologne, Hongrie, etc.) se bousculent pour rejoindre le club euro-américain, l'Alliance atlantique. Des opérations de cette Alliance, sous la direction de Washington, mettent fin aux affrontements de Bosnie-Herzégovine (accords de Dayton – base américaine – ou de Paris, 1995) puis à la purification ethnique au Kosovo (1999). L'ensemble du continent européen, à l'exception, certes, du territoire de l'ancienne Union soviétique (États baltes exclus), se place sous l'hégémonie bienveillante de l'ami lointain et riche, les États-Unis (en 1994, Partenariat pour la paix).

L’équilibre États-Unis / URSS

Tout équilibre réclame d’abord une configuration claire des puissances. À cet égard, l’exemple le plus marquant de l’histoire contemporaine demeure le face-à-face États-Unis / URSS, de la fin des années 1940 à la dissolution du bloc soviétique (1991). Durant cette période, les deux colosses paraissent s’équilibrer ; aucun des deux ne se lance dans un affrontement militaire direct et en principe décisif. Pourquoi une telle retenue ? Deux explications au moins peuvent être avancées :

- **L’arme nucléaire.** Dans les décennies 1950 et 1960, les deux colosses se dotent de moyens atomiques et de missiles leur permettant de s’anéantir mutuellement ; peu à peu, ils prennent conscience d’être « au bord du gouffre » (*brinkmanship* – crise de Cuba ou des fusées, 1962). Sagement, les deux supergrands optent pour des affrontements indirects : Corée, Vietnam, Moyen-Orient, Afghanistan... Ce qui empêche l’équilibre de basculer une énième fois dans la guerre, c’est la rupture que constitue le couple atome-missile : désormais, le vainqueur, s’il y en a un, sera tellement abîmé qu’il ne profitera guère de sa victoire. Donc prudence !
- **L’écrasante supériorité des États-Unis.** Tout au long de la guerre froide, les États-Unis et l’URSS semblent égaux ; ils sont les deux champions de leurs camps respectifs, ils disposent d’arsenaux nucléaires comparables. En réalité, les deux géants

> sont très inégaux : les États-Unis, qui règnent sur l'Océan mondial et les échanges internationaux, sont de loin la première puissance, notamment économique, du monde ; l'URSS est une immensité enclavée, pauvre et assiégée ; son poids économique est de l'ordre du tiers ou du quart de celui de son rival. Que survienne une révolution technologique, comme celle du dernier tiers du XXe siècle (électronique, informatique, télécommunications), les États-Unis se l'approprient avec aisance, l'URSS, prisonnière d'un modèle économique autoritaire et dépassé, s'écroule. Avec un tel écart, le plus puissant, les États-Unis, sentant que le temps joue en sa faveur, opte pour une stratégie d'endiguement (*containment*) ; l'URSS, pétrifiée dans sa mythologie révolutionnaire, est finalement une étoile morte, continuant à émettre la lumière du marxisme-léninisme.

Malgré quelques coups de poker (crise des fusées en 1962), les dirigeants soviétiques sont le plus souvent très prudents, même timorés. Si leurs homologues occidentaux sont facilement impressionnés par des opérations spectaculaires (l'URSS envoie la première un satellite puis un homme dans l'espace), ces dirigeants sont très conscients que leur système est une machine en carton-pâte.

La fin de l'utopie soviétique

En deux ans, le monde soviétique disparaît pacifiquement, l'émancipation des démocraties populaires d'Europe orientale (automne 1989) entraînant la dissolution de l'Union soviétique (décembre 1991). Ainsi s'achève l'une des plus extraordinaires et des plus terribles expériences de l'humanité : la construction d'une société socialiste puis communiste.

Dès sa naissance (révolution d'Octobre, 1917), le rêve est un cauchemar : guerre civile atroce, mise en place de structures policières et de camps pour les récalcitrants. Pour les meneurs de la révolution (Lénine, puis Staline), seul importe le pouvoir. La Russie, métamorphosée en Union soviétique, devient le laboratoire d'« ingénieurs de l'âme », chargés de façonner l'*Homo sovieticus*. Malgré les appartements communautaires où l'on entasse les familles, la collectivisation de l'agriculture, les usines casernes et les transferts massifs de populations, cette immense prison à ciel ouvert, où le bonheur est un devoir patriotique, bénéficie d'un rayonnement considérable. Pour beaucoup d'intellectuels de gauche, le communisme réalise le paradis sur terre : une société d'égaux, où tout est partagé. Cette machine monstrueuse fascine d'autant plus qu'elle sort victorieuse de la Seconde Guerre mondiale et qu'elle est la première à envoyer des satellites dans l'espace.

D'emblée, le ver est pourtant dans le fruit. La mission historique de l'URSS est de fabriquer un homme robot, dépourvu de tout désir de propriété, constamment porté par l'héroïsme. D'où l'obsession permanente de la trahison et du complot, la moindre faiblesse ou déviation appelant un redressement sévère. L'élan révolutionnaire, puis la terreur à répétition, le patriotisme enfin, tiennent l'URSS. Mais toute l'énergie vitale est absorbée par des projets pharaoniques et des dépenses illimitées d'armements.

L'URSS meurt sous le poids de la bureaucratie, sa population usée jusqu'à la corde. Certes, la Russie soviétique conserve, tout au long de l'antagonisme Est-Ouest (fin des années 1940 - fin des années 1980), son image d'égale des États-Unis, mais l'URSS des années 1970-1980 est un empire à l'agonie : sclérose économique, poids écrasant du fardeau militaire, enlisements multiples (Afghanistan, Pologne, Indochine), classes au pouvoir (*nomenklatura*) de plus en plus isolées face à des populations au niveau de vie médiocre. La révolution éclate. Subsiste la Russie, toujours énorme mais privée de son empire. Aujourd'hui, le pays s'ouvre, se modernise, s'enrichit, mais le messianisme russe, obsédé par l'idée que la Russie est l'élue de Dieu ou de l'histoire, n'est pas mort pour autant.

L'âge d'or de l'équilibre européen

L'âge d'or de l'équilibre européen – de 1815 à 1914 – combine jeux d'équilibre et appétits impériaux. Les tensions européennes, toujours promptes à dégénérer, se rééquilibrent temporairement grâce au déplacement partiel des appétits conquérants vers d'autres continents : Asie, Afrique, Océanie. L'Angleterre, toujours pragmatique, a clairement renoncé à toute ambition territoriale en Europe pour conquérir au-delà des océans.

La France, marquée par de lourdes défaites (1814-1815, 1870-1871), trouve de substantielles compensations dans l'édification d'un deuxième empire colonial. L'ours russe, toujours insatiable, veut la Pologne, les Balkans, les Détroits, le Caucase, la Sibérie, cette dernière offrant l'incomparable avantage – pour les autres États européens – d'imposer un travail sans fin au colonisateur russe. Reste le petit colosse, l'Allemagne, avide et frustrée ; l'essentiel des territoires, en Asie et en Afrique, étant déjà pris par d'autres, pourquoi ne pas se tailler un empire en Europe même ou au moins à l'Est ? Telle est, quelques décennies plus tard, l'ambition avouée de Hitler.

Les rivalités coloniales transforment et mondialisent les luttes entre nations européennes. Ces rivalités attirent les peuples non européens dans des jeux de puissance, où ils ne sont initialement que des enjeux. Le Japon se dit : Pourquoi pas moi ? Les empires donnent à leurs maîtres européens des ressources considérables en matières premières et en hommes. Ils emportent alors l'équilibre européen, en semant les germes d'un jeu réellement mondial : populations colonisées, arrachées à leurs cloisonnements traditionnels, et s'appropriant idées et techniques européennes ; volonté des États-Unis et de l'UE de mettre fin à ces chasses gardées européennes.

À retenir

L'exemple de l'équilibre européen confirme que tout système diplomatique n'est qu'une pièce d'une vaste configuration – ou puzzle – en changement multiforme et permanent. Un système ne vit pas sans ouvertures, sans échappées (puissances européennes s'emparant de la terre), mais ces ouvertures, ces échappées déstabilisent et disloquent le système.

Depuis 1990, une paix impériale…

Entre 1989-1991 (effondrement du bloc soviétique puis de l'URSS) et 2003 (intervention militaire des États-Unis et du Royaume-Uni en Irak), le monde semble s'installer dans une paix impériale, sous l'hyperpuissance américaine. Les États-Unis sont la puissance décisive, la puissance pivot, celle vers laquelle on se tourne dès que surgit une difficulté : invasion du Koweït par l'Irak (1990) ; purification ethnique au Kosovo (1999) ; enlisement du conflit israélo-palestino-arabe… Les États-Unis, étant de loin l'État le plus fort, s'imposent de fait comme le shérif d'une planète Far West où rôdent tant des colosses redoutés (Russie, Chine, Inde…) que des rebelles décidés à bousculer l'ordre établi (Iran khomeyniste, Corée du Nord…). En 2001 (renversement du régime des talibans en Afghanistan, à la suite des attentats du 11 Septembre) puis en 2003 (intervention militaire en Irak), les États-Unis agissent en gendarmes du monde, mettant au pas les États dits « délinquants » ou « voyous ».

Cette vision d'un monde sous la garde impériale de Washington bute au moins contre deux réalités :

- Tout d'abord, le système international reste composé d'États souverains, égaux en droit, jaloux de leur indépendance et peu disposés à obéir à un gendarme de fait. Ce système international est bâti sur des principes démocratiques ; rien dans le droit international ne soutient une hégémonie impériale planétaire. Toute puissance, aussi considérable soit-elle, ne peut se réduire à une force pure, elle a besoin de légitimité. Les États-Unis, régime démocratique, conscients d'avoir pour principe de légitimité la démocratie, se font, tout au long du XXe siècle, les promoteurs d'un système international non impérial, mais démocratique : SDN du président Wilson, ONU du président Franklin D. Roosevelt.

- Ensuite, comme le rappelle tragiquement l'Irak d'après Saddam Hussein, la tâche de gendarme est à la fois très lourde et impopulaire. Comment, ainsi que l'ont voulu les États-Unis en Irak, implanter la démocratie dans des États où cet effort déchaîne des violences extrêmes et menace l'unité même du pays ?

Le monde actuel est trop vaste, trop interdépendant, trop démocratique pour être gouverné par une régulation impériale. Pour faire une comparaison, l'Empire romain tenait dans une aire limitée, le bassin Méditerranéen, grâce à la « muraille » flexible longeant l'Empire (le limes) et aux données techniques de l'époque (la Chine, l'Inde et même la Perse sont loin).

... et une paix par l'équilibre

Les traditionnels jeux d'équilibre persistent toujours. Ils sont encadrés, disciplinés et domptés tant par le développement massif des institutions internationales que par la formidable puissance des armements, d'abord nucléaires. La guerre n'est plus ce droit souverain dont on brandit la menace à la moindre vexation. Pourtant, le « poids » des États importe toujours. La gestion de toute question internationale part de la position relative des protagonistes, qu'il s'agisse des questions planétaires ou d'enjeux régionaux.

Deux exemples illustrent cette présence des équilibres, à la fois indispensables et précaires :

- **L'arme nucléaire.** Dans la seconde moitié du XXe siècle, un équilibre paraît se consolider dans le domaine nucléaire militaire, autour des cinq puissances nucléaires officielles : États-Unis, URSS puis Russie, Chine, Royaume-Uni et France. Ces cinq puissances peuvent conserver leur arsenal mais s'engagent (au moins en principe) à tout faire pour empêcher la diffusion des armements atomiques. Cet équilibre requiert que les autres États jouent le jeu et renoncent à se procurer de telles armes (traité de Non-prolifération, TNP, 1968). Cet équilibre photographie un rapport de force, celui de la prééminence acceptée de cinq États (les principaux vainqueurs de la Seconde Guerre mondiale, qui sont, pour cette raison, les membres permanents du Conseil de sécurité des Nations unies). Cette prééminence est peu à peu défaite par les États qui trouvent cette inégalité injuste : Inde, Pakistan, Corée du Nord, Iran...

- **L'Asie-Pacifique.** En 1945, les États-Unis, vainqueurs du Japon, deviennent les gardiens de la sécurité de l'océan Pacifique. Washington, raisonnant en termes d'équilibre, prévoit de s'appuyer sur son grand allié du conflit, la Chine. Mais celle-ci s'enfonce dans la guerre civile et bascule dans le communisme en 1949. Le Japon, le vaincu des États-Unis, pourrait se substituer à la Chine, mais les très mauvais souvenirs laissés par le Japon impérial auprès des peuples asiatiques dans les années 1931-1945 excluent cette option. Les États-Unis se retrouvent seuls, engagés dans deux guerres très dures (Corée, 1950-1953 ; Vietnam, 1963-1973) pour marquer qu'ils sont les patrons dans la région. Pourtant, dès les années 1970, ils cherchent à bâtir un équilibre dans cette zone et se tournent à nouveau vers le colosse incontournable, la Chine (en 1972, rencontre entre Mao Zedong et Richard Nixon). En ce début de XXIe siècle, la paix dans l'espace Asie-Pacifique dépend d'abord de la capacité des protagonistes (États-Unis, Chine mais aussi Japon, Corées...) à établir entre eux des rapports équilibrés d'échange et de dialogue.

Quatre conséquences de l'expansion européenne

Du point de vue géopolitique, cette poussée de l'Europe a au moins quatre conséquences capitales :

- **La multiplication des réseaux de communication.** L'ouverture et la conquête des continents, entreprises systématiquement par les puissances européennes à partir du XVe siècle, font progressivement de la Terre un espace couvert par d'innombrables circulations et réseaux : navires de guerre et de commerce, marchands de toutes sortes, explorateurs, missionnaires, soldats, aventuriers, médecins, administrateurs… Cet espace planétaire social, humain est mis en place par les Européens.
- **La mondialisation des rivalités européennes.** Cette ouverture du monde s'accomplit de manière violente. Les sociétés non européennes sont détruites et/ou asservies par les armes, la religion et les microbes. Les États européens se battent pour s'approprier la Terre et des conflits planétaires s'enchaînent. Durant les deux guerres dites « mondiales » (1914-1918, 1939-1945), les puissances européennes (surtout le Royaume-Uni et la France) mobilisent leurs empires coloniaux, fournisseurs de soldats et de matières premières. En 1918, c'est la curée : l'Angleterre et la France se partagent les dépouilles des vaincus (Allemagne, Empire ottoman).

- **L'universalisation des idées européennes.** L'ouverture des continents fait de l'Europe l'initiatrice, la créatrice d'un système économique, social, politique, culturel planétaire. Les conquérants européens, consciemment ou inconsciemment, transportent dans leurs bagages toutes sortes de graines et de semences mentales ou intellectuelles, germes de la modernité.
- **Les graines de la discorde.** L'Europe est défaite par ce qu'elle a apporté : le progrès technique comme l'exaspération du sentiment national. À l'apogée de sa puissance, au début du XXe siècle, elle sombre dans la folie meurtrière des deux guerres mondiales. Ces guerres font à deux reprises de l'Europe un horrible champ de bataille et s'achèvent par sa mise sous tutelle par les colosses américain et soviétique.

À retenir

En ce début de XXIe siècle, les peuples anciennement dominés, décolonisés, suivent avec frénésie la route de l'Occident : industrialisation, urbanisation, consommation de masse... Les derniers de la classe bousculent et rattrapent les premiers. Les pays du Sud revendiquent une « juste » part de prospérité et de puissance. C'est le temps de la revanche. Les ex-colonisés exigent des réparations, des indemnités pour les crimes commis (le trafic des esclaves, par exemple), comme lors de la troisième conférence mondiale des Nations unies contre le racisme (Durban, septembre 2001).

Les grandes dates de la mondialisation	
Date	**Événement**
12000 av. J.-C.	Néolithique, prologue de la mondialisation.
XVe-XVIe siècle	Grandes découvertes. Premiers réseaux économiques planétaires.
Début XIXe siècle	1 milliard d'humains.
XIXe siècle	Mise en cause du mercantilisme par le libre-échange : abolition des Corn Laws au Royaume-Uni (1846-1849) ; traité franco-britannique de libre-échange (1860).
1914	Fin de la « première mondialisation ».
1930	2 milliards d'humains.
1929-1939	Grande Dépression : dislocation du système économique mondial, débouchant sur la guerre.
1944-1960	Construction d'un système économique multilatéral entre les pays occidentaux : FMI, Banque internationale de reconstruction et de développement (BIRD), etc.
1960	3 milliards d'humains.
1971	Premier Forum économique mondial de Davos (Suisse), réunion annuelle d'hommes d'affaires pour la gouvernance économique globale.
1973-1979	Les chocs pétroliers scellent la fin des trente glorieuses (1945-1975).
1975	Premier G7, à Rambouillet (France).
1976	Accords de Kingston (Jamaïque) : abandon, pour les monnaies, des parités fixes pour les taux de change flottants.
1989-1991	Écroulement du monde soviétique.
1992	Premier sommet de la Terre à Rio de Janeiro (Brésil).
1995	L'OMC, se substituant au GATT (Accord général sur les tarifs douaniers et le commerce), est chargée de développer les règles commerciales planétaires.
1997	Crise financière asiatique, première crise à résonance globale venue du Sud.
1997	Protocole de Kyoto visant à limiter les gaz à effet de serre (GES) contribuant au changement du climat.
2001	Premier Forum social à Porto Alegre (Brésil).
2001	La Chine à l'OMC.
2007	Crise des subprimes (emprunts immobiliers aux États-Unis), enclenchant un bouleversement du système économique planétaire. Les pays émergents à la place des démocraties occidentales les plus riches ?
2009	Officialisation à Pittsburgh du G20, regroupant les 20 premières économies du monde.
Fin des années 2010	Poussée multiforme de populismes rejetant la mondialisation et le multilatéralisme.

L'histoire de la mondialisation

L'unification politique de la planète est indissociable de la formation d'un système économique mondial. En ce début de XXIe siècle, la Terre se trouve liée par un système économique mondial, produit des interdépendances de toutes sortes, s'étendant et se multipliant. Aucune partie de la planète n'échappe à cette intégration ; celle-ci s'opère de mille manières : exportations et importations de biens, investissements dans tous les domaines, flux d'argent, circulations de personnes, mouvements d'idées et de modes...

Résultant d'une histoire multiséculaire (grandes découvertes, révolutions techniques, développement des liaisons de tout type...), ce processus se poursuit à un rythme de plus en plus soutenu, porté par les innovations et l'attraction de toutes les sociétés par la mondialisation.

L'explosion des échanges

Soutenue par le formidable développement de la « machine » à produire des richesses, l'augmentation exponentielle des flux de toutes sortes est notamment palpable depuis 1945.

Exemple

Deux chiffres parmi d'autres soulignent les interactions spectaculaires entre accroissement des richesses et multiplication des interdépendances : entre 1950 et 2000, le produit mondial brut est multiplié par cinq, le total des exportations par trente ! En 1980, le commerce mondial est égal à 36 % du produit brut mondial ; dans les années 2000, à 55 %.

La mondialisation concerne tout et tout le monde :

- **Les investissements :** les entreprises ne peuvent ignorer aucune partie du monde. D'où l'essor massif des investissements, tant pour rapprocher la production de la vente que pour faire appel à la meilleure main-d'œuvre possible.
- **Les transports :** il n'y a pas de richesse sans commerce, sans circulation. Ceux-ci sont facilités et accélérés par la conteneurisation. Ces convois en recomposition permanente (près de 120 millions de conteneurs transportés par an) circulent entre toutes les parties de la Terre. Les services représentent près des trois quarts de l'activité économique des zones les plus développées. Ils ne circulent pas comme les marchandises « matérielles », mais se mondialisent eux aussi par des canaux

spécifiques : transfert de fonctions ou d'activités ; implantation d'établissements ou d'agences…

- **L'argent :** il se déplace plus aisément que n'importe quelle marchandise. La mondialisation est d'abord financière : augmentation vertigineuse des masses en circulation ; intégration d'espaces de plus en plus « exotiques » (Chine, Russie…) ; interconnexion des Bourses… D'où une croissance exponentielle des avoirs financiers mondiaux.
- **Les idées, les représentations :** images mentales, textes, religions, productions culturelles circulent depuis l'aube de l'humanité. Ici, le changement est d'abord quantitatif : multiplication et accélération des créations de tout type, des échanges, des manifestations, des clientèles… Les concepts, les modes entrent en contact, se remodèlent et produisent des synthèses inattendues.
- **Les personnes :** pour les sociétés et les États, l'homme est le « premier capital » ; il travaille, commerce, organise, invente… La mondialisation encourage et facilite la circulation des hommes : moyens d'information et de transport ; réseaux constitués par les diasporas… La mondialisation est porteuse d'infinis métissages, mais aucun ne s'accomplit sans heurts entre les populations impliquées, toutes les circulations produisant des effets très difficiles à maîtriser : tensions sociales, modification du tissu humain…

Tout le monde en piste

Jusque dans le dernier quart du XXe siècle, la compétition internationale implique un cercle limité d'acteurs : États occidentaux (États-Unis, Canada, Europe occidentale, Japon, Australie, Nouvelle-Zélande), multinationales de ces pays. Cette compétition reste limitée à un club de protagonistes ayant à peu près le même niveau de développement économique ainsi que de nombreuses références communes. La donne initiale change en l'espace de trois ou quatre décennies. En ce début de XXIe siècle, la compétition internationale explose littéralement.

À partir des années 1970, les États hors ou en marge des flux mondiaux s'y trouvent irréversiblement attirés : États exportateurs d'hydrocarbures, accumulant des ressources financières énormes qu'il leur faut recycler, placer sur les marchés des capitaux, investir ; nouveaux pays industriels de l'Asie-Pacifique (Corée du Sud, Taïwan...) ; Chine puis bloc soviétique abandonnant l'autarcie qui bloquait leur accès à l'abondance de l'Occident ; Inde laissant elle aussi de côté son orgueilleuse autosuffisance ; Amérique latine décollant laborieusement ; enfin, encore timidement, Afrique subsaharienne. Toutes les parties de la planète sont emportées dans un jeu économique mondial unique.

La compétition se généralise à tous : entreprises, banques, fonds de toutes sortes, mais aussi travailleurs très qualifiés ou peu qualifiés, universités, Églises, cultures, États... Chacun se bat pour obtenir la plus grosse part possible de la richesse ou du pouvoir. Il se vend, en comparaison permanente avec ses homologues. Il est étudié et noté par de multiples instances ou agences, elles-mêmes en concurrence âpre les unes avec les autres. La concurrence est une réalité vivante et dynamique. Pour survivre, ses protagonistes (entreprises, banques...) s'adaptent en permanence. Celui qui refuse la concurrence est laissé de côté, marginalisé et inévitablement appauvri.

Attention

La compétition internationale est souvent comparée à une « guerre économique ». Aussi féroce que puisse être la concurrence dans l'économie mondiale, cette comparaison constitue un double abus de langage concernant :

- **Les buts.** Dans la compétition, l'objectif est certes de l'emporter sur le concurrent. Mais celui-ci n'est pas un ennemi à détruire !
- **Les moyens.** La compétition économique, si elle n'a rien d'un jeu pour enfants de chœur, implique entre les protagonistes une sorte de société. La compétition est le plus souvent « civilisée », soumise à des règles et des procédures garantissant une certaine équité.

Le tiers-monde

Du 18 au 24 avril 1955, 29 États afro-asiatiques assistent à la conférence de Bandung (Indonésie). Plusieurs grandes figures de la lutte pour l'émancipation des « damnés de la Terre » (Frantz Fanon) sont présentes : Zhou Enlai (1898-1976), le très fidèle numéro deux de Mao Zedong ; le pandit indien Nehru (1889-1964) ; l'Égyptien Nasser (1918-1970). Rejetant l'hégémonie égoïste des blocs occidental et soviétique, Bandung promeut un idéal de paix et de justice entre des peuples libres et égaux. Créé dans le sillage de Bandung, en 1961, le Mouvement des non-alignés revendique une troisième voie entre démocratie capitaliste occidentale et socialisme soviétique. Dans les années 1970, le tiers-monde se croit porteur d'un nouvel ordre économique mondial, assurant aux « nations prolétaires » (Pierre Moussa) une rémunération équitable de leurs produits bruts.

Mais, au-delà de la noblesse des intentions affichées, le tiers-monde se révèle composé d'États comme les autres, avec des soucis de sécurité et des ambitions ; il n'échappe pas aux rivalités de puissance à puissance. Dès l'automne 1962, les deux géants du tiers-monde, la Chine et l'Inde, se font la guerre pour les montagnes de l'Himalaya, prologue d'innombrables autres affrontements entre « pays frères » : en 1979, Chine contre Vietnam ; dans les années 1980, Irak contre Iran, etc. De plus, les États du tiers-monde se cherchent des modèles et des alliés. Dans les décennies 1960 à 1980, le tiers-monde penche majoritairement vers l'URSS. Pour beaucoup de pays en développement, la planification à la soviétique constitue la solution à leurs problèmes. L'URSS, voulant briser son encerclement, fournit armements et experts à tous ceux qui défient les États-Unis : Égypte de Nasser, Cuba, Inde, Vietnam, Éthiopie...

La décolonisation accomplie, les expériences socialistes échouant toutes, l'URSS se momifiant, une « normalisation » du tiers-monde s'opère à la fin du xxe siècle. La priorité est à la croissance économique, à l'enrichissement des populations. Finie, l'utopie socialiste, place à l'ouverture aux échanges, aux investissements des multinationales, aux milliardaires ! Dans le sillage des « valets » de Washington (Taïwan, Corée du Sud, Thaïlande), les colosses du Sud – la Chine puis l'Inde – optent pour le capitalisme. Le rêve de Bandung subsiste, mais il est désormais ancré dans la réalité. Il s'agit de prendre non seulement la parole, mais aussi le pouvoir, d'obtenir sa part du gâteau de la richesse, de négocier ou de renégocier les règles planétaires pour qu'elles cessent d'émaner de l'Occident établi, de pénétrer et de remodeler les enceintes de la gouvernance mondiale.

Les vignobles français sont très convoités par les acheteurs chinois…

Les nouveaux riches

Ayant réalisé en quelques décennies un enrichissement impressionnant, des États du Sud peuvent désormais « se payer » les fleurons des économies occidentales. Pour l'Occident, le choc est brutal : le jeu économique mondial lui échappe, beaucoup de multinationales peuvent lui être enlevées sans ménagement. Pour contrer la montée de nouvelles puissances financières, deux stratégies sont débattues :

- **Le patriotisme économique.** Le but est de garder entre des mains occidentales, européennes ou nationales, les entreprises ou secteurs dits « stratégiques » pour les sauver des prédateurs du Sud. Cette approche soulève deux difficultés. D'une part, où tracer la frontière entre le stratégique et le non-stratégique ? D'autre part, comment empêcher les pays émergents de faire de même ?
- **La négociation de règles planétaires garantissant l'égalité des protagonistes.** Le Sud se développant à grande vitesse et prenant conscience de sa force, l'Occident ne bénéficie plus de l'écrasante supériorité des siècles précédents. Dans ces conditions, la seule issue raisonnable pour l'Occident réside dans des négociations associant notamment tous les colosses économiques (anciens et nouveaux) et fixant des règles claires sur toutes ces opérations entre entreprises. Mais rien n'est gagné, le Sud ayant lui aussi sa soif de revanche.

La libéralisation des échanges

Chronologiquement, la première dynamique à l'œuvre dans la libéralisation des échanges est d'ordre économico-institutionnel. En pleine Seconde Guerre mondiale, Américains et Britanniques discutent de l'après-guerre. Ils prévoient de reconstruire un système économique où les échanges soient libres et sûrs pour tous (charte de l'Atlantique signée par Franklin D. Roosevelt et Winston Churchill, le 14 août 1941). Ce système doit être encadré, surveillé et aidé par des organisations interétatiques : dans le domaine économique, principalement le FMI et l'OMC (voyant le jour en 1947 sous la forme du GATT, puis se réinventant, en 1995, en OMC). Cette initiative se traduit par une réussite, au moins pour les pays occidentaux : les barrières aux échanges (contingents, droits de douane) sont démantelées ou réduites, un système monétaire fondé sur des parités fixes se met en place.

Une autre dynamique s'enclenche dès 1945 : celle de la croissance, de l'enrichissement. Les échanges mondiaux et le produit mondial brut se tirent mutuellement. Les acteurs privés (grandes entreprises, banques...) s'approprient le système. Les biens et les capitaux en circulation augmentent massivement. Les multinationales exportent, investissent, se restructurent et se redéploient. Les réseaux d'échanges se complexifient.

Les flux d'argent croissent vertigineusement. Les mécanismes financiers suscitent des inventions sans fin : titrisation fragmentant tout élément financier afin de diluer les risques ; produits dérivés ; fonds de placement et d'investissement... Électronique et informatique permettent une globalisation de toutes ces opérations.

Enfin, de nouvelles parties prenantes ne cessent de rejoindre le grand jeu économique et financier planétaire : les États (par exemple, dans les années 1970, les États exportateurs de pétrole spectaculairement enrichis par la hausse des prix), mais aussi l'homme de la rue (ainsi, les fonds de pension gèrent l'épargne retraite de millions de salariés).

À retenir

Relèvent de la libéralisation des échanges tous les processus d'élimination directe des barrières aux échanges (restrictions quantitatives, droits de douane...). Depuis la fin des années 1940, ces obstacles ont pratiquement été supprimés. Le défi d'un futur cycle éventuel serait d'aller au-delà de la libéralisation, c'est-à-dire d'harmoniser ou d'homogénéiser tout ce qui, dans les droits nationaux, constitue une entrave cachée aux échanges internationaux : normes techniques, régimes spécifiques de certains secteurs...

Les étapes de la globalisation

L'enchaînement de mutations extraordinaires, initiées par les grandes découvertes, ont conduit, à la fin du XXe siècle, au triomphe de la globalisation :

- **Le peuplement de la Terre.** L'homme apparaît il y a entre un et trois millions d'années. Au Néolithique, l'*Homo sapiens sapiens* se répand sur toute la planète.
- **Le temps des empires.** Pendant près de cinq millénaires (3000 av. J.-C. - XVIe siècle), des aires de peuplement dense coexistent. Chacune d'entre elles forme un ensemble autosuffisant, avec ses techniques, ses modes d'organisation. C'est le temps des empires : Égypte, Perse, Rome, Chine, Mayas...
- **Les grandes découvertes.** Du XVe au XXe siècle, les puissances européennes pénètrent et conquièrent tous les continents. Colonisées ou mises sous tutelle, les civilisations non européennes et les vieux empires sont balayés.
- **Le temps des révolutions.** La « révolution industrielle » naît en Angleterre à la fin du XVIIIe siècle. Cette « première » rupture technique est suivie de nouveaux sauts, toujours en cours. La « révolution démocratique » est initiée par la naissance des États-Unis (1777) et la Révolution française (1789).

- **La « première » mondialisation.** De 1850 à 1914, la ou les révolutions industrielles font tache d'huile. Chemins de fer transcontinentaux et bateaux à vapeur contractent un peu plus l'espace et le temps, accroissant et facilitant les circulations. Les empires coloniaux européens sont à leur apogée.
- **La « grande parenthèse » soviétique.** De 1917 à 1991, l'URSS incarne un modèle alternatif communiste, promettant de libérer l'humanité de l'exploitation. Avec l'effondrement de l'Union soviétique, la parenthèse se referme et le processus de mondialisation reprend inexorablement son cours.
- **L'institutionnalisation du monde.** Elle est multiforme : mondiale et régionale, politique et technique, interétatique et non étatique. Elle s'inscrit dans une dynamique très profonde, la nécessité pour les hommes, pour leur survie, d'administrer et de gérer de mieux en mieux leur maison, leur « petite planète ».
- **La fin de la centralité européenne.** Avec l'écroulement du camp soviétique (1989-1991), la mondialisation du système économique et l'émergence de colosses non occidentaux (Chine, Inde...), les équilibres géopolitiques se font et se défont à l'échelle planétaire. L'Europe n'est plus qu'une région parmi d'autres.
- **La décolonisation.** Avec elle, toutes les régions non européennes deviennent indépendantes, s'enracinant dans des frontières en général tracées par les Européens. Ces nouveaux États prennent la parole, intègrent les organisations mondiales (ONU), créent des structures propres (OUA).

La police réprimant le mouvement de protestation de novembre 1999 à Seattle, à l'occasion d'un sommet de l'Organisation mondiale du commerce.

Triomphe et rejet de la globalisation

La globalisation n'abolit pas les jeux géopolitiques. On observe ainsi, dans les années 2000, l'anxiété des États-Unis, soucieux de garder la première place ; l'appétit de revanche de la Chine, de l'Inde et d'autres ; la rébellion de certains (Iran) contre l'ordre établi, etc. En outre, la globalisation contribue à créer de nouvelles problématiques géopolitiques :

- **La « macrogéopolitique »** s'interroge sur les rapports de force et les conflits qu'appelle la formation de l'espace planétaire : rivalités pour les ressources naturelles, conflits autour des enjeux écologiques...
- **La « microgéopolitique »** traite des fragmentations multiples qui accompagnent la globalisation : tensions et déchirures entre les zones ancrées dans la mondialisation et les zones laissées en marge...

À peine la globalisation triomphe-t-elle que la voici malmenée... En 2007, l'effondrement du marché immobilier des États-Unis (crise des *subprimes*) enclenche un ébranlement planétaire. La déréglementation des dernières décennies est dénoncée comme la cause de la catastrophe. Pour sauver le système, les États mobilisent leur crédit, injectent massivement des liquidités et accroissent un endettement public déjà considérable. Alors les prophètes de malheur, les promoteurs de la « démondialisation » se font plus entendre.

La question migratoire

Depuis le développement de l'agriculture (Néolithique), l'homme s'enracine dans des territoires, il se sédentarise. Ainsi, il crée et universalise l'État souverain. Désormais, les espaces terrestres se trouvent partagés entre des entités distinctes. Les êtres humains n'ont de droits que par leur rattachement à un espace, qui deviendra par la suite un État (nationalité). Quant aux nomades, ils sont éliminés ou assimilés, les survivants étant des peuples de seconde zone (Tziganes). Les États sont des forteresses. Chacun chez soi !

La mondialisation bouleverse l'équilibre entre sédentaires et migrants. De plus en plus d'individus ne se résignent pas à leur sort : si le pays où ils sont nés ne leur offre pas d'avenir, ils partent. Face à eux se dressent les murailles des frontières. Les moyens de se faufiler sont innombrables.

Longtemps les migrants, trop contents d'échapper à leur misère, se taisent et obéissent. Puis un nouveau rapport de force prend forme. Le sédentaire défend farouchement son pré carré mais n'hésite pas à embaucher des clandestins : nounous, ouvriers agricoles... Le migrant s'enhardit, fait valoir son utilité, revendique des droits. Au sein des États, la société se métisse, se diversifie sans fin. À l'échelle internationale puis mondiale, se heurtent deux points de vue : le national, le sédentaire, rappelle qu'il est chez lui ; l'étranger, le migrant, avance que sa présence, son travail font vivre le territoire, ce qui lui confère des droits. Débat sans fin ! Les États, pressés par leurs électeurs, tentent de se verrouiller.

Longtemps, le contrôle des migrations revient aux États d'immigration. Mais comment obtenir une fermeture hermétique des frontières pour les seuls immigrants alors que l'ouverture est indispensable aux échanges, à la vie économique ? L'atout décisif appartient donc aux États d'émigration. Soit États d'immigration et États d'émigration s'enferment et s'ignorent, au détriment des circuits d'échange. Soit ils négocient, édifiant un authentique pacte (capitaux des premiers contre main-d'œuvre des seconds).

À retenir

Le cas des migrations confirme le dilemme de la globalisation : soit la fermeture, la préservation des territoires et des identités, mais aussi l'appauvrissement, la radicalisation des différences ; soit l'ouverture, l'acceptation des flux et des réseaux, leur organisation exigeant négociations et marchandages. Il n'est pas exclu que, dans l'avenir, soit débattu un dispositif planétaire de gestion des migrations.

Siège de l'Organisation des Nations unies à New York.

Les cadres institutionnels internationaux

Aujourd'hui, la guerre – attribut et symbole des entités politiques souveraines pendant des millénaires – n'est plus cet instrument absolu décidé librement par le pouvoir suprême du fait de la multiplication de cadres institutionnels internationaux. Depuis les deux conflits mondiaux et leurs horreurs extrêmes, les États concluent des pactes faisant de la guerre une violation du droit, une délinquance. D'où la création, en 1919, de la Société des Nations (SDN) et surtout, en 1945, de l'ONU. Ce développement de sociétés institutionnelles interétatiques est voulu et conduit par les États eux-mêmes. Ces derniers, devenant de plus en plus nombreux (en 1945, une cinquantaine ; en 2011, 193), couvrant tous les espaces terrestres, se découvrent des intérêts communs très forts : garantir leur survie mutuelle, garder le contrôle du système international et donc ne plus s'entre-détruire. Cette autodiscipline est consolidée par des mécanismes de surveillance réciproques de toutes sortes : organisations interétatiques, organisations non gouvernementales (ONG), médias…

Attention

Celui qui s'affranchit des lois internationales doit s'entourer de précautions et d'appuis s'il ne veut pas devenir le méchant attirant sur lui opprobre et sanctions (ainsi de l'Irak de Saddam Hussein de 1990 à 2003).

Drapeau de l'Organisation des Nations unies.

L'ONU, garant de la paix

Depuis 1945, l'ONU organise et administre la paix démocratique planétaire. Tous les États adhèrent ou sont appelés à adhérer au contrat social onusien. Ce pacte est consolidé et nourri par une gamme d'agences – du FMI à l'Organisation mondiale de la santé (OMS) – couvrant tous les domaines clés de la sécurité et de la prospérité, des flux commerciaux, financiers et monétaires à la santé ou aux transports.

Cependant, la constellation onusienne, bâtie par des accords entre les États de la planète, n'abolit pas ces États, qui conservent leur substance même : souveraineté territoriale ; octroi de la nationalité, source des droits et de la citoyenneté de l'individu ; contrôle de la force légitime ; éventuel recours à la guerre pour assurer sa survie. De plus, ces États, égaux en droit, sont très inégaux en taille. Il n'y a pas d'État des États : l'ONU demeure une association d'États.

Attention

La paix démocratico-institutionnelle contraint, encadre et surveille les États. Mais, comme l'illustrent les cas extrêmes de la Corée du Nord ou de l'Iran, l'État reste souverain. Il peut, à la limite, rejeter tout pacte international, toute loi internationale. Le prix d'un tel refus est très lourd, mais ce refus n'est pas impossible.

António Manuel de Oliveira Guterres, secrétaire général des Nations unies depuis le 1er janvier 2017.

Les institutions de l'ONU

Les principales institutions de l'ONU sont au nombre de quatre :

- **L'Assemblée générale.** Elle comprend tous les États membres (depuis 2011, 193), chacun disposant d'une voix.

Attention

Ce n'est pas un Parlement : elle ne dispose d'aucun pouvoir législatif, ses résolutions ne sont que des recommandations.

- **Le Conseil de sécurité.** L'organe restreint de l'ONU n'est pas un gouvernement. Sa composition enregistre les équilibres géopolitiques mondiaux : cinq membres permanents, les vainqueurs de la Seconde Guerre mondiale ; dix membres non permanents, élus par l'Assemblée générale. La responsabilité du Conseil est précise : maintenir la paix, faire la police entre les États.
- **Le secrétaire général.** Il « est nommé par l'Assemblée générale sur recommandation du Conseil de sécurité » (article 97 de la charte). Très exposé, le plus haut fonctionnaire de l'ONU dispose toutefois d'un pouvoir limité, son rôle se bornant à exécuter les directives du Conseil de sécurité.
- **La Cour internationale de justice (CIJ).** Chargée de régler les conflits juridiques entre États, elle n'est compétente que dans les domaines où les États reconnaissent sa compétence. La CIJ procède toujours en deux étapes : elle vérifie d'abord sa compétence puis, si elle se déclare compétente, elle statue sur le fond.

Des États égaux… en principe

Le corollaire de l'amitié entre les peuples est l'égalité souveraine des États. En bref, mêmes droits et mêmes devoirs pour tous les États. L'application de ce principe démocratique soulève trois difficultés :

- De fait, les États de poids inégal ne sont pas authentiquement égaux en droit. Dans les débats onusiens, les États-Unis disposent par exemple d'assurément plus de moyens de persuasion que, mettons, le Monténégro. En dépit d'une égalité de principe, les « petits » et les « gros » n'ont pas la même capacité de faire pencher la balance dans un sens ou dans l'autre. En exerçant leur droit de veto, les trois « gros », membres permanents du Conseil de sécurité (États-Unis, Russie, Chine), peuvent aisément enterrer les mesures contraires à leurs intérêts (une mesure visant Israël pour les États-Unis, le Caucase pour la Russie ou le Tibet pour la Chine). Par ailleurs, un colosse trouvera toujours des alliés pour contourner d'éventuelles sanctions. Ainsi, l'Inde, qui tenait à devenir une puissance nucléaire militaire, l'est devenue en dépit du blocage des cinq puissances nucléaires officielles (États-Unis, Union soviétique, Chine, Royaume-Uni et France).

- On peut difficilement gommer les différences entre, par exemple, des dictatures totalitaires et des démocraties pluralistes. Chaque régime a ses avantages : rien ne prouve que les pouvoirs autoritaires soient inférieurs aux régimes de liberté ou l'inverse. Mais les uns et les autres relèvent-ils du même univers politique ? Peuvent-ils être comparés, classés ? Une véritable société d'États n'est sans doute possible que si les États impliqués présentent une certaine homogénéité (structures économiques et politiques analogues).
- Au sein des États, la machine étatique fabrique en permanence de l'égalité par la loi, l'école, la fiscalité, le budget, la sécurité sociale. La constellation onusienne, si elle repose sur l'égalité des États, n'a pas ces capacités égalisatrices. Certes, la mise à égalité des États dans le système international est portée par des dynamiques de fond : multiplication du nombre des États ; développement des normes, des institutions, des surveillances internationales. Mais les États restent souverains. Ils peuvent toujours se retirer des pactes interétatiques dont ils font partie. Un État ne peut pas être arrêté, mis en prison, jugé et condamné comme un individu.

Écarts et sanctions

En concluant un pacte interétatique – la Charte de l'ONU est à ce jour le plus ambitieux –, les États entrent en société. Ils se trouvent pris dans des réseaux multiples d'obligations : respect de la souveraineté des autres États, règlement pacifique des différends, etc. Lorsque des États délinquants (ou « voyous ») violent ces règles (agression d'autres États...), il faut les ramener dans le droit chemin. La communauté internationale dispose d'une vaste gamme d'instruments : pressions diplomatiques, sanctions, usage de la force armée en ultime recours.

Désormais, les sanctions économiques sont très utilisées pour contraindre les États récalcitrants à rentrer dans le rang : dans les années 1970 et 1980, l'Afrique du Sud est isolée pour être contrainte à démanteler l'apartheid. Destinées à éviter la guerre, ces sanctions en constituent parfois le prélude. En 2003, les États-Unis envahissent ainsi l'Irak sous le prétexte, entre autre, que le régime de Saddam Hussein a détourné à son profit le dispositif « Pétrole contre nourriture », visant à atténuer l'effet des sanctions économiques sur les Irakiens.

L'efficacité de toutes ces mesures est très variable. Deux conditions doivent être remplies : faiblesse ou usure de l'État frappé ; cohésion et persévérance de la communauté internationale. Or, pour les États frappés par des mesures économiques, bien des canaux existent pour contourner l'embargo : marché noir qui permet d'acheter tout ce que l'on veut (armements, produits sensibles…) ; intermédiaires bien disposés ; États complices… Enfin, la communauté internationale est souvent aussi dissonante et frivole que prompte à s'enflammer.

Pour aller plus loin

Les « colosses » commettent bien des actes répréhensibles : États-Unis créant la prison de Guantánamo en 2001 pour accueillir les suspects des attentats du 11 Septembre ; Russie massacrant les Tchétchènes ; Chine communiste réprimant brutalement toute dissidence… Les prérogatives du Conseil de sécurité l'autorisent à décider qu'un État doit être frappé de mesures punitives ; ainsi l'Iran des années 2000 pour son programme nucléaire clandestin. Mais le Conseil ne qualifiera jamais ces États de « voyous ». Le système international demeure une jungle où cohabitent, plus ou moins pacifiquement, des États souverains. Pour qu'il y ait délinquance et *a fortiori* sanction, il faut un État, des lois, une police et une justice. Or l'ONU ne dispose pas de moyens comparables à ceux d'un État pour contraindre les contrevenants à appliquer les règles, de sorte que ces derniers agissent le plus souvent en toute impunité.

Le Conseil de sécurité

Les 15 États du Conseil de sécurité, policier mondial institué par la Charte des Nations unies, se divisent en deux groupes :

- **Les 5 membres permanents** (États-Unis, Russie, Chine, Royaume-Uni et France), dotés d'un pouvoir de blocage (le droit de veto).
- **Les 10 membres non permanents,** élus pour deux ans par l'Assemblée générale. Leur répartition respecte un équilibre géographique : 5 pour l'Afrique et l'Asie, 1 pour l'Europe orientale, 2 pour l'Amérique latine et 2 pour l'Europe occidentale et le reste du monde.

Attention

Pour que le Conseil de sécurité adopte des mesures juridiquement contraignantes ou décide d'actions militaires, deux conditions doivent être réunies : au moins 9 voix sur 15 doivent être émises en faveur des mesures proposées ; aucun des membres permanents ne doit y opposer son veto. Or ces États, collectivement responsables de la sécurité mondiale, conservent des intérêts spécifiques qui pèsent lorsqu'ils délibèrent. Dans ce dispositif, les États membres de l'ONU n'ont aucune garantie que l'Organisation viendra automatiquement à leur secours si leur sécurité est menacée. Le policier mondial est vite boiteux.

Selon la charte, le Conseil de sécurité dispose de deux types de pouvoirs : des pouvoirs d'enquête et de recommandation pour le « règlement pacifique des différends » ; des pouvoirs juridiquement contraignants, allant de sanctions de tous ordres au recours à la force armée « en cas de menace contre la paix, de rupture de la paix ou d'acte d'agression ». Dans la pratique, le Conseil a vécu deux époques radicalement différentes :

- **L'antagonisme Est-Ouest, de 1950 à 1990.** Durant ces décennies, le Conseil est quasi paralysé, principalement par les veto américains ou soviétiques. Très exceptionnellement, le Conseil s'unit pour isoler un État perçu comme dangereux : entre 1966 et 1980, la Rhodésie (futur Zimbabwe). En général, le Conseil ne dégage une ligne commune que pour formuler des recommandations.
- **L'époque postsoviétique, depuis 1990.** Le Conseil, n'étant plus gelé par le bras de fer Washington-Moscou, devient une enceinte de négociation et de compromis. Le Conseil confie à des États des actions très diverses : en 1991, libération de l'émirat du Koweït de l'occupation irakienne. Le Conseil monte d'ambitieuses opérations de paix et de reconstruction. Certaines réussissent plus ou moins (Cambodge, ex-Yougoslavie), d'autres s'enlisent (République démocratique du Congo), d'autres s'effondrent (Somalie). Finalement, le Conseil arrête, semble-t-il, ce type d'action lorsque l'affaire paraît insoluble et qu'aucune grande puissance n'envisage de s'engager dans le bourbier.

Casque bleu norvégien durant le siège de Sarajevo (1992-1995).

Les casques bleus

Les casques bleus ne sont pas prévus par la charte. Les premiers sont créés en novembre 1956 par une résolution de l'Assemblée générale, afin de surveiller le cessez-le-feu entre l'Égypte et Israël, à la suite de la crise de Suez. Depuis cette première intervention, toutes sortes d'opérations, impliquant un nombre variable de « soldats » de l'ONU, ont eu lieu, du Cambodge au Liban. En 2012, environ 120 000 casques bleus se trouvent déployés sur près d'une vingtaine de théâtres d'opérations, partout dans le monde.

Les casques bleus peuvent être pris dans des combats, mais ils ne sont pas conçus pour faire la guerre. Une armée onusienne opérationnelle, formée de contingents nationaux mis à la disposition de l'ONU par des accords spéciaux, est prévue par la Charte des Nations unies, mais cette dernière n'a jamais vu le jour, les grandes puissances répugnant à transférer leurs capacités militaires à une autorité supranationale. Aussi les membres du Conseil de sécurité, commandant en chef de ces forces, ne cessent-ils pas de se disputer sur leur mission, les uns insistant sur l'impératif de fermeté, les autres considérant que ces hommes ne sont pas déployés pour se faire tuer mais pour mener des tâches de police.

L'ONU et le rêve d'une paix mondiale

L'ONU n'abolit pas les inégalités de richesse ou de puissance et n'empêche pas les massacres ou les guerres. Mais malgré de nombreux ratés, elle contribue à réduire les tensions et à faire perdurer le rêve d'une paix mondiale.

Depuis la Seconde Guerre mondiale, il n'y a eu aucun conflit planétaire ouvert. Durant la guerre froide (de la fin des années 1940 aux années 1989-1991), la maîtrise de la violence est certes due à la dissuasion nucléaire. Mais le rôle de l'ONU, qui offre aux protagonistes une enceinte de dialogue et de négociation facilitant l'expression et l'évacuation des tensions, n'est pas négligeable.

Exemple

Cette fonction cathartique d'expulsion des humeurs malignes est illustrée en septembre 1960. Patron de l'Union soviétique, Nikita Khrouchtchev se déchausse devant l'Assemblée générale et frappe son pupitre de son soulier pour interrompre un discours qui l'insupporte !

L'ONU, sans faire disparaître les luttes de toutes sortes, instaure un cadre, des voies et des procédures de discussion et, en un mot, contribue à civiliser les relations interétatiques.

En septembre 2005 se tient à New York le sommet du Millénaire. L'ONU fête ses 60 ans. C'est l'occasion de faire une grande réforme de l'organisation mondiale. Un groupe de personnalités venues du monde entier prépare soigneusement un document très ambitieux, définissant une nouvelle vision de la paix mondiale. En dépit des espoirs soulevés par cet événement, la déclaration finale s'en tient à une énumération de principes. L'ONU, déstabilisée par le scandale lié à l'opération « Pétrole contre nourriture » (trafics et corruptions autour du programme autorisant l'Irak de Saddam Hussein à échanger son pétrole contre des biens de première nécessité), est en pleine tourmente. La réforme du Conseil de sécurité reste bloquée. Néanmoins, la reconnaissance de l'obligation des États de protéger les populations contre tout crime collectif (massacres, génocides) constitue un tournant historique : les États acceptent d'avoir un devoir supérieur commun, celui de mettre les civils à l'abri de toute répression à grande échelle.

À retenir

Il y a là les fondements d'une communauté planétaire de sécurité. Les hommes sont trop nombreux, les échanges trop intensifs, les moyens scientifiques et techniques trop développés, les outils de destruction massive trop sophistiqués pour qu'au-dessus des États et avec eux ne se constitue pas une administration globale de la paix. Si l'ONU était abolie (comme la SDN en 1946), soit elle serait très vite réinventée, soit l'humanité sombrerait dans un chaos sanglant.

Des conteneurs par centaines, symboles des masses énormes de biens en circulation dans le monde.

La gouvernance économique planétaire

Avec la mondialisation, l'homme n'a jamais eu autant de richesses, d'outils à sa disposition, mais il reste ce qu'il est : intelligent et habile, avide et susceptible, toujours à la merci de l'imprévisible. De nouveaux accidents peuvent survenir. La notion de gouvernance planétaire émerge dans ce contexte pour pallier les aléas inexorablement liés aux activités humaines.

Présente dès 1945, la gouvernance globale comme construction institutionnelle multiforme se banalise durant la décennie 1990. Le succès de cette notion est lié à deux phénomènes :

- la vertigineuse création de richesses par les hommes, l'enjeu étant la gestion de ces masses énormes de biens, de services, de capitaux en circulation ;
- la perte de légitimité des structures verticales, hiérarchiques – tout doit être négocié et la négociation doit être permanente.

La gouvernance globale vise à maintenir en contact constant tous les responsables économiques et politiques afin d'administrer la Terre le mieux possible. Un brin utopique, elle suppose des acteurs, notamment des États, se comportant en membres policés ou civilisés d'une société planétaire réglant tout conflit par le dialogue et le compromis. Ces acteurs doivent être transparents et responsables, subordonnant leurs intérêts aux intérêts supérieurs de l'humanité.

Le FMI et la Banque mondiale

Le Fonds monétaire international (FMI) et la Banque mondiale sont mis en place dès la fin de la Seconde Guerre mondiale. En 1945, la préoccupation fondamentale, exprimée d'abord par les États-Unis, est de tout faire pour éviter un krach semblable à celui des années 1930, qui a conduit à la guerre. Dans cette perspective, il faut créer ou recréer des échanges, des économies prospères, mais il faut également instaurer un cadre institutionnel veillant à corriger les erreurs du passé. Le FMI doit être le gardien de la stabilité économique mondiale, disciplinant et aidant les États. La Banque mondiale, elle, finance de grands projets pour doter les États des infrastructures indispensables à leur développement.

Les décennies passent. La richesse mondiale continue à croître à un rythme accéléré ; les marchés de capitaux débordent d'argent et, en outre, se dotent d'instruments de gestion de plus en plus complexes. Longtemps sous la tutelle bureaucratique du FMI, les pays du Sud secouent le joug et n'ont guère de difficultés à trouver de l'argent dans un monde qui en regorge. La Banque mondiale est prise entre des pays en développement plus exigeants et des organisations non gouvernementales promptes à dénoncer son action.

Attention Suspectes de servir les intérêts des Occidentaux au détriment des pays émergents, les deux institutions sont de plus en plus contestées.

Accusés de tous les maux (archaïsme, iniquité, etc.), attaqués de toutes parts, le FMI et la Banque mondiale n'ont certes pas que des torts. Bon an mal an, ces « deux sœurs », comme on les surnomme parfois, tentent tout de même d'être les porte-parole d'intérêts généraux globaux : préservation d'un système économique mondial stable ; solidarité à l'égard des pays les plus pauvres. Un bon moyen d'accroître leur légitimité consisterait à les rendre plus représentatives en procédant au rééquilibrage des quotes-parts dans le capital du FMI (donner aux pays émergents une place équivalente à leur poids économique).

La crise enclenchée en 2007 par les *subprimes* marque un tournant historique. Les vieilles démocraties riches, du fait de leur endettement qu'elles ne maîtrisent pas, sont brutalement « nues » ; les pays émergents, eux, sortent renforcés du choc. Plus rien ne sera comme avant ! En 2010, le rééquilibrage du FMI est amorcé. Jusqu'à présent il avait pour directeur général un Européen et la Banque mondiale un Américain pour président. Ce partage des postes en faveur des Occidentaux n'est plus acquis.

États membres du G8.

Du G7-G8 au G20

Dans les années 1970, les disciplines monétaires fixées à l'issue de la Seconde Guerre mondiale se disloquent sous le poids de l'explosion des flux de capitaux. Cette décomposition des mécanismes rigides appelle une gestion flexible, incitative de l'économie mondiale.

Créé en 1975, le G7 est une plate-forme de concertation économique régulière des sept « principales » démocraties industrielles (États-Unis, Canada, Japon, Allemagne, France, Royaume-Uni et Italie), auxquelles se joint le président de la Commission européenne. En 1991, la Russie est admise dans ce club très fermé, rebaptisé pour l'occasion G8. Parallèlement, dans cette même décennie 1970, naît le Forum économique mondial ou sommet de Davos (Suisse). Chaque année, il accueille les hommes d'affaires les plus en vue pour discuter de l'avenir de notre planète.

Le 24 septembre 2009, le G20 est officialisé à Pittsburgh. Il réunit les 20 premières économies du monde, soit 85 % du produit mondial brut. Instance planétaire de concertation économique, le G20 est une ébauche, un brouillon. Il n'émane d'aucun traité, il résulte d'une simple déclaration. Il n'a aucun pouvoir juridique contraignant. Cependant il existe, discute et parfois accouche sinon de décisions, au moins d'orientations.

Du G20 aux BRICS

La crise des *subprimes* (2007-2008) et ses suites marquent la prise du pouvoir par les pays émergents (Chine, Inde, Brésil…). Ces derniers sont souvent des colosses. Ils pèsent de plus en plus lourd dans l'économie mondiale. La crise de la fin des années 1990 montrait des émergents désemparés, contraints de se soumettre aux injonctions du FMI ; les Occidentaux, eux, apparaissaient alors comme sérieux et responsables. Dix ans plus tard, les positions sont inversées. Les émergents ont une croissance forte et régulière ; ils (principalement la Chine) accumulent créances et réserves de change ; les Occidentaux, eux, sont surendettés et redémarrent difficilement. En 2009, l'officialisation du G20 met à égalité les vieilles démocraties riches et les émergents.

Focus

La Chine, ayant accumulé d'énormes réserves en dollars, a intérêt à ce que ceux-ci ne se déprécient pas ; en même temps, comme tout créancier, elle ne peut qu'utiliser ce levier pour obtenir des concessions de Washington (par exemple, acquisitions d'entreprises américaines, qui ne soient pas bloquées par des réactions souverainistes).

Au sein des émergents, à l'aube des années 2000, les quatre plus gros deviennent les BRIC (Brésil, Russie, Inde, Chine ; 40 % de la population mondiale, 15 % du produit mondial brut). Au départ, un acronyme imaginé en 2001 par un des employés de la plus célèbre banque d'affaires du monde, l'américaine Goldman Sachs. Ces quatre majuscules doivent ériger le symbole du cynisme financier en guide éclairé des entreprises vers les nouveaux eldorados que doivent être les BRIC.

Comme dans les films hollywoodiens, les quatre BRIC croient au slogan. En juin 2009, ils tiennent leur premier sommet à Iekaterinbourg . Entre les quatre, divergences et conflits sont multiples (notamment contentieux territoriaux entre Russie et Chine, Inde et Chine). La Russie a une population déclinante et vit de la rente pétrolière, alors que les trois autres décollent. Alors qu'est-ce qui unit les BRIC ? Probablement l'irrépressible désir de prendre leur revanche sur les démocraties occidentales encore riches mais tellement imbues d'elles-mêmes. En 2011, les BRIC, avec l'élargissement du club à l'Afrique du Sud, deviennent les BRICS. D'autres font la queue pour être admis : Mexique, Corée du Sud, Turquie...

La gestion monétaire internationale

À l'issue des deux guerres mondiales, les circuits financiers internationaux sont brisés. L'argent circule au compte-gouttes. Peu à peu, le retour puis l'accroissement spectaculaire de la prospérité, l'entrée de nouveaux protagonistes dans l'économie mondiale (États, fonds de tout type...) créent des flux considérables de capitaux. À partir des années 1970, les États, d'abord occidentaux, sont submergés par ces vagues énormes de capitaux en circulation permanente. Les contrôles des changes sautent sous la pression de ces mouvements. Les États se résignent à ce que leurs monnaies soient soumises au marché, aux lois de l'offre et de la demande.

L'édification d'une gestion monétaire mondiale se profile, avec le FMI et tous les réseaux de concertation économique et monétaire. Des accords sont conclus entre les banques pour contrôler les risques. Malgré tout, les difficultés perdurent. En effet, avec la vertigineuse augmentation des ressources financières, l'homme se retrouve à nouveau dans la position de l'apprenti sorcier, déclenchant des forces qui lui échappent et souvent se retournent contre lui (crise des *subprimes*). De plus, ces équilibres financiers ne peuvent être séparés des enjeux géopolitiques.

Le système économique et financier des années 1945-2000 s'appuie sur une analyse systématique des échecs du passé. Les réseaux institutionnels sont formidablement développés, leur fonctionnement est organisé et facilité par toutes les technologies de communication. Enfin, il y a bien une conscience de l'unité de la planète. Toute crise est d'emblée traitée comme une affaire globale.

En ce début de XXIe siècle, le système économique et financier atteint un degré d'intégration sans précédent. Elle résulte de la convergence de plusieurs facteurs : croissance de la richesse mondiale ; multiplication des échanges ; capacités techniques... Mais cette intégration crée des vulnérabilités graves. Elle requiert des échanges (de biens, de services...) se déroulant dans une fluidité parfaite. Si des conteneurs font l'objet d'attaques terroristes ou si une pandémie se répand, le système subit des dysfonctionnements.

Exemple

En 2011, le tsunami et les séismes qui frappent le Japon désorganisent les industries automobile et électronique, des composants essentiels étant fabriqués dans les régions touchées.

À retenir

Les capacités d'ajustement du système sont considérables (les attentats du 11 septembre 2001 ont un effet temporaire dans le champ économique et financier). Mais les facteurs de déstabilisation le sont tout autant. Malgré ses garde-fous, le système économique et financier mondial reste dans une large mesure soumis à l'impondérable.

Les règles et les institutions commerciales

De la fin de la Seconde Guerre mondiale aux années 1970, la priorité des États occidentaux est de démanteler les barrières aux échanges : limitations quantitatives, droits de douane. Une fois ces protections des territoires étatiques éliminées ou rendues négligeables, de nouvelles discriminations se font jour : aides à des secteurs économiques faussant la concurrence ; marchés publics réservés aux nationaux ; normes permettant de bloquer l'entrée d'un bien. À partir des années 1980 et 1990, notamment du fait de l'arrivée en force des non-Occidentaux dans le jeu économique mondial, il apparaît qu'une concurrence planétaire acceptable par tous réclame davantage que l'éradication des obstacles : la mise en place de règles universelles tendant à être les mêmes pour tous (protection de la propriété intellectuelle, normes écologiques...).

À retenir

Pour la plupart des États occidentaux, très inquiets d'être dépouillés de leurs atouts par mille ruses (espionnage industriel, contrefaçon...), ces règles universelles doivent discipliner les pays émergents, leur faire comprendre que leur intérêt est de se civiliser. Mais ces derniers se montrent méfiants, soupçonnant ces réglementations d'être mises en place par les Occidentaux dans le but inavoué d'entraver leur croissance, pour conserver leur suprématie. Plus profondément, ces « nouveaux riches » veulent affirmer leur puissance : désormais, les règles du jeu ne seront plus dictées par l'Occident mais discutées et négociées avec le Sud.

Depuis la fin de l'antagonisme Est-Ouest, les organes juridictionnels chargés de trancher les litiges entre États et de contribuer à une solution juste des conflits se multiplient. C'est là un mouvement de fond porté par la multiplication des interdépendances, contraignant les États à accepter des règles supérieures et des mécanismes pour les mettre en œuvre.

L'Organisation mondiale du commerce (OMC), mise en place en 1995, dispose en son sein de l'Organe de règlement des différends (ORD). Tout État membre de l'OMC s'engage à régler tout conflit commercial qu'il peut avoir avec un ou d'autres États membres par la négociation ou, en dernier ressort, par le recours à l'ORD. Ce dernier traite de plusieurs dizaines de cas par an. Beaucoup impliquent des colosses (États-Unis, Chine, Inde...), et ces derniers, bon gré, mal gré, jouent le jeu. Les litiges peuvent être très sensibles, à la charnière de l'économique et du politique, tel le feuilleton toujours en cours des subventions versées à Boeing, l'américain, et à Airbus, l'européen...

Siège de la Banque centrale européenne à Francfort, en Allemagne.

Le rôle des banques centrales

Dans les années 1970, à la suite des chocs pétroliers, les économies occidentales sont marquées par une très forte dérive des prix (inflation) cumulée avec une croissance économique trop faible et un chômage augmentant massivement (stagnation). L'une des leçons tirées de ce traumatisme est l'indépendance des banques centrales. Garantes des équilibres monétaires et financiers, elles doivent être mises à l'abri de toute pression politique afin de se centrer sur leur seule priorité : la stabilité des prix.

Depuis 2007 (crise des *subprimes*), l'ébranlement des économies occidentales contraint les banques centrales de ces États à s'interroger sur leur mission. On leur reproche de privilégier la stabilité sur la croissance.

Exemple

La Banque centrale européenne (BCE), instituée en 1992 pour gérer l'euro, est accusée de freiner les économies de la zone euro. Or, depuis 2009, la crise des finances publiques européennes conduit la BCE à apporter son soutien aux économies en difficulté.

De plus, les banques centrales, figées, sont dépassées par les mutations de l'économie réelle. Leur approche de l'inflation apparaît trop étroite. Si le système financier international s'enfonce dans une crise grave, parviendront-elles à avoir l'ouverture nécessaire pour y faire face ?

Ressources, les régimes internationaux

Depuis les dernières décennies du XXe siècle, les hommes prennent conscience d'intérêts communs supérieurs : survie de l'espèce humaine ; prévention des risques majeurs (guerres, désastres écologiques...) ; gestion des besoins des hommes tenant compte des cycles naturels... Cet éveil des consciences se traduit aujourd'hui par deux phénomènes d'envergure : la multiplication des régimes internationaux et, notamment dans le champ écologique, la mise en place progressive de dispositifs destinés à gérer au mieux le patrimoine universel.

Constitue un régime international tout ensemble d'institutions et de procédures conçues pour faire face à un problème international majeur : les mesures de contrôle du commerce mondial mises en place par l'OMC, le dispositif visant à empêcher la prolifération nucléaire dans le cadre du TNP... Aujourd'hui, il n'est guère de domaine qui ne fasse l'objet d'un tel régime. Ces régimes peuvent être relativement institutionnalisés (commerce, atome), combiner lois du marché et concertations (monnaies), ou demeurer éclatés, les États regardant la protection de leur territoire et de leur population comme un impératif absolu (migrations).

Trois difficultés majeures pèsent sur l'édification pourtant inéluctable de ces régimes internationaux :

- **Les implications économiques.** Dans le domaine de l'environnement, par exemple, les pays riches font des efforts, mais rien ne permet d'affirmer qu'ils sont prêts à aller jusqu'au bout (prix plus élevé pour l'essence, l'eau ; taxes écologiques). Quant aux pays du Sud, leur priorité est leur développement économique, dût-il avoir des conséquences écologiques désastreuses.
- **Les héritages culturels.** Les régimes internationaux sont des produits occidentaux. La multiplication des normes juridiques, des institutions et des procédures amènera les hommes à approcher leurs conflits dans un esprit de négociation et de compromis. Dans ce monde, le droit est constitué en sphère spécifique, séparée notamment du religieux et du politique. Il est posé par les États comme une règle extérieure et supérieure, afin de les encadrer et de les empêcher de « dérailler ». De nos jours, cette conception est intériorisée en Occident mais demeure exotique en Asie ou au Moyen-Orient.
- **La souveraineté étatique.** Les régimes internationaux sont bâtis par les États. Ils impliquent en général l'égalité des États parties et en limitent la souveraineté. Chaque État partie peut mettre en cause les autres (pour non-respect du régime) et, réciproquement, être mis en cause par eux. Dans les faits, peu d'États, à l'exception notable de l'UE, semblent prêts à consentir un tel sacrifice.

Tedros Adhanom Ghebreyesus, ancien ministre éthiopien de la Santé et directeur général de l'OMS depuis 2017.

La santé, un enjeu planétaire

En ce début de XXIe siècle, microbes et virus se déplacent plus vite et plus loin, suivant des itinéraires inattendus. Un marché mondial de la santé se constitue. Les malades se dirigent vers les pays les mieux équipés et les plus ouverts à leurs demandes. Les médicaments, eux aussi, donnent lieu à une compétition féroce et à des trafics. La protection traditionnelle contre les maladies est inefficace et illégitime dans un monde fondé sur la libre circulation.

À retenir

Les défis de santé publique se « planétarisent » : droit de tous à la santé, vieillissement des populations, mondialisation des problèmes (obésité, tabac, cancer…).

Organe de l'ONU, l'OMS est créée en 1948 pour répondre à ces nouveaux enjeux :

- **Le contrôle.** Il s'agit de surveiller efficacement les maladies et leur circulation. Les États souverains admettent très mal de ne pas être maîtres chez eux et ne répugnent pas à mentir pour défendre leur réputation.
- **La solidarité.** Face à la tragédie du sida, beaucoup réclament la fourniture quasi gratuite des traitements aux pays du Sud les plus frappés. À qui revient-il d'assumer le fardeau financier ? Aux laboratoires pharmaceutiques ou aux contribuables des pays riches, la lutte contre les pandémies étant désormais une composante de la paix mondiale ?

Les biens publics mondiaux

Est dit « public » tout bien accessible à tous et dont la consommation ne saurait être exclusive. Indifféremment matériels ou immatériels, les biens publics sont très divers, leur gamme allant des feux de circulation à un environnement propre. Le formidable développement du système international appelle d'innombrables biens publics mondiaux, du bon fonctionnement du commerce et des circulations à la prévention des épidémies, de la préservation de la biodiversité au maintien de la paix.

Les biens communs de l'humanité constituent un domaine majeur de la géopolitique de la mondialisation. D'où d'interminables disputes au sujet de leur définition et de leur organisation. Dans une perspective géopolitique, la question des biens publics mondiaux (*global public goods*) est l'une des facettes de l'édification laborieuse d'une gestion globale de la Terre. Il s'agit de mettre en place des dispositifs à vocation planétaire administrant, en bon père de famille, soucieux de l'avenir, des biens comme l'atmosphère, les océans, les forêts tropicales. Ces chantiers sont extrêmement complexes et requièrent un travail permanent. Il faut définir leur problématique, élaborer et négocier des instruments juridiques, prévoir des institutions et des financements.

Les conflits ne se cristallisent plus autour de l'appropriation, du partage des territoires mais autour des modes de gestion de la Terre. Ainsi, les tensions entre le droit de chaque population au développement économique et la quête d'une exploitation maîtrisée des ressources planétaires.

Exemple

Le cas des forêts tropicales fait figure d'exemple : les États où se trouvent ces forêts les considèrent comme leur bien, alors que pour la communauté internationale, elles sont vouées à devenir des biens communs de l'humanité. Les biens publics en principe ne se partagent pas ; donc il faut rechercher un mode de gestion qui convienne à tous.

Ces biens publics n'acquièrent une réalité qu'en se matérialisant dans des régimes internationaux. Fondés sur un ou des traités, ces régimes définissent des biens communs : maintien de la paix (Organisation des Nations unies, 1945) ; non-prolifération nucléaire (traité de Non-prolifération, TNP, 1968) ; commerce international (Organisation mondiale du commerce, 1995) ; préservation de la couche d'ozone (convention de Vienne, 1985) ; maîtrise du changement climatique (protocoles de Kyoto, 1997 puis 2005)...

Ces repères chronologiques montrent que la gestion de la maison Terre est un processus de très longue haleine, les hommes bâtissant peu à peu des régimes, des dispositifs pour tenter de mieux administrer tel ou tel élément indispensable à leur survie.

La gestion des biens publics mondiaux

Pour être à la fois efficaces et légitimes, les régimes internationaux définissant les biens communs doivent remplir au moins deux conditions :

- **Le ralliement au dispositif du plus grand nombre d'acteurs concernés :** États, si possible tous, mais aussi entreprises des secteurs en cause, organisations... Les différents types d'intérêts – scientifiques, sanitaires, économiques... – doivent être pris en considération.
- **Des structures et des procédures institutionnelles :** fixation de normes ; mécanismes de surveillance et de sanction... Ces dispositifs ne peuvent pas être imposés d'en haut (*top-down*) mais requièrent des consensus, des négociations (*bottom-up*).

Chaque domaine a ses difficultés propres (en particulier, modes de contournement des contrôles).

D'un côté, des flux à appréhender et à réguler : molécules artificielles, substances toxiques, microbes, capitaux... De l'autre côté, des patrimoines à faire vivre : ressources marines, forêts... Les évolutions sont chaotiques. Cependant, peu à peu, non sans contradictions et conflits, ces biens communs de l'humanité constituent des signes parmi beaucoup d'autres de la formation d'intérêts planétaires, les hommes prenant conscience que la petitesse, la vulnérabilité de la Terre – leur maison – réclament une gouvernance commune.

L'océan, un bien commun, une ressource à préserver.

Le premier sommet de la Terre

Le premier sommet de la Terre se tient à Rio de Janeiro (Brésil), du 3 au 14 juin 1992. Il réunit les États, mais aussi d'innombrables mouvements et organisations de toutes sortes. L'ordre du jour est vaste et ambitieux : changement du climat ; pollutions ; forêts tropicales ; patrimoine génétique et biodiversité ; développement durable... Le sommet de Rio fournit un repère spectaculaire et commode à un processus multiforme toujours en cours : l'émergence chaotique d'une gouvernance planétaire.

L'industrialisation de la planète, le développement d'armes de plus en plus redoutables (capacités nucléaires) font que l'humanité, tel un apprenti sorcier, se découvre capable de s'infliger à elle-même des blessures peut-être irrémédiables : pollutions massives, catastrophes naturelles suscitées par les travaux des hommes (grands barrages)...

Le sommet de Rio s'inscrit dans une dynamique très longue par laquelle, laborieusement, les hommes apprennent à mieux gérer la Terre, à veiller à ce que leurs appétits insatiables n'épuisent pas les ressources du globe. Depuis les années 1960 au moins, débats, négociations, mesures et réseaux se multiplient dans ce but. Rio confirme également que toute grande question de société (commerce, sécurité, santé, migrations, condition féminine...) a des dimensions globales. Pour des diagnostics complets et des choix politiques pertinents, la planète dans sa totalité doit être prise en considération, car les circulations et les circuits (de marchandises, d'idées, de déchets, de microbes) impliquent la Terre entière.

Pour aller plus loin

Bien d'autres sommets ont permis d'amorcer discussions, négociations, travaux d'experts : enfance (New York, 1990) ; droits de l'homme (Vienne, 1993) ; population et développement (Le Caire, 1994) ; crime organisé (Naples, 1994) ; développement social (Copenhague, 1995) ; femmes (Pékin, 1995) ; urbanisation (Istanbul, 1996) ; économie numérique (Genève, 2003).

Les difficultés sont toutefois immenses. Les vieux conflits pour les territoires demeurent, comme les priorités nationales ; tout État, convaincu d'être menacé dans son existence par d'autres, n'acceptera jamais de ne pas utiliser les armes – même très dangereuses – dont il dispose. Par ailleurs, face aux défis écologiques, chaque société, chaque État se trouve dans une situation spécifique. Comment les pays pauvres renonceraient-ils au développement économique alors qu'il leur faut à tout prix sortir leur population de la misère ? N'est-ce pas aux pays riches de donner l'exemple ? Ne restent-ils pas les plus gros pollueurs ?

Le protocole de Kyoto

Conclu en 1997, le protocole de Kyoto entre en vigueur en 2005. Premier dispositif écologique à vocation planétaire, il se fixe pour objectif la gestion méthodique d'une des sources majeures de pollution : les gaz à effet de serre (GES). Les États parties s'engagent sur des objectifs chiffrés de réduction de leurs GES. Son efficacité bute sur trois faiblesses très significatives :

- **Le calcul des pollutions autorisées.** Afin de rallier au dispositif le plus grand nombre possible d'États, certains bénéficient d'évaluations très favorables. Les émissions de la Russie sont substantiellement diminuées, la capacité d'absorption des GES par ses immenses forêts étant très surévaluée.
- **Les États-Unis.** L'administration Bush dénonce le protocole de Kyoto comme une machine dirigiste, étouffant les activités économiques. Il faut laisser les acteurs économiques s'auto-organiser. L'opinion américaine, traumatisée depuis 2007 par la crise des *subprimes* et l'enracinement du chômage, n'est pas près de se rallier à l'écologisme.
- **Le Sud.** Seuls les pays développés (États occidentaux) sont tenus par des plafonds. Les pays du Sud (notamment les colosses chinois et indien), devant rattraper leur énorme retard économique, en sont exonérés... alors que, du fait de leur croissance très rapide, ils deviennent de très gros pollueurs.

En novembre-décembre 2015, se tient à Paris la COP 21 (21e conférence des parties à la Convention-cadre des Nations Unies sur les changements climatiques. 196 États sont présents. L'accord final est à la fois ambitieux, soumettant tant les pays riches que les pays émergents à des contraintes sur les émissions de gaz à effet de serre, et prudent, se montrant flexible sur les limites quantitatives. Mais les États-Unis, sous la présidence de Donald Trump, excluent d'adhérer à l'accord. De plus, les efforts pour atteindre les objectifs fixés demeurent très insuffisants.

Les centrales à charbon, comme celle-ci à Hazelwood, en Australie, sont responsables d'une grande proportion des émissions de gaz à effet de serre.

Les protections mondiales des droits humains

À l'échelle mondiale, se met en place une dynamique toujours en cours, produisant un cadre de plus en plus riche et diversifié de protection des droits de l'homme : Déclaration universelle des droits de l'homme, résolution de l'Assemblée générale des Nations unies (1948) ; pactes des Nations unies sur les droits civils et politiques et sur les droits économiques, sociaux et culturels (1966) ; innombrables résolutions et pactes plus spécifiques : discrimination raciale ; torture et traitements cruels ; droits des enfants ; droits des migrants, etc.

Ces dispositifs juridiques sont signés et ratifiés par une majorité d'États, en augmentation régulière. Le respect des droits de l'homme est de moins en moins contournable pour tout État en quête de respectabilité. Les mécanismes de surveillance et d'enquête se font plus présents. L'État qui choisit de les ignorer ou de les mépriser suscite autour de lui une méfiance dissuadant investisseurs et touristes de venir chez lui. L'État, en consentant aux contrôles extérieurs (lors d'élections par exemple), prouve sa transparence, sa bonne foi.

Les premiers tribunaux pénaux internationaux (TPI) sont créés à l'issue de la Seconde Guerre mondiale (Nuremberg et aussi Tokyo). L'objectif est de punir les hauts responsables nazis et japonais pour les crimes commis dans l'exercice de leurs fonctions : massacres, déportations, exterminations... Désormais, tout détenteur d'un pouvoir officiel doit pouvoir être poursuivi et sanctionné lourdement pour les abus que lui permet justement d'accomplir sa position. Ces tribunaux se multiplient avec la fin de l'antagonisme Est-Ouest. Les plus significatifs sont ceux qui concernent l'ex-Yougoslavie (TPIY, 1993) et le Rwanda (TPIR, 1994). Juridiction à vocation universelle et permanente, la Cour pénale internationale (CPI) naît à La Haye, en 2002.

Attention

Les difficultés ne manquent pas. Ces tribunaux ne peuvent fonctionner que si les États les acceptent et jouent le jeu. Ces juridictions ont besoin d'argent (la justice internationale étant très chère), de personnel et d'aide policière (arrestation des criminels). En même temps, les États se méfient viscéralement de tout ce qui risque de les mettre en cause. Ainsi, la CPI est ignorée ou rejetée par les colosses (États-Unis, Russie, Chine...), qui savent que, si elles deviennent parties à la CPI, elles pourront être attaquées pour leurs actions par n'importe quel autre « petit » État partie. Enfin, il ne faut pas oublier que toute justice aboutit à un procès, dont le déroulement et l'issue sont ouverts (avec, éventuellement, la relaxe des accusés).

Les protections régionales des droits humains

Les dispositifs régionaux, eux aussi, se développent. L'Europe reste encore loin en tête dans ce domaine. Marquée par les horreurs de son histoire, elle pose, dès 1950, la première pierre d'un édifice qui inclut l'ensemble de l'Europe : la Convention européenne de sauvegarde des droits de l'homme et des libertés fondamentales. Peu à peu, la CEDH, installée à Strasbourg, est reconnue comme une juridiction ultime, coiffant les justices nationales, et éventuellement adaptant ou même bouleversant leurs jurisprudences. Aujourd'hui, la quasi-totalité des États européens adhèrent au dispositif.

Pour aller plus loin

La clause la plus contraignante de la Convention est le droit de recours individuel. Tout État européen avalisant cette clause accepte que n'importe lequel de ses ressortissants puisse saisir en dernier ressort la Cour européenne.

D'autres continents suivent cahin-caha. Depuis 1978, le continent américain est doté d'une Convention interaméricaine des droits de l'homme, analogue au dispositif européen ; mais, si les États latino-américains adhèrent à la convention, les États-Unis, toujours soucieux de préserver leur souveraineté et convaincus que leur protection des droits de l'homme reste la meilleure du monde, boudent cette institution. En 1981, l'Afrique se dote d'une Charte africaine des droits de l'homme et des peuples, renforcée, en 1987, par une Commission de surveillance. Les déchirements et les conflits sans fin de l'Afrique, de la Corne de l'Afrique au Zimbabwe, de la Côte d'Ivoire à la République démocratique du Congo, font que le continent africain devient le terrain privilégié de la compétition entre juridictions. La Cour pénale internationale (CPI) multipliant les actions contre les tyrans africains, l'Union africaine, soucieuse d'apporter des solutions africaines aux problèmes africains, renforce, au moins sur le papier, la Cour africaine des droits de l'homme. Quant au Moyen-Orient et à l'Asie-Pacifique, ils demeurent allergiques à ces formules juridiques supranationales, qui portent atteinte à leur sacro-sainte souveraineté.

Attention

Pour qu'une protection régionale des droits de l'homme fonctionne, une condition est absolument incontournable : les États concernés, seuls habilités à contracter ce type d'engagement, doivent certes être des démocraties, mais ils doivent surtout être prêts à soumettre tout leur appareil politique, administratif, policier et judiciaire à une juridiction supérieure, celle-ci pouvant alors dénoncer telle ou telle législation, tel ou tel comportement !

Les droits de l'homme pour les non-Occidentaux

L'irruption des droits de l'homme dans leur univers déstabilise profondément les non-Occidentaux. Les sociétés colonisées ou mises sous tutelle demeurent traditionnellement « holistes » (du grec *holos*, « tout ») : l'individu, pris dans la succession des générations, n'est qu'un élément inscrit dans des ensembles plus vastes (famille, tribu, caste, communauté…). Avec les droits de l'homme, non seulement l'individu fonde les sociétés, mais il en devient aussi le but (poursuite par chacun du bonheur). Les sociétés tenues par des défis « élémentaires » (se nourrir, se chauffer, se reproduire, bref assurer la survie du groupe) sont choquées par cette centralité accordée à l'individu, dont la liberté est en outre censée bénéficier à la collectivité.

En ce début de XXIe siècle, l'amélioration du niveau de vie et d'éducation dans les sociétés du Sud appelle de nouvelles demandes politiques : reconnaissance des droits individuels, élections libres et transparentes, médias diversifiés et connectés au monde. Les non-Occidentaux peuvent-ils prendre dans l'Occident seulement ce qui leur convient (sciences et techniques) et laisser de côté ce qu'ils redoutent (libération de l'individu, émancipation de la femme…) ? La question divise.

Pour certains, les Asiatiques peuvent se développer économiquement, tout en conservant leurs valeurs (respect des traditions et des hiérarchies), donc sans se laisser séduire par la décadence occidentale (individualisme exacerbé, alcoolisme…). Cette thèse des valeurs asiatiques est mise à mal au moins par un exemple ; durant toutes les années 1990, l'économie du Japon souffre notamment du poids des habitudes nipponnes : liens organiques entre industrie et banque, refus d'affronter les problèmes pour ne pas faire perdre la face à leurs auteurs…

Pour d'autres, il faut se résigner à un changement des traditions.

Focus

La Chine est souvent déclarée inapte aux droits de l'homme et à la démocratie. Modelée par un empire millénaire et des décennies de maoïsme, elle s'ouvre pourtant. Des Chinois s'enrichissent, des couches moyennes se constituent, une opinion publique se dessine. Des structures juridiques se mettent en place, d'abord sous la pression des opérateurs économiques et financiers internationaux. Le Parti communiste chinois sait que l'utopie maoïste est moribonde. Malgré la permanence de vieilles habitudes (emprisonnements arbitraires, répression des dissidents…), il semble se résigner à ce que les Chinois, mieux nourris, de plus en plus urbanisés, plus instruits, mieux informés réclament davantage de droits.

Depuis 2013, le contrôle total sur la société et le régime, qu'établit le nouvel « empereur », Xi Jiping, entraîne un spectaculaire durcissement tant de la surveillance de la population (développement systématique des caméras) que de la répression de toute dissidence. Les droits de l'homme demeurent une perspective très lointaine ou très incertaine pour les Chinois.

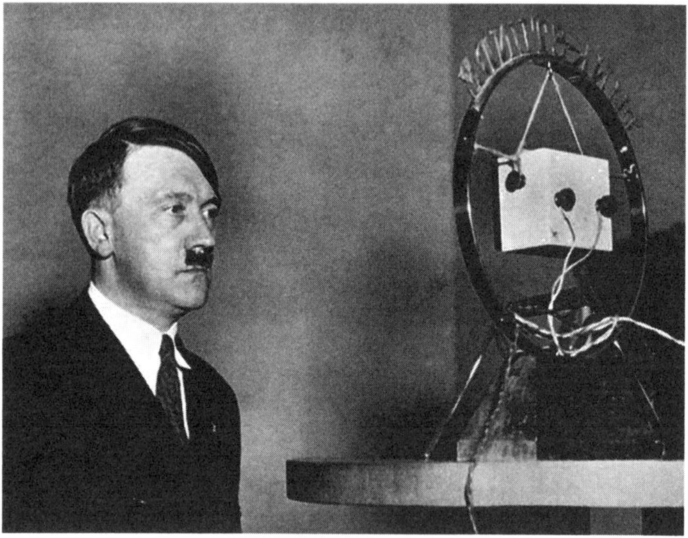

Adolf Hitler devant un micro de la radio allemande en 1933.

Le rôle des médias

La presse, la radio, la télévision et, aujourd'hui, Internet contribuent à rendre le monde mieux informé, plus transparent, mais ils fournissent également de très efficaces instruments de propagande, manipulés par des protagonistes sociaux et politiques. Selon les intentions de ces derniers, ils peuvent indifféremment servir la liberté ou la tyrannie.

Exemple

Dans les années 1930-1945, la radio et le cinéma servent aussi bien Hitler que Churchill, Staline que de Gaulle.

Cela dit, la puissance des médias est généralement un signe de vitalité démocratique. Tandis que les régimes totalitaires bâillonnent la presse et que les auteurs de crimes de masse (Hitler, Staline) opèrent dans le plus grand secret, les médias contribuent à dissoudre l'opacité et à rendre les hommes plus responsables et solidaires. Toutefois, leur impact dépend de très nombreux paramètres : sensibilisation ou indifférence des opinions ; implication ou absence d'éléments ou d'acteurs politiques. Certaines atrocités sont « médiatiques » (Somalie au début des années 1990), d'autres émeuvent peu (Cambodge des Khmers rouges). Seule une analyse méthodique des enjeux de la tragédie peut expliquer ces inégalités de traitement. De plus, tant de drames se bousculent sur nos écrans !

La construction de l'Europe

À partir de 1949-1950, les États de l'Europe occidentale se lancent dans un travail toujours actuel de développement d'interdépendances de plus en plus étroites, de règles et d'institutions communes. Outre la stabilisation géopolitique de l'Europe par Washington et Moscou, ce processus repose sur trois conditions :

- **Un type précis d'État :** la ou les constructions européennes sont d'abord menées par les États, par leurs négociations, leurs traités. Pour que ces constructions soient possibles, il faut un type particulier d'État, policé, démocratique, commerçant, acceptant d'être soumis à des règles le dépassant et l'encadrant. Après les deux guerres mondiales, les États ouest-européens, très meurtris par leurs affrontements, tous vaincus à l'exception du Royaume-Uni, admettent que leur prospérité et leur survie requièrent leur libre soumission à des normes supérieures, à des procédures contraignantes de règlement de leurs différends.
- **Des zones de règles communes :** elles sont instituées par des traités interétatiques. Dans ces cadres, les relations et les échanges, protégés, peuvent se multiplier. La Convention européenne de sauvegarde des droits de l'homme et des libertés fondamentales (1950) instaure entre les États parties et leurs ressortissants un système commun de garantie de ces libertés, s'ajoutant aux dispositifs nationaux et les complétant.

Depuis les années 1950, le développement toujours en cours d'un marché commun puis unique (au sein des Communautés européennes, puis de l'UE) produit un espace de normes et de procédures facilitant et encourageant tous les commerces : industrie, agriculture, services. Il s'agit de créer des règles du jeu permettant l'épanouissement des activités.

- **Des institutions :** pas de marché ni d'espace commun sans institutions pour en définir les normes et en surveiller la bonne exécution. Pour les droits de l'homme, la Cour européenne des droits de l'homme (CEDH). Pour le Marché unique européen, un dispositif très sophistiqué, associant au moins quatre institutions : la Commission, initiatrice des normes, mais également chargée de les faire respecter ; le Conseil des ministres et le Parlement européen, codécideurs ou colégislateurs, fixant d'un commun accord la plupart des normes ; enfin, la Cour de justice de la CE, quasi-Cour suprême tranchant en dernier ressort tous les litiges liés au droit communautaire.

États faisant partie de l'Union européenne

États d'Europe ne faisant pas partie de l'Union européenne

États ayant déposé une demande d'adhésion à l'Union européenne

L'Europe aujourd'hui.

Un processus aléatoire

Depuis ses débuts dans les années 1950, la construction européenne a toujours été difficile et aléatoire. Régulièrement, des crises et des blocages sont provoqués par les susceptibilités étatiques et nationales : en 1986-1987, ratification laborieuse de l'Acte unique (achèvement du Marché unique) ; en 1992-1993, ratification encore plus tourmentée du traité de Maastricht créant l'UE... Plus la construction européenne progresse, plus elle pénètre des domaines sensibles, affectant la souveraineté des États membres : règles économiques communes, monnaie unique (pour certains), politique étrangère et de sécurité commune (PESC)...

De plus, cette construction commencée à six s'est considérablement élargie (vingt-huit États membres depuis 2013) pour peut-être se contracter (départ du Royaume-Uni, avec le Brexit). Les nouveaux venus arrivent avec leurs problèmes de développement économique, leurs sensibilités nationales. D'un côté, ils doivent intégrer l'acquis communautaire produit par des décennies d'unification. De l'autre, ils cherchent à faire remodeler cet acquis, en fonction de leurs intérêts.

Attention

L'UE est-elle appelée à demeurer une simple association d'États ou à devenir une fédération ou même à se décomposer ? Tant que la question du but ultime de la construction européenne ne sera pas tranchée, elle restera soumise à une négociation permanente entre les États membres et leurs peuples.

Les acteurs de l'Europe

Quatre acteurs ou groupes d'acteurs définissent désormais les termes du jeu européen :

- **Les États ex-communistes d'Europe centrale et orientale** ont pour priorité d'échapper à l'orbite du grand frère russe. Une quarantaine d'années de socialisme bureaucratique et policier laissent un très mauvais souvenir. Ces pays n'ont qu'une hâte : se mettre à l'abri, rejoindre les clubs de l'Ouest, l'OTAN pour la sécurité, l'UE pour la prospérité.
- **Les États ouest-européens** se montrent divisés et inquiets. Ils ne peuvent pas garder porte close à leurs frères de l'Est. De 1948 à 1989, les Européens de l'Est ont souffert sous la botte soviétique alors que l'Ouest, protégé par le bouclier américain, découvrait les plaisirs de la société de consommation. Mais ces cousins de l'Est sont pauvres et modelés par des siècles d'autoritarisme : ne risquent-ils pas de saccager la jeune et fragile unification européenne ? Devant ce dilemme, l'Europe occidentale se renforce non sans mal (en 1993, création d'une structure politique d'ensemble, l'UE) puis s'engage à pas comptés dans l'élargissement à l'Est.
- **L'espace ex-soviétique**, à l'exception des trois États baltes admis dans les clubs occidentaux, se trouve repoussé aux marges de l'Europe. Certains (Ukraine, Géorgie...) rêvent de s'ancrer à l'Ouest mais sont bloqués par l'opposition déterminée de la

Russie de Vladimir Poutine. D'autres optent pour le despotisme asiatique (républiques d'Asie centrale). Quant à la Russie, elle oscille entre européanisation (devenir elle aussi une démocratie prospère et civilisée) et ambition impériale. Aujourd'hui, la Russie s'ouvre, s'enrichit, se modernise, mais l'obsession impériale, incarnée par Vladimir Poutine, rôde toujours.

- **Les États-Unis** restent, jusqu'à la présidence Trump (2017-2021), le grand gardien des équilibres européens. Leur tâche – libérer l'Europe de la menace soviétique – est accomplie en 1989-1991 ; ils peuvent rentrer chez eux. Mais, l'Europe orientale à peine libérée, éclatent les guerres de l'ex-Yougoslavie (décennie 1990-2000). Les Européens se révèlent incapables de mettre fin à l'incendie se déchaînant chez eux. En 1995, le patron américain met fin aux affrontements de Bosnie-Herzégovine. En 1999, l'Alliance atlantique fait la guerre à la Yougoslavie (Serbie plus Monténégro) de Slobodan Miloševi pour stopper la purification ethnique au Kosovo. L'Alliance atlantique, loin de disparaître, s'élargit à l'Est, étant consacrée comme un cadre paneuropéen de sécurité collective sous la surveillance de Washington. En même temps, l'Europe ne peut plus être la préoccupation centrale des États-Unis, pour qui les défis extra-européens se bousculent. La puissance américaine se trouve irrémédiablement hypothéquée par une dette publique croissante.

L'Europe jusqu'où ?

L'Europe n'est qu'une expression géo-historique : ses limites ne peuvent être incontestables et incontestées (d'où les débats sans fin sur l'appartenance, ou la non-appartenance, de la Russie ou de la Turquie à l'Europe). L'UE, elle, est une construction institutionnelle : ses frontières sont précises, tracées par les frontières « externes » de ses États membres. Ces frontières en évolution, qui se modifient à chaque élargissement, doivent-elles à un moment donné être fixées ? Peut-on imaginer qu'elles englobent un jour la Turquie ou la Russie ? Ces questions délicates sont loin d'être tranchées.

Pour y répondre, on se heurte principalement à deux difficultés :

- Il n'existe d'abord aucun critère objectif reconnu pour déterminer la nature européenne (ou non européenne) d'un État. À ceux qui soutiennent par exemple que l'UE ne doit associer que des États chrétiens, on peut opposer que ces derniers – catholiques, protestants, orthodoxes –, très divers, sont divisés sur des points essentiels. L'orthodoxie chrétienne de la Russie, loin d'européaniser ce pays, l'isole : la Russie est et se veut la nation de la « vraie » foi face à l'Europe corrompue de Rome ou des Lumières.
- La seconde difficulté consiste à déterminer à qui il revient de décider si tel ou tel État peut, ou ne peut pas, être membre de l'UE. Le traité sur l'UE répond : « Tout État européen qui

respecte les principes [de l'UE] peut demander à devenir membre de l'Union. [...] Les conditions de l'admission [...] font l'objet d'un accord entre les États membres et l'État demandeur. Ledit accord est soumis à la ratification par tous les États contractants, conformément à leurs règles constitutionnelles respectives » (article 49, traité sur l'UE, 7 février 1992). D'après ce texte, si, dans un futur improbable, le Japon ou l'Australie demandent à rejoindre l'UE, leur adhésion est possible si tous les États membres de l'UE disent « oui » ! Il n'y a aucune définition normative, juridique de l'Europe. Traditionnellement, l'Europe va de l'Atlantique à l'Oural. Mais l'Organisation sur la sécurité et la coopération en Europe (OSCE) inclut toutes les républiques ex-soviétiques ; pour cette structure européenne de sécurité collective, l'Europe s'étend donc jusqu'à l'océan Pacifique. Pourquoi pas jusqu'au Japon et à l'Australie ?

À retenir

Les frontières finales de l'UE, si elles existent un jour, n'exprimeront pas une conception spirituelle ou philosophique de l'Europe ; ces frontières seront le fruit des marchandages et des accords entre États membres et États aspirant à devenir membres.

La crise de l'euro

À partir de l'automne 2009, l'UE entre dans la crise sans doute la plus grave de son histoire. Plusieurs États de la zone euro – Grèce, Irlande, Portugal… – se révèlent insolvables. La crise met en lumière deux faiblesses fondamentales de l'union monétaire :

- **Seul l'accès à l'euro est contraignant :** les États candidats doivent accomplir des efforts considérables pour être acceptés dans la zone euro (il leur faut respecter les critères dits « de Maastricht » : déficits budgétaires annuels n'excédant pas 3 % du produit national brut, dette publique ne dépassant pas 60 % du produit national brut…), mais, après admission dans le club, tous les efforts sont abandonnés. La nouvelle monnaie, l'euro, de corset se fait édredon, permettant d'emprunter très facilement et donc de repousser les réformes douloureuses. Alors s'installe une redoutable dérive des finances publiques. L'onde de choc planétaire de la crise des *subprimes* (en 2007, effondrement du marché hypothécaire américain) bouscule les États les plus vulnérables et révèle au sein de la zone euro la fracture entre États créanciers (Allemagne, Autriche, Pays-Bas, Finlande) et États débiteurs (Grèce, Irlande, Portugal, Espagne, France, Italie).
- **La zone euro est boiteuse :** la création du pilier monétaire (monnaie unique, gérée par la Banque centrale européenne – BCE) n'est pas accompagnée d'un pilier budgétaire, instaurant

entre les États de la zone une solidarité financière. Les « fourmis » du Nord, et d'abord l'Allemagne, ne veulent pas payer pour les « cigales » du Sud, le célèbre ClubMed (Portugal, Espagne, Italie, Grèce). En même temps, tous sont liés (par exemple, les banques allemandes ont financé massivement les emprunts grecs).

Laborieusement, en 2011, un marchandage très incertain se dégage : le mécanisme européen de stabilité (MES) prévoit de venir en aide aux États en difficulté contre l'acceptation par ces derniers des mesures sévères d'austérité.

Pour aller plus loin

Le feuilleton est loin d'être terminé : fureur des populations asphyxiées par la rigueur ; poussées populistes contre les technocrates bruxellois ; rage des Allemands de devoir payer pour les autres ; enfin, extrême difficulté des gouvernements à faire passer des réformes dites « structurelles » (allongement de la durée de la vie professionnelle, maîtrise des dépenses de santé…).

L'Europe, un chantier permanent

La construction européenne, commencée dans les années 1950, tend à être ressentie comme un phénomène irréversible. Nonobstant, elle est étayée par trois conditions, sans lesquelles elle pourrait se défaire :

- **Une combinaison d'échanges et de croissance.** Ils tissent des interdépendances de plus en plus denses entre les économies et les sociétés. L'enrichissement dégage des surplus redistribués vers les moins développés, contribuant à assurer leur décollage. L'Europe se porte bien lorsque la croissance est là, elle peine lorsque les économies patinent, comme actuellement.
- **Des États démocratiques et raisonnables.** La construction européenne est faite par des États se soumettant à des règles et à des procédures. Exigeant, ce processus s'accorde mal avec des personnalités absolues (de Gaulle dans les années 1960). En ces années 2010, la déstabilisation résulte tant des mobilisations contre l'austérité que de vagues de fond populistes, dénonçant l'illégitimité du projet européen, dicté par la mondialisation et la finance internationale.
- **Un environnement international apaisé.** Que survienne une crise, l'Europe se divise, les solidarités nationales reviennent en force.

À retenir

L'acquis européen est immense, mais la construction européenne demeure un ensemble de chantiers. Toujours précaire, elle doit se réinventer en permanence pour perdurer.

Cérémonie des couleurs au Parlement européen de Strasbourg à l'occasion de l'entrée de la Croatie comme 28e État membre de l'Union européenne.

L'Europe et le monde

L'Europe peine à trouver sa place sur l'échiquier planétaire. D'un point de vue économique, l'UE est un pôle majeur d'échanges, une plaque tournante. Dans le domaine commercial, elle parle d'une seule voix, les États de l'Union ayant transféré leurs compétences à l'échelle européenne. D'un point de vue politique, l'UE apparaît comme un poids plume : soit elle fait finalement appel au grand frère américain (guerres de l'ex-Yougoslavie dans les années 1990), soit elle se fragmente (face à l'intervention américaine en Irak en 2003). Pour que l'UE s'affirme enfin comme un acteur géopolitique plein, quatre éléments doivent converger :

- **La conscience chez les peuples européens de menaces ou de risques communs auxquels ils ne sauraient faire face qu'ensemble.** Les enjeux de sécurité de ce début de XXIe siècle sont multiples, entremêlés : abcès du Moyen-Orient, d'Afrique, d'Asie ; prolifération des armements ; terrorismes... Toutes ces questions relèvent du politique, des armées, des polices. Comment, à partir de ce magma en mouvement permanent, forger une volonté commune de défense ?
- **Le développement d'instruments politiques et militaires communs.** Depuis les années 1990, l'UE se dote d'outils : groupements tactiques armés (*battle groups*) ; quartier général ; Agence européenne de défense. Tout cela reste affaire de spécialistes et de professionnels. De plus, les budgets européens

de défense ne cessent de reculer. Les peuples européens se sont habitués à la paix et se sont convaincus qu'elle est éternelle.

- **Une stratégie réaliste et dynamique d'ouverture.** L'UE vit de et par l'échange, elle doit donc être ouverte. Mais, par exemple, de quelle manière faire face aux poussées migratoires venues notamment du sud de la Méditerranée ? D'un côté, l'UE et ses peuples se sentent submergés ou même violés par ces flux bien malaisés à maîtriser. De l'autre côté, l'UE ne peut pas être prospère et sûre si, sur sa frontière méridionale, s'installe une zone de chômage et de misère. Elle doit mener une ambitieuse politique de voisinage et de coopération, ancrant dans la mondialisation et la démocratie l'immense espace allant du Maroc au Proche-Orient, des Balkans à la Russie, sans oublier l'Afrique subsaharienne.
- **Une vision de la place et du rôle de l'UE dans le monde.** Qu'aspire à être l'UE ? Demeurer la petite sœur préférée des États-Unis ? Rester ou redevenir un gendarme pseudo-impérial, notamment en Afrique ? Être une puissance « douce » diffusant la démocratie par le dialogue et la coopération ? Jusqu'à présent, l'UE privilégie la persuasion et la négociation.

L'histoire de la France

À la veille de l'an 1000, Hugues Capet fonde la dynastie capétienne. Pendant plusieurs siècles, comme tous les États européens, la France vit dans une guerre multiforme et permanente. Le pouvoir royal à la fois dompte les grands féodaux et lutte contre des ennemis externes multiples.

Aux XVIIe et XVIIIe siècles, la France est le colosse de l'Europe. Le Versailles de Louis XIV fascine tous les princes. La France bâtit, dans les Caraïbes, en Amérique et aux Indes, un premier empire colonial. De 1792 à 1814, la Révolution française et les guerres qu'elle déchaîne font déferler sur tout le continent les idées de liberté, d'égalité et de nation. Dès le milieu du XVIIIe siècle, alors que les Lumières à la française (Montesquieu, Voltaire…) éclipsent les avancées britanniques (Newton, Locke…), la France perd le conflit pour l'hégémonie planétaire (traité de Paris, 1763) : l'Angleterre triomphe, contrôlant les deux atouts géopolitiques décisifs – l'Amérique du Nord et les océans.

En 1815 (Waterloo), puis en 1870-1871 contre la Prusse de Bismarck unifiant l'Allemagne, la France est écrasée. Face à la puissance allemande, la France ne peut survivre sans alliés : en 1891-1892, alliance avec la Russie ; en 1904, Entente cordiale avec l'Angleterre.

En 1918, la France est l'un des vainqueurs de la Grande Guerre mais elle est épuisée ; sa démographie est déclinante. L'épreuve de vérité se produit en juin 1940. Son armée étant balayée par la Wehrmacht, la France se résout à un armistice humiliant. Mais sa vieille rivale, celle qui a anéanti son premier empire colonial, l'Angleterre, est consciente de son irrémédiable déclin. Comment équilibrer les deux réels vainqueurs, les États-Unis et l'Union soviétique ? Pour Winston Churchill, l'allié dans ce combat titanesque ne peut être qu'un des grands pays de la vieille Europe : la France. Grâce à l'Angleterre et à la ténacité du général de Gaulle, la France est, avec la perfide Albion, l'URSS et les États-Unis, l'un des quatre vainqueurs de la Seconde Guerre mondiale en Europe. En 1945, la France devient l'un des cinq membres permanents du Conseil de sécurité des Nations unies.

Entre 1945 et 1950, la France n'est plus que l'un des pions du face-à-face planétaire entre Washington et Moscou. En 1949, située à l'Ouest, elle figure parmi les membres fondateurs de l'Alliance atlantique. Les haines et conflits de la vieille Europe sont dépassés. La France et l'Allemagne doivent se réconcilier et envisager un avenir commun (déclaration Monnet-Schuman, 9 mai 1950). À l'abri du parapluie atlantique, la France amorce une métamorphose historique : la réinvention de l'État jacobin en pilier d'une fédération européenne.

La France aujourd'hui.

La géographie de la France

Tout au long de son histoire, la France ne cesse d'être tiraillée entre deux immensités : à l'est, la plaine des invasions ; à l'ouest, l'océan des colonisations.

- **À l'est :** pour la Gaule romaine puis pour la France jusqu'aux deux guerres mondiales, la frontière de l'est est hostile. De là surgit l'envahisseur. Si, pendant près de deux siècles, de Louis XIV à Napoléon, la France domine cette frontière, la menace renaît très vite. En 1814-1815, les cosaques campent sur les Champs-Élysées. En 1870, les Prussiens triomphent à Sedan...
- **À l'ouest :** dès le XVIe siècle, des Français se lancent à la conquête des océans. La France établit, en Amérique du Nord et aux Indes, son premier empire colonial. Il disparaîtra à l'issue de la guerre de Sept Ans (1756-1763). Dès la fin de la Restauration, la France édifie un deuxième empire colonial : Algérie, Afrique occidentale puis équatoriale, Indochine, Tunisie, Maroc... Durant les deux guerres mondiales, son Empire est, pour la France, un atout essentiel. Il lui fournit troupes et matières premières. À l'issue des deux conflits, la France doit payer sa dette. La décolonisation est inévitable, l'Empire disparaît.

À retenir

De la seconde moitié du XVIIe siècle à la Seconde Guerre mondiale, la France oscille entre ses rêves impériaux et le rappel à l'ordre de l'ancrage au continent. Finalement, le second l'emporte toujours.

La France a renoncé au franc pour adopter l'euro le 1er janvier 1999.

La France dans la construction européenne

En 1950-1951, la France, avec la Communauté européenne du charbon et de l'acier (CECA), pose la première pierre de la construction européenne. Elle opère une rupture historique. Tant pour encadrer l'Allemagne (alors de l'Ouest) dans des institutions supranationales que pour ouvrir et moderniser son économie, la France lie son avenir à l'édification d'une Europe unie, garante à la fois de paix et de prospérité.

Depuis 1950, la construction de l'Europe ne cesse de se renforcer. En novembre 1993, naît l'Union européenne (UE, traité de Maastricht). La Grande Nation devient l'un des piliers d'un édifice de type fédéral. Chaque Français, comme tous les autres ressortissants de l'UE, acquiert, en plus de sa citoyenneté nationale, celle de l'UE. La réglementation européenne régit la vie économique française. La France renonce au franc. La diplomatie, outil essentiel de la grandeur française, s'européanise. La France se trouve de plus en plus pénétrée par le dispositif européen.

Pour aller plus loin

Que subsiste-t-il de l'État souverain ? Le peuple français se reconnaît-il dans cette mutation souvent dénoncée comme dictée d'en haut, comme technocratique ? La France est-elle appelée à devenir un État fédéré ?

La France dans le monde

Toute puissance en déclin réaffirme son rang. Pour la France, ce rang s'identifie à quatre attributs : son siège de membre permanent au Conseil de sécurité des Nations unies ; sa force de dissuasion nucléaire ; sa sphère d'influence dans le Maghreb et en Afrique ; et enfin, la langue française. Toutefois, ces atouts n'ont plus la même valeur qu'autrefois.

La France est l'une des cinq puissances nucléaires officielles. Aujourd'hui, plusieurs États malmènent le « club » : Israël, l'Inde et le Pakistan ont, chacun, un arsenal nucléaire ; l'un des pays les plus pauvres du monde, la Corée du Nord, a réussi à se doter du feu atomique ; l'Iran développe un programme nucléaire à la finalité militaire à peine dissimulée. L'ordre atomique planétaire se décompose. Ce qui représentait un atout exceptionnel, réservé à une poignée de privilégiés, peut devenir l'arme de voyous incontrôlables !

Dans le sillage de la décolonisation (années 1950-1960), la France préserve, au Maghreb et en Afrique, d'innombrables liens privilégiés. Ce réseau de clients lui donne un Commonwealth en miniature. Puis les décennies passent, les gouvernants proches de la France s'effacent, l'hétérogénéité ethnique des États n'est plus gelée par le colonisateur. Dans les années 2000, l'Afrique, longtemps à l'abandon, est à nouveau très convoitée ; les pays dits « émergents » (Chine, Inde…) se disputent ses produits bruts. Le pré carré africain s'étiole.

Du XVIIe siècle à la Première Guerre mondiale, le français, langue des salons européens, se croit universel. Mais, en 1919, pour la première fois, un texte diplomatique majeur, le traité de Versailles, n'est plus rédigé seulement en français ; il a une version anglaise faisant également foi. L'impact de l'empire britannique, la puissance rayonnante et les victoires des États-Unis imposent l'anglais comme langue universelle. La France se bat pour son exception culturelle puis pour la diversité culturelle. À partir des années 1960, la francophonie est institutionnalisée. La partie n'en est pas moins perdue pour le français, qui doit s'incliner face à l'anglais.

Pour aller plus loin

En 1945, la France obtient, aux côtés des États-Unis, de l'URSS, du Royaume-Uni et de la Chine, le cinquième siège de membre permanent du Conseil de sécurité des Nations unies. Ces cinq membres permanents ont été désignés par leur victoire de 1945. Depuis, l'équilibre mondial a radicalement changé. La part de la vieille Europe (deux États : le Royaume-Uni et la France) n'est-elle pas excessive alors que des géants émergents (Inde, Brésil…) réclament un siège ? Le Royaume-Uni et la France ne doivent-ils pas se retirer au profit de l'UE ?

L'histoire de la Turquie

Deux ensembles politiques successifs ont modelé la Turquie :

- **L'Empire ottoman.** En 1071, lors de la bataille de Manzikert, l'Empire seldjoukide, le premier empire turc, inflige un désastre militaire au successeur de Rome, Byzance, qui doit céder l'Asie Mineure. Avec Manzikert, la menace turque contre l'Europe chrétienne est semée et enracinée. Un conflit pluriséculaire s'installe. Il ne s'achèvera qu'à l'issue de la Première Guerre mondiale. Du XIVe au XVIe siècle, la puissance ottomane s'étend simultanément vers les Balkans et la Mésopotamie, l'Égypte, le Maghreb. En 1453, le sultan Mehmet II s'empare de Constantinople. La deuxième Rome est aux mains de l'islam. Pour la chrétienté, le choc est sévère. En 1529, le sultan Soliman le Magnifique assiège Vienne. Les Ottomans paraissent sur le point de submerger l'Europe chrétienne. En fait, le déclin est déjà amorcé. L'Empire est trop vaste, les frontières trop difficiles à défendre, les ennemis trop nombreux. L'Empire se pétrifie dans un conservatisme méfiant, rejetant le progrès technique. Enfin, sa localisation au carrefour de la route de la soie et de l'Europe, se déprécie inexorablement à partir du XVIe siècle ; les puissances européennes maritimes joignent l'Extrême-Orient par les océans et ainsi s'émancipent des voies continentales.

Au XIXe siècle, ne parvenant pas à se moderniser, l'Empire est peu à peu dépecé dans les Balkans, notamment sous la poussée des nationalismes. En 1830, la Grèce obtient l'indépendance. L'Empire survit, protégé par les autres puissances européennes. En 1914, il s'allie aux Empires centraux (Allemagne, Autriche-Hongrie). À l'issue du conflit, l'Empire, ravagé, ruiné et vaincu, est démantelé ; la Turquie est réduite à Constantinople et à l'Anatolie.

- **La Turquie, État-nation.** Alors survient l'improbable. Dès mai 1919, un officier turc, Mustafa Kemal (1881-1938), n'admettant pas le joug des vainqueurs, proclame l'indépendance de la Turquie. Il chasse les vainqueurs et surtout les Grecs d'Anatolie. Le 24 juillet 1923, un nouveau traité de paix, reconnaissant la victoire de Kemal, est conclu à Lausanne. Kemal édifie un pays moderne : sécularisation, abolition de la polygamie, adoption des caractères latins... Pour Atatürk (le père des Turcs), l'avenir de la Turquie est européen. Cette option demeure l'axe de la Turquie, qui s'ancre à l'Ouest. En même temps, le pays peine à s'enraciner dans la démocratie. L'armée, se posant en gardienne des principes kémalistes, prend le pouvoir à plusieurs reprises. Depuis 2003, Recep Tayyip Erdoğan (né en 1954), accédant démocratiquement au pouvoir, ne cesse de durcir son emprise sur le pays, gommant l'héritage du trop laïque d'Atatürk et prétendant incarner un néo-ottomanisme.

La géographie de la Turquie

La Turquie se situe au carrefour des Balkans, des plaines russes, du Croissant fertile et de la Méditerranée, entre l'Europe et le Moyen-Orient À cette situation viennent s'ajouter trois spécificités :

- **Les Détroits :** depuis l'Antiquité, le passage maritime entre la mer Noire et la Méditerranée constitue un enjeu stratégique. Par eux, l'Asie occidentale, enclavée, accède à la mer. Les puissances européennes puis les États-Unis ne pouvaient donc que vouloir verrouiller cette zone. De nos jours, l'antagonisme Est-Ouest ayant pris fin, les Détroits ont perdu leur valeur stratégique. Ils sont le lieu d'un trafic de plus en plus considérable.
- **La façade méditerranéenne :** après avoir failli être une mer turque (XVe-XVIe siècles), la Méditerranée devient au XIXe siècle une aire occidentale. La Turquie se trouve enfermée sur le continent. Les îles de la mer Égée étant grecques, son unique point d'accès est le nord de Chypre, qu'elle occupe depuis 1974.
- **Les montagnes de l'intérieur :** elles sont le lieu où vivent les minorités. Les Arméniens, chrétiens, sont frappés par de terribles massacres ; en 1915-1916, deux millions d'entre eux disparaissent, cette tragédie hantant toujours la Turquie. Dans une perspective géopolitique, c'est toutefois la question de la minorité kurde qui ébranle le plus profondément la Turquie actuelle.

À retenir

La Turquie, montagneuse, soumise à d'innombrables invasions, est marquée par bien des lignes de fracture, notamment entre un intérieur paysan archaïque et des rivages ouverts au commerce.

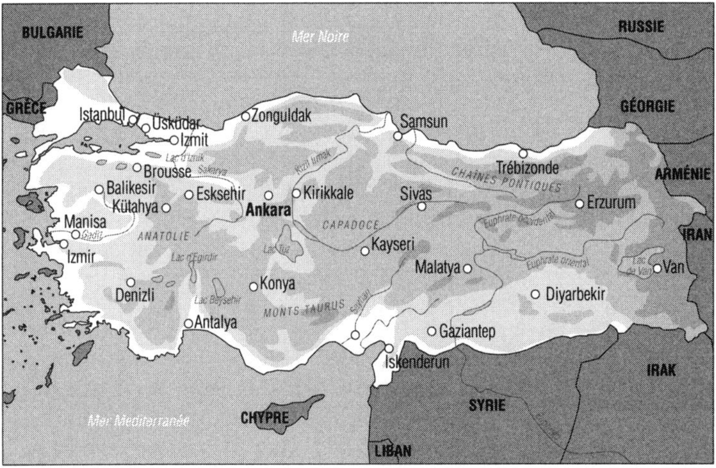

La Turquie aujourd'hui.

La Turquie aujourd'hui

La Turquie des années 2000 fait partie des grands pays émergents : vigueur démographique, croissance économique forte, premières multinationales, formation d'une vie démocratique... La Turquie est-elle alors le creuset d'un modèle social et politique, conciliant islam et modernité ?

En 2003, les islamistes modérés (Parti Justice et Développement, AKP) remportent les élections. Leur chef, Recep Tayyip Erdoğan, est nommé Premier ministre. Il joue à fond la démocratisation de la Turquie, allant dans le sens des exigences de l'UE. En septembre 2010, une révision en profondeur de la Constitution turque (fin de la prééminence des militaires, indépendance du pouvoir judiciaire) est approuvée par référendum.

Attention

Que veut vraiment Erdoğan ? Est-il seulement un modernisateur, soucieux d'affirmer la place de la Turquie, ou a-t-il un projet idéologique (transformer la Turquie en société islamiste) ? Depuis le coup d'État raté visant à le renverser (juillet 2016), Erdoğan se revendique clairement comme le bâtisseur d'une Turquie ultra-nationaliste, nourrie du Coran.

En 1987, la Turquie pose officiellement sa candidature à l'UE. Des négociations s'ouvrent en octobre 2005. Le processus est très laborieux, les positions des 27 États de l'UE allant du désir affirmé d'accueillir la Turquie (Royaume-Uni) à une claire hostilité (Allemagne, France). L'entrée de la Turquie dans l'UE bouleverserait l'Union, qui se changerait en ensemble euro-moyen-oriental, ayant des frontières communes avec la Syrie, l'Irak, l'Iran. La Turquie, du fait de sa natalité importante, serait très vite le pays le plus peuplé de l'UE, loin devant l'Allemagne (en 2050, près de 100 millions d'habitants en Turquie, contre 70 millions en Allemagne). Enfin, la Turquie est de culture musulmane ; or la dimension chrétienne de l'UE, affaiblie, ressent la présence croissante de l'islam en Europe comme une menace. En même temps, l'élargissement de l'UE à la Turquie constituerait une ouverture historique vers l'espace euro-méditerranéen.

Devant ces divisions de l'UE, la Turquie est-elle tentée de renouer avec le rêve « panturc » unissant autour d'Ankara les populations turques d'Asie centrale ? Le monde turc, uni par la langue et la culture, est tiraillé entre des ambitions rivales : l'Azerbaïdjan se veut un grand des hydrocarbures ; le Turkménistan n'est pas prêt à partager ses richesses en gaz ; l'Ouzbékistan ne saurait oublier son passé grandiose… Aucun ne conçoit de se soumettre au grand frère d'Ankara.

À retenir

En ces années 2010, le Premier ministre Erdoğan a une priorité : faire consacrer la Turquie comme l'un des grands de ce monde. Cette volonté d'affirmer le rang de la Turquie peut conduire Ankara à renoncer aux négociations d'adhésion à l'UE.

Le Moyen-Orient, berceau des monothéismes

Les trois grands monothéismes – judaïsme, christianisme, islam – sont conçus au Moyen-Orient. D'où la présence, dans cette région, de terres (Palestine) et de villes hautement symboliques constituant des enjeux toujours actuels. Jérusalem, la ville sacrée pour les trois monothéismes, est revendiquée tant par les Israéliens que par les Palestiniens, les chrétiens souhaitant lui conférer un statut international, l'érigeant en *corpus separatum*. Le fait que La Mecque, ville sacrée de Mahomet, se situe en Arabie saoudite contribue (avec le pétrole) au poids particulier de cet État tant chez les Arabes que dans la communauté musulmane (*umma*).

À retenir

Bien qu'issus d'une souche commune (la lignée d'Abraham) et unis par une foi en un Dieu unique, ces trois monothéismes ont un destin géopolitique radicalement différent. La question des liens entre religieux et politique ne se pose pas et n'évolue pas de la même manière selon que l'on se place du côté juif, chrétien ou musulman ;

- **Le judaïsme** est et reste la religion d'un peuple particulier, les juifs. Pour les juifs, très peu nombreux (dans les années 2010, 14 millions), la question se pose en ces termes : comment vivre, ou survivre face aux haines (antisémitismes) qu'ils suscitent ? À la fin du XIXe siècle, en pleine effervescence des nationalismes, naît la réponse sioniste : faire des juifs une nation et, dans ce but, acquérir ou retrouver une terre pouvant regrouper tous les juifs et leur donner un État à eux. L'Israël d'aujourd'hui, situé là même où se situait le premier Israël (Palestine), est l'enfant du sionisme. L'État hébreu, se voulant un refuge sacré (tout juif a « droit au retour »), demeure une enclave juive dans un univers arabe qui l'accepte mal.

- **Le christianisme** est une religion à vocation universaliste. Il accomplit un formidable bond en avant en devenant la religion officielle de Rome en 311. Au fil du temps, la séparation du religieux et du politique (sécularisation, laïcité) s'opère dans le monde occidental. Les choix religieux deviennent des affaires privées.
- **L'islam,** fondé par Mahomet (570 ?-632), est une théocratie guerrière qui, partant de la péninsule Arabique, déferle sur la Méditerranée et l'Asie. Il s'impose comme la religion dominante du Moyen-Orient, tout en se diffusant bien au-delà (sous-continent indien, Afrique...). Depuis la fin du XVIIIe siècle et le choc de la modernité occidentale, la question se pose pour les sociétés musulmanes : que faire ? Se raidir dans un islam pur ? S'occidentaliser en acceptant la dissociation du religieux et du politique ? Est-il possible de concevoir une synthèse originale des deux ?

Le Moyen-Orient.

La mosaïque moyen-orientale

La vision d'un Moyen-Orient « arabo-musulman », ethniquement et religieusement homogène et, *a fortiori*, solidaire politiquement, est largement erronée. Certes les Arabes, originaires d'Arabie, sémites (tout comme les juifs), sont environ 380 millions dans les années 2010. Se définissant par une langue plus ou moins commune, ils constituent la population majoritaire du Moyen-Orient. Mais d'autres populations cohabitent dans la région : principalement les Perses ou Iraniens – aryens – et les Turcs, venus du cœur de l'Asie. La Turquie (près de 80 millions d'habitants) accueille également d'autres ethnies, notamment 15 millions de Kurdes (sur un total de 35 millions dans le monde) ; par ailleurs, plusieurs peuples d'Asie centrale sont turcs, comme les Ouzbeks, les Kazakhs et les Turkmènes.

Quant à l'islam, il est la religion dominante du Moyen-Orient. Mais le plus grand nombre des musulmans (plus d'un milliard) vivent hors du Moyen-Orient : au Pakistan, en Inde, en Malaisie, en Indonésie, en Afrique subsaharienne, etc. Les Arabes ne sont, en outre, pas tous musulmans ; certains appartiennent à des minorités chrétiennes (aujourd'hui en voie d'extinction). Enfin, la région compte près de 6 millions de juifs regroupés en Israël (pour un total de 14 millions dans le monde, dont plus de 5 millions aux États-Unis).

Le déclin des empires d'Orient

Dès le milieu du XVIe siècle, les empires de ce qui ne s'appelle pas encore le Moyen-Orient, l'Empire ottoman et la Perse, s'enfoncent dans un interminable déclin. La source de leur richesse – les caravanes de la route de la soie – se tarit, les navigateurs européens contournant désormais la masse eurasiatique et accédant à l'Extrême-Orient par les océans. Ces empires sont fragilisés par le progrès des techniques européennes (armes à feu et imprimerie) qui sapent les fondements de leur puissance. Le choc intervient à la fin du XVIIIe siècle lorsque Bonaparte, accompagné de savants et d'ingénieurs, débarque en Égypte et tire le pays d'un sommeil millénaire. En 1869, l'inauguration du canal de Suez marque la pénétration irréversible de l'Occident.

Pour la région, les conséquences sont de deux ordres. En premier lieu, les vieux empires s'endettent lourdement pour rattraper leur retard en matière de développement. Ils se retrouvent bientôt sous le contrôle des banques et des États européens, qui obtiennent le fermage des recettes douanières et fiscales. En second lieu, les idées émancipatrices issues de la Révolution française se répandent. Les premières graines du nationalisme arabe germent dans les dernières décennies du XIXe siècle, à Beyrouth et au Caire, alors que les puissances européennes sont convaincues de régner pour des siècles.

À l'issue de la Grande Guerre, l'Empire ottoman est découpé pour former la Syrie, le Liban, la Palestine, la Transjordanie et l'Irak. Mais conformément aux accords franco-britanniques Sykes-Picot (mai 1916), ces entités sont mises sous tutelle (mandats français sur les deux premières, mandats britanniques sur les trois autres). Pour beaucoup d'Arabes, l'humiliation est d'autant plus mal vécue que l'Angleterre avait promis l'établissement d'une nation arabe souveraine. Pour réduire toute tentative de sédition, la France, en Syrie, et l'Angleterre, en Irak, imposent leur pouvoir dans le sang. C'est dans ce contexte que la conviction d'une conspiration occidentale pour asservir la région et en voler les richesses (notamment le pétrole) s'enracine au Moyen-Orient.

Pour aller plus loin

Le Moyen-Orient est hanté par le souvenir d'une époque lointaine qui, pour beaucoup d'Arabes musulmans, constitue un âge d'or à recréer. Schématiquement, cette période va de la spectaculaire diffusion de l'islam au VIIe siècle au déferlement des Turcs seldjoukides (milieu du XIe siècle) et des Mongols au XIIIe (chute de Bagdad en 1258).

La question palestinienne

La question palestinienne, ô combien épineuse, résume la nature conflictuelle des rapports entre Occident et Moyen-Orient. Au tournant des XIXe et XXe siècles, des juifs concluent que la seule façon de se soustraire à l'antisémitisme est de fonder leur propre État, en l'occurrence en Palestine, terre biblique d'Israël. Ce projet reçoit la bénédiction de l'Angleterre qui, le 2 novembre 1917, en pleine Première Guerre mondiale, par la voix d'Arthur Balfour, directeur du Foreign Office, promet « l'établissement en Palestine d'un foyer national pour le peuple juif [...], étant clairement entendu que rien ne sera fait qui pourrait porter préjudice aux droits civils et religieux des communautés non juives en Palestine ».

L'affaire se passe très mal. Dans la Palestine de l'entre-deux-guerres, les tensions entre colonisateurs juifs et Palestiniens se font de plus en plus violentes (en 1936, révolte arabe). Le 29 novembre 1947, l'Assemblée générale de l'ONU approuve un plan de partage de la Palestine entre deux États, l'un juif, l'autre arabe, avec Jérusalem sous contrôle international. Le refus de ce plan par les pays arabes ainsi que la détérioration des relations entre juifs et Arabes en Palestine conduisent à la guerre israélo-arabe de 1948 et au départ de plus de 700 000 Palestiniens. En juin 1967, la guerre des Six Jours (victoire éclair d'Israël s'emparant notamment de Jérusalem-Est, de la Cisjordanie et de Gaza) provoque une deuxième vague de centaines de milliers de réfugiés arabes partant s'entasser chez les voisins d'Israël (Liban, Jordanie...). En 1987, puis en 2000, éclatent des soulèvements (*Intifada*) montrant les haines qu'entretient l'occupation israélienne.

À retenir

Envenimant les relations internationales depuis près d'un siècle, la centralité de la question israélo-palestino-arabe ne se dément pas. Elle apparaît d'autant plus difficile à résoudre qu'aux différends territoriaux opposant les acteurs se mêlent non seulement des facteurs historiques et religieux, mais aussi des facteurs psychologiques hautement sensibles (ainsi, le 14 mai 2018, le transfert de l'ambassade des États-Unis de Tel Aviv à Jérusalem, reconnaissant la cité des trois monothéismes comme la capitale d'Israël et niant donc la revendication des Palestiniens sur cette ville trois fois sacrée). Pour les juifs, Israël est la garantie d'échapper, à l'avenir, à une tragédie comparable à celle de la Shoah. Pour les Arabes, Israël exprime la duplicité de l'Occident, donnant aux juifs une terre appartenant à des Arabes pour éponger une dette morale (les antisémitismes européens). Quant aux Occidentaux, ils ne peuvent oublier ni qu'Israël est le fruit de leurs antisémitismes, ni que les Palestiniens ont eux aussi des droits sur la terre de Palestine.

Le Moyen-Orient de l'après-guerre

Au lendemain de la Seconde Guerre mondiale, les cartes sont redistribuées au Moyen-Orient, où le nationalisme arabe gagne du terrain. Les Britanniques quittent la Palestine en 1948. En 1958, l'Égypte et la Syrie jettent les bases d'une nation arabe en créant la République arabe unie. La même année, la monarchie irakienne pro-occidentale est balayée par un coup d'État. Mais c'est incontestablement en Égypte, où le colonel Nasser (1918-1970) nationalise le canal de Suez, que le nationalisme arabe enregistre le succès le plus spectaculaire.

En dépit de ces succès, le nationalisme arabe accumule très vite les échecs tragiques. En 1953, le gouvernement iranien est renversé par un coup d'État organisé par la CIA américaine qui rétablit le pouvoir de Muhammad Riza Chah (1919-1980). Trois ans après la création de la République arabe unie, l'Égypte et la Syrie divorcent dans l'amertume (1961). Lorsque Nasser meurt en 1970, le flambeau du panarabisme tombe entre les mains de dictateurs brutaux : le Libyen Kadhafi (1942-2011), le Syrien Hafez el-Assad (1930-2000) et l'Irakien Saddam Hussein (1937-2006).

Dans les années 1970, l'Iran du chah se lance dans des programmes militaires et industriels démesurés grâce aux revenus colossaux apportés par le pétrole ; en 1979, le chah est renversé par l'ayatollah Khomeyni (1902-1989) avant que le pays n'entre dans une interminable guerre contre l'Irak, de septembre 1980 à août 1988. Les divisions des Arabes sont confirmées avec éclat en 1990-1991 : l'Irak de Saddam Hussein envahit un de ses « frères » arabes, le Koweït ; l'émirat est libéré par une coalition dont l'essentiel des capacités sont américaines. En 2003, ce sont à nouveau les États-Unis et leur allié britannique qui mettent fin à la dictature de Saddam Hussein.

En un mot, l'émancipation du Moyen-Orient est un échec. Les causes de cet échec sont multiples : régimes contrôlés par un homme ou une famille ; développement économique médiocre et pourri, chez plusieurs, par la rente pétrolière ; sociétés emportées par la modernisation (urbanisation, éducation de masse...) mais se crispant sur les clivages traditionnels. Les rares réussites sont accomplies par des acteurs atypiques : Turquie portée par le projet laïc de Mustafa Kemal (1880-1881) et une tradition étatique ; Israël ; émirats du Golfe (Koweït, Dubai, Qatar...). D'où un enlisement des conflits régionaux, des luttes interminables et proliférantes (Kurdistan, Palestine, Irak...) et, peut-être pis encore, l'impression que rien ne peut briser ce cercle tragique.

Une torchère, dans la province du Khuzestan (Iran).

Au pays de l'or noir

La découverte du pétrole au XXe siècle dans le sol du Moyen-Orient métamorphose cette zone de déserts et de caravaniers. Du fait de la concentration de plus de 60 % des réserves mondiales d'hydrocarbures dans la région (Arabie saoudite, Iran, Irak, Koweït...), celle-ci devient un enjeu géopolitique majeur. Le 13 février 1945, les États-Unis signent un pacte qui les engage à protéger l'Arabie saoudite ; en contrepartie, ils acquièrent le monopole d'exploitation des ressources pétrolières colossales du royaume.

À partir des années 1950, dans le sillage de la décolonisation, les États du Moyen-Orient revendiquent et obtiennent la maîtrise de leurs ressources en hydrocarbures, alors tenues par les compagnies occidentales. Les chocs pétroliers des années 1970 consacrent cette appropriation, qui s'accompagne d'une flambée des prix. Les États exportateurs deviennent fabuleusement riches.

Aujourd'hui, en ce qui concerne le Moyen-Orient, le pétrole est peut-être un peu moins « géopolitique » qu'auparavant. Les États pétroliers de la zone ont compris que leur développement ne saurait venir d'un produit brut, aussi exceptionnel soit-il, mais plutôt de leur capacité à créer de la richesse, de la valeur ajoutée. Par ailleurs, la demande croissante d'hydrocarbures appelle la recherche de réserves hors du Moyen-Orient. Aujourd'hui, l'exploitation des gaz de schiste fait des États-Unis le premier producteur mondial d'hydrocarbures.

L'islamisme, la nouvelle utopie

Le Moyen-Orient des années 1970 est marqué par l'échec des nationalismes arabes. En même temps, la modernisation, confuse, désordonnée, est là : enrichissement très inégal par la rente pétrolière, croissance démographique, urbanisation accélérée et anarchique... La déferlante est d'autant plus violente que, sur la scène politique, triomphent soit des autoritarismes plus ou moins modernisateurs (Égypte de Hosni Moubarak), soit des conservatismes hypocrites (Arabie saoudite). C'est dans ce contexte que le fondamentalisme musulman s'offre, notamment chez des jeunes déracinés, comme une solution : en éradiquant la décadence corruptrice de l'Occident, en renouant avec l'islam pur du Prophète, le Moyen-Orient redeviendra lui-même.

L'islam a toujours été un instrument majeur de défense des peuples du Moyen-Orient contre la pénétration chrétienne ou occidentale. Mais l'islamisme entend pousser plus loin l'attachement aux valeurs et aux pratiques musulmanes en érigeant la religion en système sociopolitique.

Exemple

Dans la décennie 1980-1990, l'Iran de l'ayatollah Khomeyni est le laboratoire de cette utopie. L'expérience n'est pas concluante. Pourtant, l'islamisme continue d'attirer les mécontentements, en Algérie, en Palestine ou au Liban...

Dernier avatar du rêve panarabiste, l'islamisme rallie non seulement sous sa bannière les clercs intégristes, les adversaires de la modernité et les laissés-pour-compte du développement économique, mais il recrute aussi parmi des jeunes éduqués en quête d'une cause à laquelle s'identifier. Dans ses formes les plus extrêmes, l'islamisme se fixe même un horizon millénariste – mettre fin à l'hégémonie occidentale et instaurer une société musulmane planétaire – et recourt au terrorisme pour l'atteindre.

Le terrorisme, action de petits groupes et de minorités cherchant à obtenir une reconnaissance par une violence extrême, est une constante de l'histoire. Bien des mouvements de libération nationale, comme l'IRA en Irlande du Nord, ont recours au terrorisme. Pourtant, depuis les dernières décennies du XXe siècle, le terrorisme est associé au Moyen-Orient. Dès la fin des années 1940, les juifs commettent des attentats pour obtenir le départ des soldats britanniques de Palestine… et réussissent. Dans les années 1970, l'Organisation pour la libération de la Palestine (OLP) multiplie les actes terroristes (détournements d'avions, etc.). Dans les années 2000, le « mégaterrorisme » d'al-Qaïda recrute d'abord dans la péninsule Arabique.

De l'été 2014 à l'hiver 2017, le salafisme le plus extrême édifie un proto-État (Daesh), à la frontière de l'Irak et de la Syrie. Ce bricolage sanglant est péniblement détruit par une coalition hétéroclite d'États de la région et de puissances extérieures.

Soldats iraniens durant la guerre Iran-Irak (1980-1988).

Le Moyen-Orient, une instabilité permanente

Depuis la dissolution des Empires ottoman et perse, dans le sillage des guerres mondiales, le Moyen-Orient est englué dans une instabilité violente et permanente : question israélo-palestino-arabe ; problèmes kurdes (Turquie, Irak, Iran) ; rivalités régionales (Iran-États arabes, luttes entre les « frères » arabes) conduisant parfois à la guerre (Irak-Iran en 1980-1988 ; invasion du Koweït par l'Irak en 1990-1991…).

Ces conflits récurrents s'inscrivent simultanément :

- **Dans la très longue durée (milliers d'années) :** pratique très large de l'endogamie – mariage organisé, devant avoir lieu entre membres d'une même tribu, d'un même groupe ; loyautés tribales ; cultures tiraillées entre l'orgueil ombrageux des nomades du désert et l'onctuosité des marchands ; compétition des monothéismes.
- **Dans la longue durée (siècles) :** convoitises multiples ; ordre plus ou moins maintenu par des empires ; pénétration de la modernité européenne.
- **Dans la moyenne durée (dizaines d'années) :** instauration, à la suite de la destruction de l'Empire ottoman, d'États sans substance commune ; création d'Israël en Palestine.
- **Dans la courte durée (mois, jours, heures) :** crises à répétition (guerres, terrorismes, chute de régimes), chacune mettant en scène les contradictions et les conflits de la zone.

Vers la démocratie au Moyen-Orient ?

En 2011, de la Tunisie à l'Égypte, du Yémen à la Libye, de la Syrie à Bahreïn, une onde de choc démocratique soulève les populations arabes contre leurs dirigeants. Tournant historique ou énième grande illusion d'une région qui prend facilement feu pour tout aussi rapidement se laisser ligoter ? Le Moyen-Orient et d'abord sa composante arabe sont posés depuis les lendemains de la Première Guerre mondiale comme inaptes à la démocratie. Les arguments en faveur de cette thèse se bousculent :

- traditions endogamiques et tribales, appelant une autorité politique patriarcale ;
- islam bloquant la sécularisation indispensable pour que s'enracine la tolérance entre croyances, entre religions ;
- poussées islamistes, les moins fermées promettant d'intégrer les progrès scientifiques et techniques tout en préservant des mœurs conformes à l'islam ;
- États pluriethniques menacés d'éclatement si la démocratie y est instaurée (par exemple, en Irak depuis 2003, apprentissage incertain de la démocratie entre sunnites, chiites et Kurdes, qui se disputent les ressources pétrolières) ;
- pouvoir confisqué par les militaires (Égypte, Libye, Syrie...) et par des familles (Libye, Syrie) ;

- « mal-développement » : étatisation, corruption des élites, rente pétrolière…

Focus

L'un des handicaps le plus souvent mentionnés du Moyen-Orient est l'exclusion des femmes du monde du travail, en dépit de ruses, de trucs pour se jouer des interdits (en Arabie saoudite, prête-noms masculins).

Mais pourquoi le Moyen-Orient serait-il interdit de démocratie ? La démocratie (protection des droits individuels, pluralisme politique, État sous surveillance…) apparaît comme le régime le mieux adapté à la modernité, car elle est organisée autour de la créativité. La déferlante démocratique est là, ne faisant que suivre les bouleversements de l'Europe orientale, de l'Asie, de l'Amérique latine. En même temps, l'histoire n'avance jamais droit surtout au Moyen-Orient, accouchant finalement de nationalismes autoritaires (Turquie, Égypte…).

À retenir

En 2011, l'onde de choc démocratique confirme que le Moyen-Orient n'est pas une banquise isolée mais une partie du monde prise dans toutes ses turbulences. Dans cette perspective, le Moyen-Orient ne peut échapper aux deux défis auxquels font face toutes les sociétés contemporaines : l'ancrage dans la mondialisation et la maîtrise de la sécularisation.

Les structures régionales au Moyen-Orient

La pacification d'une région se mesure à l'aune de plusieurs facteurs : la stabilité des États, leur légitimité mutuelle, et leur degré de coopération au sein d'un cadre interétatique. Très clairement, le Moyen-Orient ne remplit aucune de ces trois conditions. En fait d'organisations comparables à celles de l'UE, on y trouve des embryons de sociétés interétatiques sans réelles capacités opérationnelles :

- **La Ligue arabe :** créée en 1945, elle regroupe les 22 États arabes ; c'est une « boîte à parler » (*talking shop*), donnant lieu à des rencontres plus ou moins régulières de chefs d'État ou de gouvernement (sommets arabes).
- **L'Organisation de la conférence islamique (OCI) :** née en 1971, elle est un club œcuménique accueillant les 57 États se définissant comme musulmans. La quasi-totalité des États du Moyen-Orient (dont la Turquie) font partie de l'OCI, mais le plus grand nombre de ses membres viennent d'autres zones : Afrique maghrébine et subsaharienne, Asie du Sud-Est. Son rôle est également très limité.
- **Le Conseil de coopération du Golfe (CCG ou GCC) :** au bout du compte, c'est la seule structure qui a réellement des ambitions opérationnelles. Créé en 1981 sous l'impulsion de Washington,

ce dispositif de défense associe des États de la péninsule Arabique : Arabie saoudite, Koweït, Oman, Émirats arabes unis, Qatar et Bahreïn. À l'origine, les États-Unis voulaient amener ces pays à ne pas rester des protégés passifs du grand frère américain et à assumer une réelle responsabilité dans la sécurité de la péninsule face aux deux principaux déstabilisateurs : l'Irak de Saddam Hussein et l'Iran. Mais le CCG souffre d'insuffisances graves : son animateur principal, l'Arabie saoudite, est vulnérable (régime politique tribal, poids du fondamentalisme religieux) ; et voici les véritables « patrons » du Conseil – les États-Unis – se retirant d'Irak en catimini et abandonnant cet État ravagé à la rivalité entre l'Iran et l'Arabie Saoudite.

À retenir

Contrairement à l'Europe occidentale, devenue une zone de paix, de démocratie et de prospérité sous la protection vigilante de Washington au lendemain de la Seconde Guerre mondiale, les pays de la région n'ont pas réussi à se doter de structures permettant l'instauration d'une paix durable.

L'Arabie saoudite, tiraillée entre deux alliances

Au VIIe siècle, la création de l'islam par Mahomet (570 ?-632) fait entrer l'Arabie dans la grande histoire. Mais bien que La Mecque devienne le premier centre de pèlerinage de l'islam, l'Arabie ne sort pas pour autant de sa marginalité. Les empires musulmans préfèrent des capitales ancrées au cœur du Moyen-Orient : Damas, Bagdad, Istanbul...

En 1744, au centre de l'Arabie, se noue l'alliance fondatrice du royaume saoudien : d'un côté, le mouvement wahhabite, créé par Muhammad ibn Ábd al-Wahhb, qui s'est donné pour mission de rétablir le monothéisme pur de l'islam des origines ; de l'autre côté, la famille des Sa'd, reconnue comme la protectrice des wahhabites. Les Sa'd, s'appuyant sur ce pacte, se dressent contre le shérif hashémite de La Mecque et revendiquent la garde des lieux saints de l'islam. En 1803, ils occupent brièvement La Mecque, qui est reconquise pour les Ottomans par le pacha d'Égypte, Méhémet-Ali. Dans les premières décennies du XXe siècle, se produit le combat décisif. L'héritier des Sa'd, Ibn Séoud, chasse ses rivaux, principalement le shérif de La Mecque. En 1932, le royaume d'Arabie saoudite est fondé. Pour la première fois, un Arabe bâtit un État réellement indépendant.

La seconde alliance fondatrice a lieu douze ans après les premières découvertes de pétrole saoudien en 1933. Le 13 février 1945, le président Franklin D. Roosevelt et le roi Ibn Séoud concluent les accords du Quincy (du nom du navire de guerre sur lequel ils sont signés) : le pétrole saoudien sera exclusivement exploité par des compagnies américaines ; le royaume sera protégé par la force américaine.

L'Arabie saoudite repose désormais sur deux alliances, l'une politico-religieuse entre Sa'd et wahhabites, l'autre géopolitique entre Washington et Riyad. Alliances complémentaires ou conflictuelles ? À partir des années 1970, l'Arabie saoudite, rejetant toute réforme, parie sur le fondamentalisme pour étouffer les pulsions perturbatrices de sa jeunesse de plus en plus nombreuse. Dans les années 1980, beaucoup de jeunes Saoudiens, à l'instar d'Oussama Ben Laden sont poussés vers l'Afghanistan, occupé par les Soviétiques. En 1991, dans le sillage de la guerre du Koweït, l'Arabie saoudite se révèle de plus en plus tiraillée entre l'alliance avec Washington et la fureur des islamistes déchaînés contre la présence d'infidèles en terre d'islam. De plus, le pays, toujours enraciné dans son tribalisme, tenu par une famille royale aux innombrables tentacules, est frappé par l'onde de choc de la modernité. Que faire ?

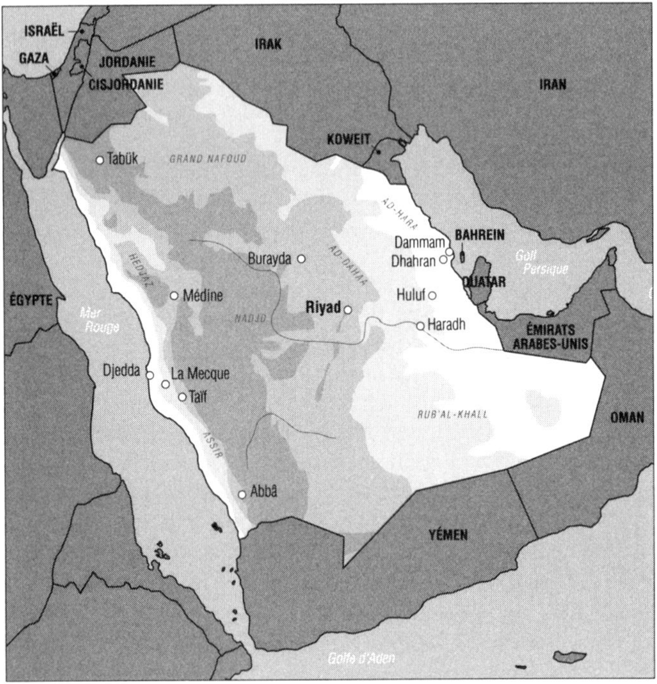

L'Arabie saoudite aujourd'hui.

La géographie de l'Arabie saoudite

L'Arabie saoudite est naturellement sa propre planète. Il faut des chocs exceptionnels pour que la muraille se fissure.

L'Arabie saoudite, c'est d'abord un cœur de plateaux et de déserts. Néfoud, Nedj, Rub´al-Khali… Ces plateaux et ces plaines, où tout (relief, climat…) est extrême, rappellent à l'homme sa petitesse, sa précarité. L'islam wahhabite, ses obligations précises, son rejet de l'image sont indissociables de cet univers de Bédouins et de caravanes.

Le Hedjaz, barrière occidentale de l'Arabie, longe la mer Rouge, s'étirant du golfe d'Akaba à La Mecque. C'est l'Arabie ouverte, carrefour de routes reliées à la Méditerranée et à l'océan Indien. La Mecque est d'abord une cité commerçante.

La plaine orientale d'Al-Hassa jouxte la frontière septentrionale du pays et longe le golfe Arabo-Persique. La zone est fertile : céréales, palmiers-dattiers, fruits. Les puits de pétrole s'y concentrent, reliés à un réseau d'oléoducs. La population est en majorité chiite.

Attention

Tout est réuni pour faire d'Al-Hassa une région convoitée. Au nord, collant au Koweït, se trouve l'Irak avec ses déchirements et parfois ses appétits. À l'est, au-delà du Golfe encombré par la circulation incessante des tankers, l'Iran énorme et chiite.

L'Arabie saoudite aujourd'hui

Comment, lorsque, depuis l'aube de l'histoire, la nature vous a mis à l'abri des turbulences du monde, assimiler le déferlement brutal d'une modernité multiforme : explosion démographique, mise en cause des liens tribaux, éducation de masse, principe d'égalité des sexes... ? Tel est le défi que doit relever l'Arabie saoudite.

À l'issue de la Seconde Guerre mondiale, l'Arabie saoudite, à peine entrée dans le système international, se choisit un protecteur : les États-Unis. La première puissance du monde est éloignée et donc ne risque pas d'exprimer des convoitises territoriales. De plus, le communisme soviétique est haï par la très conservatrice monarchie saoudienne. En 1990-1991, les États-Unis prouvent que l'Arabie saoudite peut compter sur eux : leurs soldats écrasent l'armée irakienne, qui a envahi le voisin koweïtien.

Pour aller plus loin

Les États-Unis n'en restent pas moins une nation d'infidèles. En 1991, le déploiement de centaines de milliers de soldats américains sur le territoire saoudien, en terre d'islam, donne lieu à une autorisation officielle du clergé wahhabite. Cette présence n'en est pas moins ressentie comme un viol par beaucoup de musulmans.

Depuis les années 2000, l'avenir de la monarchie saoudienne se révèle très incertain. La société saoudienne, pourtant pénétrée par les techniques les plus modernes (notamment les smartphones), demeure enfermée dans un rigorisme féodal. La jeunesse, même si elle a désormais accès au cinéma, se trouve divisée entre une poignée de privilégiés, souvent formés aux États-Unis, et le plus grand nombre soumis aux injonctions du clergé wahhabite. Les femmes, même si elles ont récemment acquis le droit de conduire, demeurent sous tutelle.

Outre les tensions de plus en plus aiguës entre son héritage de nomades caravaniers et son enrichissement gravement inégal, l'Arabie saoudite se trouve non seulement irrémédiablement attirée dans les turbulences du Moyen-Orient mais souhaite y affirmer sa prééminence. De la guerre civile en Syrie à la rébellion houtie – soutenue par Téhéran – au Yémen, de l'abcès palestinien au repli du policier américain, tout au Moyen-Orient se concentre en un bras-de-fer entre deux volontés hégémoniques : Iran contre Arabie saoudite. Or l'une et l'autre sont des colosses aux pieds d'argile, l'Iran échouant à faire lever l'étau des sanctions instaurées pour stopper ses ambitions nucléaires militaires, l'Arabie saoudite dépendant des recettes très aléatoires du pétrole alors que ses charges (subventions multiples à la population, enlisement au Yémen) ne cessent de s'alourdir.

La monarchie saoudienne souffre tant d'une famille royale pléthorique, vivant sur la rente pétrolière, que d'un mécanisme tribal de succession (non de père ou de mère en fils ou fille, mais de frère en frère). Le 21 juin 2017, le prince Mohammed ben Salmane, dit MBS, né en 1985, fils du roi en place, reçoit à 31 ans, de son père, les pleins pouvoirs. Il doit être le modernisateur éclairé, faisant bondir le royaume dans le XXIe siècle. Très vite MBS se révèle être un despote brutal : enfermement des plus fortunés pour obtenir leur argent, intervention au Yémen tournant au désastre, en octobre 2018, torture et assassinat du journaliste opposant Jamal Khashoggi au consulat saoudien d'Istanbul…

L'histoire de l'Iran

L'Iran apparaît sous la forme du premier empire universel, celui des Achéménides (VIIe siècle av. J.-C. - 330 av. J.-C.), qui s'étend de l'Asie Mineure à l'actuel Afghanistan. Pourtant cette formidable Perse est vaincue par les petites cités grecques (guerres médiques, Ve siècle av. J.-C.). Le Macédonien Alexandre le Grand (356-323 av. J.-C.) détruit l'Empire. La Perse renaît avec les Parthes arsacides, puis les Sassanides, tous deux rivalisant avec Rome.

L'Iran ne cesse d'être submergé, ravagé par les invasions :

- **Arabes puis Turcs.** Au VIIe siècle, les armées arabes, portées par l'élan de leur foi toute jeune, détruisent les Sassanides. Mais l'esprit persan, son architecture, ses traditions gouvernementales inspirent et façonnent les califes abbassides (750-1258). Au XIe siècle, l'empire turc des Seldjoukides est administré par des vizirs persans.
- **Mongols.** Au XIIIe puis au XIVe siècle, l'Iran subit deux invasions épouvantablement destructrices, d'abord les Mongols puis Tamerlan. L'Iran parvient tout de même à se réinventer. Au XVIe siècle, la dynastie safavide donne à l'Iran sa religion nationale, le chiisme. Malgré d'ultimes bouffées de puissance, l'Asie centrale, enclavée, contournée par les voies océaniques, n'est plus qu'une arrière-cour stagnante.

- **Empires européens.** En 1907, la Russie, avançant vers les mers chaudes, et l'Angleterre, maîtresse des Indes, partagent l'Iran en deux zones d'influence. La révolution soviétique d'octobre 1917 mettant la Russie provisoirement hors jeu, l'Iran se retrouve sous la tutelle du Royaume-Uni, qui met en exploitation les richesses pétrolières.
- **Alliance avec les États-Unis.** En 1951, le gouvernement Mossadegh nationalise le pétrole iranien. L'affaire tourne mal : blocus britannique, boycott des compagnies pétrolières, opposition du chah. En août 1953, avec l'appui de la CIA américaine, le chah l'emporte. L'Angleterre, vieille puissance dépassée, laisse la place aux États-Unis.

Pendant plus d'un quart de siècle (1953-1979), l'Iran est l'un des piliers du dispositif américain au Moyen-Orient. L'ambition démesurée du chah, la brutalité et la corruption de son régime déclenchent, à la fin des années 1970, une lame de fond révolutionnaire. Le chah fuit Téhéran. Il abandonne l'Iran à l'ayatollah Khomeyni, porte-parole d'un nationalisme ombrageux, fondé sur un chiisme radical. Le régime de Khomeyni tient depuis 1979, oscillant entre l'ambition d'être un nouveau phare de l'islam et un réalisme cynique. Aujourd'hui, malgré le carcan idéologique, l'Iran se modernise inexorablement (mosquées désertées, natalité en baisse, etc.).

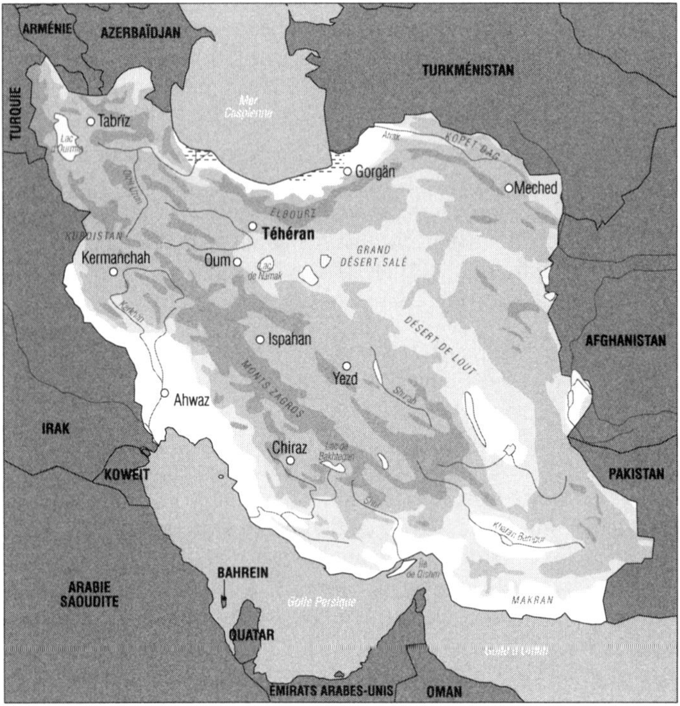

L'Iran aujourd'hui.

La géographie de l'Iran

L'Iran est un vaste plateau de sable et de pierres bordé d'enclaves fertiles : rives de la Caspienne, Khuzistan...

Le haut plateau central de l'Iran est pris entre deux arcs montagneux (monts Zagros ; monts Elbourz et du Khorasan). Cette zone abrite les capitales de la splendeur iranienne. Dans un paysage de déserts et de rochers, peuplé d'éleveurs nomades, éclate le génie architectural des empires iraniens : Pasargades puis Persépolis des Achéménides, Ispahan des Seldjoukides puis des Safavides, Qom et son université chiite...

Le Khuzistan longe la frontière avec l'Irak puis le golfe Arabo-Persique. Plaine fertile, concentrant l'essentiel des ressources pétrolières de l'Iran, c'est une zone-enjeu, traditionnellement revendiquée par l'Irak sous le nom d'Arabistan.

Le Khorasan, au nord-est de l'Iran, à la frontière du Turkménistan et de l'Afghanistan, est l'un des berceaux historiques de l'Iran. Pays des Parthes dans l'Antiquité, le Khorasan incarne un Iran turbulent et messianique, d'où peut surgir un souffle révolutionnaire (au VIIIe siècle, rébellion d'Ab Muslim accouchant de la dynastie abbasside). Le Khorasan, ravagé par Gengis khan puis Tamerlan, rappelle que l'Iran ne cesse d'être traversé par les mouvements humains de l'Asie centrale.

L’Iran aujourd’hui

Géopolitiquement, l’Iran est d’abord un État enclavé, qui accède à l’Océan mondial par un bras de mer étranglé, le golfe Arabo-Persique, débouchant sur l’océan Indien par le détroit d’Ormuz. Au nord de l’Iran, les mondes turc (Turquie, Azerbaïdjan, Turkménistan) et, au-delà, russe. À l’ouest, les Arabes : Irak, Koweït, Arabie saoudite. À l’est, les montagnes de l’Asie centrale. L’enclavement est aussi religieux. Le chiisme duodécimain iranien est une religion nationale, entourée par un océan de sunnisme, islam dominant chez les Arabes et les Turcs.

L’Iran ne cesse d’être conquis, se sauvant par la digestion de ses maîtres. Sous le règne de Muhammad Riz (1941-1979), l’Iran peut croire détenir les clés d’une renaissance. Bénéficiant de la protection lointaine et toute-puissante des États-Unis, l’Iran se lance dans une modernisation sans frein et se veut le fidèle lieutenant de l’Amérique, contribuant à la surveillance des précieuses richesses pétrolières. Ce que ne perçoit pas le chah, c’est la force explosive du chiisme comme vecteur du nationalisme iranien. L’ayatollah Ruhollah Khomeyni (1902-1989) oppose à la colonisation américaine un Iran raidi dans son identité religieuse. En 1979, mobilisant des foules croissantes, il balaie le chah. Une question se pose : quel est l’impact de la révolution khomeyniste ?

Attaqué par l’Irak de Saddam Hussein en 1980, l’Iran tient mais ne triomphe pas. Les mollahs au pouvoir sombrent dans la corruption et se maintiennent par une police intégriste. Le soutien à des mouvements subversifs (comme Hezbollah, au Liban) ne suscite aucune lame de fond. Reste l'ambition nucléaire militaire. Mais que fera l'Iran de missiles atomiques ? Détruire Jérusalem, ville sacrée pour les juifs, les chrétiens et… les musulmans ? Anéantir Israël, où juifs et Arabes s'entremêlent ? L'Iran khomeyniste fait peur. Pourtant, comment dominerait-il un Moyen-Orient peuplé d'abord d'Arabes et où domine le sunnisme ? Autour de l'Iran, les colosses de taille variable ne manquent pas : Turquie, Russie, Inde et même Pakistan.

À retenir

Finalement deux voies s'offrent à l'Iran. Trouver un nouveau protecteur (la Russie ?) ou participer à la création d'un authentique ordre régional, la concrétisation d'une telle perspective réclamant deux conditions improbables : des États assagis, raisonnables, décidés à travailler ensemble ; des sociétés se libérant de leurs multiples carcans (liens tribaux, partage figé des rôles entre les sexes…).

L'Iran des années 2010 apparaît tiraillée, voire même déchirée, entre une société avide de sortir de l'enfermement khomeiniste et l'emprise des mollahs peu disposés à renoncer au pouvoir. Le 14 juillet 2015, un accord « historique », dit « Plan d'action conjoint », est conclu entre l'Iran et les cinq puissances nucléaires officielles, plus l'Allemagne : l'Iran place ses installations nucléaires sous contrôle international, renonçant à toute ambition militaire dans ce domaine. L'Iran paraît alors en mesure de s'ouvrir à la mondialisation. Mais, le 8 mai 2018, le président américain Donald Trump annonce le retrait des États-Unis de l'accord, ruinant largement ce dernier. L'Iran, toujours soumise aux sanctions, se retrouve dans une impasse. Elle peut soit tenter de nouvelles concessions, frappant un peu plus l'orgueil national iranien, soit réactiver sa stratégie de déstabilisation du Moyen-Orient sunnite, avec, pour cible principale, l'ennemi et rival saoudien.

Décolonisation et décollage de l'Asie-Pacifique

Soulignons une évidence : il n'y a pas de décolonisation heureuse. Toutes les décolonisations sont tragiques. L'ex-colonisateur, conscient que son temps est fini, est pressé de partir et laisse à leur sort ceux qui ont collaboré avec lui. Les décolonisés s'affrontent pour le pouvoir, ces luttes pouvant durer des décennies et faire couler beaucoup de sang. Pourtant, en Asie, la décolonisation semble être plus réussie (ou moins ratée) qu'ailleurs – à l'exception notable du Cachemire. S'enracinant dans le terreau de très vieilles réalités politiques, ces revendications d'émancipation réveillent (ou créent) des nationalismes vigoureux. En Chine, la fusion du nationalisme et du communisme est une formidable machine réunificatrice (Grand Bond en avant, révolution culturelle) qui broie ceux qui s'opposent à son avancée (épurations incessantes du Parti communiste ; guerre contre le Japon). En Indochine, le combat contre la France (1946-1954) puis le combat du Vietnam contre les États-Unis (1963-1975) débouchent sur l'unité du Tonkin, de l'Annam et de la Cochinchine. Portées par l'idée nationale, ces décolonisations accouchent d'États qui, dans leur majorité, se révèlent viables et s'engagent dans un processus de développement.

Au milieu des années 1970, avec la fin de la guerre américaine du Vietnam et la mort de Mao Zedong, les soubresauts révolutionnaires de l'Asie s'éteignent, la décolonisation est achevée. D'abord Hong Kong, Taïwan, la Corée du Sud, puis Singapour, la Thaïlande, la Malaisie et l'Indonésie décollent. L'Asie maritime entre dans la mondialisation. L'océan Pacifique devient de loin la plaque tournante des échanges internationaux ; les premiers ports mondiaux sont désormais asiatiques : Hong Kong, Singapour, Shanghai, Shenzhen... En trois décennies (milieu des années 1970 - années 2000), la Chine devient l'un des pôles majeurs de l'économie mondiale, s'ouvrant aux entreprises étrangères, accumulant des réserves financières considérables et investissant de plus en plus à l'étranger. Depuis les années 1990, l'Inde suit, non sans mal, le mouvement.

Pour aller plus loin

Le décollage de l'Asie-Pacifique illustre l'accélération de l'histoire : ce que l'Europe occidentale ou même les États-Unis mettent presque deux siècles à réaliser – l'accès à la consommation de masse –, l'Asie-Pacifique l'accomplit en moins de cinquante ans. Il n'y a là rien de surprenant. Les Asiatiques bénéficient de l'acquis des Occidentaux. Surtout, leur décollage se fait non avec les techniques du XIXe siècle ou de la première moitié du XXe siècle, mais avec celles, incomparablement plus performantes, d'aujourd'hui.

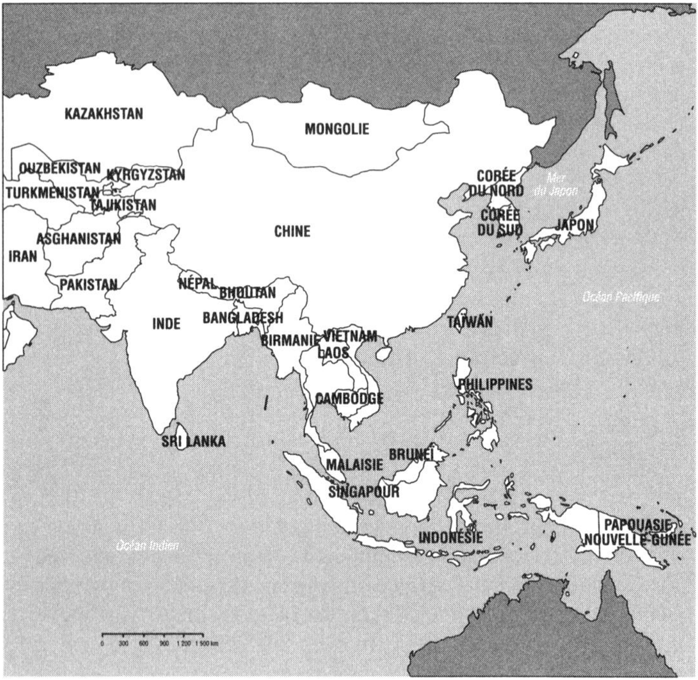

L'Asie-Pacifique.

L'Asie-Pacifique aujourd'hui

L'Asie du début du XXIe siècle est parfois comparée à l'Europe des années 1900-1914. Deux éléments suggèrent ce parallèle :

- Tout comme l'Europe dite « de la Belle Époque », l'Asie-Pacifique peut être qualifiée de « centre du monde », de moteur du système économique mondial. C'est là que se concentrent désormais les plus nombreuses dynamiques économiques et financières.
- De même que l'Europe des années 1900 est le terrain d'affrontement des grandes puissances d'alors (Angleterre, Allemagne, Russie, France...), l'Asie-Pacifique est de nos jours une « arène de colosses » où bataillent – économiquement – les grandes puissances contemporaines (États-Unis, Chine, Japon, Russie, Inde...).

Pour limitée qu'elle soit – notamment en raison du fait que les puissances européennes de l'époque exerçaient leur contrôle sur la Terre entière et que la puissance américaine n'était encore qu'une puissance émergente –, cette comparaison éclaire les enjeux auxquels l'Asie-Pacifique doit aujourd'hui faire face : les colosses de cette zone réussiront-ils à gérer raisonnablement leurs appétits et leurs rivalités ou, au contraire, s'entretueront-ils comme les Européens de la première moitié du XXe siècle ?

Vers la démocratie en Asie ?

Le développement de l'Asie-Pacifique se fait le plus souvent avec des structures politiques héritées de l'histoire. Les pionniers du décollage – Corée du Sud, Taïwan, Singapour – émergent sous la direction de régimes nationalistes et autoritaires. L'enrichissement venant, la liberté, le pluralisme, la démocratie tendent à s'installer. Mais la remarquable croissance économique de l'Asie-Pacifique n'appelle pas nécessairement la démocratie à l'occidentale, en principe synonyme de paix.

Tout développement économique est très violent et très brutal : migrations massives des campagnes vers les villes, multiplication anarchique des usines, urbanisation sauvage, exploitations et corruptions de toutes sortes, fortunes accumulées en quelques années, vastes poches de pauvreté... Une telle dynamique oscille entre progrès impressionnants et risques constants de catastrophe. Dans les pays composés de communautés ou d'ethnies diverses et inégales (Malaisie, Indonésie...), certains profitent plus que d'autres ; l'enrichissement avive frustrations et tensions entre ces groupes ; ceux qui réussissent deviennent de commodes boucs émissaires (ainsi des minorités chinoises). Ce développement est chaotique, les accélérations provoquant des coups d'arrêt quand la machine s'emballe. Les gouvernants veulent tirer le plus grand profit possible de leur position, mais ils n'oublient pas leur extrême vulnérabilité, la colère des foules pouvant se déchaîner à tout moment et les balayer.

Focus

La Chine, par son énormité, son histoire ponctuée d'explosions, ses déchirements, concentre ces contradictions. Depuis la fin des années 1970, la Chine avance à toute vapeur. Son régime politique, officiellement marxiste-léniniste-maoïste, promeut le capitalisme le plus féroce. Au risque du déraillement. Des éléments de liberté, de légalité, de démocratie sont semés par le pouvoir communiste, mais est-ce trop ? est-ce trop peu ? ou bien trop tard ? À l'heure actuelle, toutes ces questions restent en suspens.

Tout au long de l'histoire des XIXe et XXe siècles, la transformation de structures autoritaires en structures démocratiques ne s'accomplit jamais selon un processus continu, mais par des cheminements tortueux et toujours incertains (Allemagne des années 1914-1949 ; Russie de 1917 aux années 1990).

Focus

Dans les années 2000, la Thaïlande réunit tous les atouts pour un développement démocratique paisible : elle n'a pas été colonisée ; la monarchie n'est pas contestée ; l'économie thaïe a décollé. Pourtant, la Thaïlande ne se défait pas de l'emprise des militaires qui continuent leurs coups d'État, le dernier en mai 2014.

Les valeurs de l'Asie

L'Asie doit faire face à un défi de taille : comment éviter que la modernisation accélérée de la région n'entraîne son occidentalisation totale, les Asiatiques se transformant en Américains décadents, gavés de Coca-Cola et de McDonald's ? Telle est la question qu'à partir des années 1980 se posent des Asiatiques modernisateurs : Lee Kuan Yew, fondateur et Premier ministre de Singapour, phare du succès de la nouvelle Asie, de 1959 à 1990 ; le Dr Mahathir Mohamad, Premier ministre de Malaisie de 1981 à 2003. Ces Asiatiques rêvent de prouver à l'Occident qu'ils peuvent réussir économiquement mieux que lui sans attraper ses « vices » (individualisme, manque de discipline sociale, irrespect, attachement aux avantages acquis).

Formulé en d'autres termes, le problème revient à se demander si les valeurs asiatiques ancestrales sont solubles dans le développement économique et la démocratie. Deux réponses sont possibles :

- **Pour le « culturaliste »,** très attentif aux spécificités des cultures et des civilisations, l'Asiatique restera l'Asiatique, avec un capitalisme et une démocratie asiatiques.
- **Pour l'« universaliste »,** convaincu qu'Occidentaux et Asiatiques sont des hommes, leurs différences n'étant que le produit d'histoires différentes, l'Asie ne saurait échapper aux transformations de fond que porte la modernité : affirmation de l'individu, demandes d'émancipation et de droits, etc.

Pour aller plus loin

Ces débats sur les valeurs asiatiques sont pris dans une controverse géopolitique : quelle place et quel rôle pour les États-Unis dans la zone Asie-Pacifique ? Pour les uns (Japon, Corée du Sud, Thaïlande), les États-Unis sont l'un des piliers indispensables de la région, seuls capables de contrebalancer l'énorme Chine ou même de bloquer un retour du militarisme au Japon. Mais, depuis les années 1990, fleurissent des initiatives mettant les États-Unis de côté : forum de l'Asie orientale, sommet de l'Asie orientale. Ces rencontres n'accueillent que de « vrais » Asiatiques : États de l'Association des nations d'Asie du Sud-Est, Chine, Japon, Corée du Sud, Australie, Nouvelle-Zélande, Inde, éventuellement Russie. La communauté de l'Asie orientale est vouée à demeurer très virtuelle, les méfiances, les haines, les rivalités, d'abord entre les géants (Chine, Japon, Inde...), restant vives et aiguës.

Les États membres de l'Association des nations de l'Asie du Sud-Est (ANASE).

Du bilatéralisme au multilatéralisme

Le bilatéralisme se définit par des accords entérinant et gérant les équilibres (ou les déséquilibres) entre des États inégaux. Le multilatéralisme se définit par la création d'une authentique société interétatique, les États se liant par des pactes communs impliquant leur égalité en droit et en obligations, et garantissant cette égalité par des institutions de contrôle, de règlement des différends.

Jusqu'à présent, l'Asie n'a pas vraiment fait ce saut qualitatif de l'un à l'autre. Elle ne produit que des groupements souples d'États décidant par consensus, n'impliquant guère de contraintes et dotés d'institutions succinctes. Créée en 1967, l'ANASE (ou ASEAN) regroupe tous les États de l'Asie du Sud-Est ; elle reste une enceinte de concertation, ses grands projets – création d'une vaste zone de libre-échange – ne se matérialisant pas.

La Coopération économique des pays de l'Asie et du Pacifique (CEAP ou APEC) est un agglomérat en expansion, réunissant une vingtaine d'entités diverses, des États-Unis à la Papouasie-Nouvelle-Guinée. Cet immense forum (la moitié du commerce mondial) rêve de bâtir une vaste zone de libre-échange. Dans le domaine politique, l'essentiel continue à se jouer entre États. La culture du multilatéralisme ne s'implante pas facilement.

Asie, des litiges territoriaux persistants

La pérennité des litiges territoriaux constitue un autre obstacle majeur sur le chemin de la paix en Asie. Contrairement à l'Europe, l'Asie, elle, n'est pas encore sortie de la Seconde Guerre mondiale : la Russie et le Japon n'ont toujours pas signé de traité de paix en raison de leur désaccord sur les Kouriles du Sud ; ces quatre îles situées entre Hokkaido et Sakhaline, occupées par l'URSS en 1945, restent revendiquées par le Japon. La Corée, partagée en 1945 entre forces soviétiques dans le Nord et forces américaines dans le Sud, est toujours divisée en deux. Sans compter qu'à ces clivages hérités de la guerre s'ajoutent d'autres « abcès » territoriaux : l'île de Taïwan et la province du Cachemire.

Focus

Le cas de Taïwan bute contre les contradictions du système international et même du droit international. Selon l'approche classique, attachée à la stabilité des États, Taïwan appartient à la Chine qui ne peut donc s'en séparer. Selon une approche démocratique, celle de l'indépendantisme taïwanais, Taïwan appartient aux habitants de l'île ; il revient à eux seuls, par un éventuel référendum, de décider si Taïwan doit rester chinois ou devenir indépendant. Gardiens des équilibres régionaux, les États-Unis sont piégés par cette problématique. Depuis 1949, ils protègent Taïwan contre toute tentative de Pékin de s'emparer de l'île par les armes. En même temps, depuis les années 1970, Washington n'a plus de relations diplomatiques avec Taïwan (1979) et développe un dialogue stratégique avec Pékin ; ce dialogue exclut que Washington reconnaisse un Taïwan indépendant, Pékin proclamant clairement qu'une telle indépendance entraînerait une intervention militaire pour ramener l'île dans son giron.

Focus

Situé au nord des Indes, le Cachemire est l'un des grands carrefours de la civilisation indienne : hindouisme, islam, mouvement sikh... En 1947, le Cachemire, peuplé d'une majorité de musulmans, est dirigé par un maharaja hindou. Avec la partition des Indes entre Inde et Pakistan, les musulmans veulent le rattachement au Pakistan, le maharaja à l'Inde. Il en résulte un Cachemire coupé en deux : les Territoires du Nord administrés par le Pakistan, le Sud (Jammu-et-Cachemire) étant tenu par l'Inde. Depuis 1947, malgré deux guerres (1947-1948, 1965) et des épisodes terroristes, rien n'a bougé, rien ne peut bouger tant que les deux protagonistes demeurent enfermés dans un jeu à somme nulle : pour l'Inde, le Cachemire ne peut être qu'à elle ; de même pour le Pakistan, à qui le Cachemire revient nécessairement !

L'histoire de la Chine

Du premier empereur, Shi Huangdi, au XIXe siècle, la Chine impériale semble inaltérable. Les hordes des steppes se dissolvent dans la multitude chinoise. Au XVIIe siècle, des missionnaires européens se croient près de convertir la Chine, mais les adaptations demandées font du christianisme une religion chinoise. La Chine ne sait pas sortir d'elle-même. Les extraordinaires explorations maritimes de l'amiral Zheng He (1371 - v. 1434) dans les océans Indien et Pacifique tournent court, comme si l'empire redoutait de se perdre en s'ouvrant sur le monde.

En 1793, Lord Macartney, envoyé par la reine d'Angleterre, débarque en Chine pour tenter d'établir des relations commerciales. La réponse des mandarins est sans équivoque : la Chine n'a besoin de rien, elle a tout ce qu'il lui faut ! Moins d'un demi-siècle plus tard, l'indifférence chinoise est durement punie. Le pays est ouvert à coups de canon, par les Britanniques (1re guerre de l'Opium, 1841-1842), puis par les Britanniques et les Français (2e guerre de l'Opium, 1856-1860). Vaincue, humiliée, dépecée, la Chine s'effondre et s'enfonce, pour un siècle, dans le chaos. Celui-ci ne s'achève qu'en 1949, avec le triomphe de l'empereur rouge, Mao Zedong (1893-1976). Pendant plus d'un quart de siècle (1949-1976), la Chine fait table rase de tout héritage, se réinventant de fond en comble.

Depuis la seconde moitié des années 1970, Mao mort, les dirigeants communistes chinois, conscients que la Chine ne peut plus vivre en autarcie, se donnent pour priorité absolue de sortir la masse chinoise (plus d'un milliard d'individus) de sa pauvreté et de son ignorance. Le pari est colossal : transférer des campagnes vers les villes des centaines de millions de paysans, restructurer voire liquider les conglomérats industriels hérités du maoïsme, étendre des agglomérations déjà monstrueuses, mettre en place des règles économiques dans une culture qui en ignore tout, édifier un État neutre et efficace… Ce pari est risqué, car le pouvoir en place pourrait être balayé par le choc modernisateur qu'il a lui-même provoqué.

Pour aller plus loin

Dans le dernier quart du XXe siècle, le pouvoir communiste, en initiant un changement trop considérable pour être contrôlé, s'est mis sur un siège éjectable. Mais il n'avait pas le choix. L'énorme population chinoise, son retard immense, le décollage des économies voisines imposent de tout faire pour briser le cercle vicieux du sous-développement. Le dernier empereur rouge, Xi Jinping, maître absolu de la Chine en ce début de XXIe siècle, opte pour une méthode fort classique : chauffer à blanc l'orgueil national chinois, promettant de faire de la Chine la prochaine puissance suprême.

La géographie de la Chine.

La géographie de la Chine

La géographie de la Chine a tous les traits de ce colosse : démesurée, tourmentée, instable, imprévisible, rappelant sans cesse aux hommes leur vulnérabilité.

Sur ses pourtours occidentaux, la Chine est enveloppée par des immensités, semble-t-il, impénétrables : steppe sibérienne, désert de Gobi à la frontière mongole, Taklamakan, plateau tibétain avec, à son flanc méridional, l'Himalaya… Pourtant ces zones alimentent la Chine : surgissements périodiques des nomades ; route de la soie liant l'Occident à l'empire du Milieu…

La Chine centrale, accrochée à des terres dures, s'organise autour de deux fleuves sinueux, coulant d'est en ouest. Au nord, le Huang He ou fleuve Jaune. Plus au sud, le Chang Jiang, ou Yang-Tsé-Kiang, ou fleuve Bleu irrigue la Chine prospère et commerçante ; 300 millions de personnes peuplent son bassin. Avec ces fleuves, la nature se confirme comme l'alliée indispensable mais qu'il faut dompter. Le Grand Canal (près de 2 000 km) illustre cette lutte. Coupant à angle droit les deux fleuves, il traverse l'est de la Chine du nord au sud. À partir du milieu du XIXe siècle, le Grand Canal meurt de la concurrence du chemin de fer et du transport océanique.

Attention

La Chine, prisonnière de sa masse continentale, a toujours tourné le dos à l'océan. Est-elle trop paysanne ?

Quand la Chine s'ouvre

La Chine ne sera plus jamais l'empire du Milieu : un monde en soi, les Chinois se décrétant la seule humanité authentique, les autres n'étant que des barbares. Mao est le dernier empereur, capable d'isoler hermétiquement la Chine. Pour son successeur, Deng Xiaoping (1904-1997), la Chine n'a pas d'autre alternative que de s'ouvrir pour nourrir et sortir de leur misère le milliard de Chinois.

À partir de la fin des années 1970, la Chine est emportée par des taux de croissance impressionnants. Tout comme, au XIXe siècle et plus tard, se vident les campagnes européennes, des centaines de millions de Chinois sont poussés vers les villes. Les contrôles de l'ère maoïste, réglementant les déplacements, se disloquent, la plupart des Chinois refusant de rester enfermés dans leur village. Les villes se changent en agglomérations monstrueuses, où se côtoient la richesse la plus insolente et la misère la plus sordide.

Cette rupture économique et sociale porte très probablement un tremblement de terre politique d'une ampleur équivalente. Formation de couches moyennes, accès du plus grand nombre à l'éducation, connexion aux réseaux sociaux mondiaux, multiplication des voyages à l'étranger, tous ces facteurs lézardent les structures autoritaires. Les maîtres du pouvoir, conscients de ce raz-de-marée, oscillent entre l'avidité à en profiter au maximum (après moi, le déluge !) et la quête incertaine d'une transition maîtrisée. Mais cette dernière est-elle possible ? L'introduction prudente de procédures démocratiques (par exemple, élections locales plus ou moins libres) ne risque-t-elle pas d'ouvrir une brèche, par laquelle s'engouffrera un vent révolutionnaire ?

La Chine n'a pas vécu de véritable expérience démocratique. De 1912 (chute de l'empire) à 1949 (victoire de Mao), la Chine républicaine s'enfonce dans un chaos qu'elle connaît régulièrement : dictature de Jiang Jieshi (Tchang Kaï-chek), seigneurs de la guerre, enracinement du communisme dans des zones isolées, agression du Japon.

Attention

La Chine bénéficie d'un environnement qui, semble-t-il, n'a jamais été aussi favorable : décollage économique, enrichissement de beaucoup, paix en Asie... Mais des grains de sable peuvent tout enrayer : fièvre inflationniste imposant un coup de frein à la croissance, rage contre la corruption, mobilisation du nationalisme et de la xénophobie... Le colosse chinois est réveillé, il peut briser ses chaînes de bien des manières.

La Chine, future première puissance mondiale ?

D'ici au milieu du XXIe siècle, la Chine, du fait de sa croissance économique, est très probablement appelée à devenir la première puissance mondiale, devant les États-Unis. Trois facteurs fondamentaux modèlent cette puissance chinoise :

- **Cet accès de la Chine à la première place s'inscrit dans une mutation de fond :** fin de la domination occidentale, prise du pouvoir planétaire par les pays émergents. L'ascension de la Chine ne constitue qu'une composante d'un ensemble de changements géopolitiques : renaissance de l'Asie mais aussi percée de l'Amérique latine, entrée de l'Afrique dans la mondialisation ; bousculade des puissances, les colosses (Chine, Inde, Brésil…) se trouvant talonnés par de nombreux concurrents (en Asie, Corée du Sud, Vietnam… ; au Moyen-Orient, Turquie, Iran…).
- **L'affirmation de la Chine suscite et suscitera de plus en plus de réactions.** Autour du géant, l'Inde, la Russie, le Japon ne sont pas disposés à se soumettre. Bien des alliances sont possibles pour bloquer une Chine agressive. Quant aux États-Unis, encore numéro un, accepteront-ils le cœur léger de ne plus être la puissance au-dessus des autres ?

- **La Chine n'est pas dans la situation des États-Unis du XIXe siècle et de la première moitié du XXe.** Son territoire n'est pas isolé par deux vastes océans. Ses rivales ne s'épuisent pas dans une lutte à mort, comme le faisaient les nations européennes. Les autres parties du monde ne sont plus colonisées mais, au contraire, participent à la course à la richesse et à la puissance. Du fait, notamment, du messianisme américain, la Terre est dotée d'une multitude de bureaucraties chargées de contribuer à son administration : Organisation des Nations unies, institutions spécialisées... La Chine ne peut pas rejeter ces structures ; au contraire, elle en est un membre actif.

À retenir

La Chine a une revanche à prendre. Comme tout nouveau riche, elle tient à montrer sa réussite et sa force. En même temps, la prudence s'impose à elle. À tout moment, sa population, échappant enfin à une pauvreté millénaire, peut exploser. La Chine est sous surveillance et elle le sait. Elle vend beaucoup, sa prospérité dépend donc de celle de l'économie mondiale. Sur une planète très occupée, où la revendication d'égalité se faufile partout, la Chine ne peut se contenter d'être le géant des géants. Elle doit se rappeler qu'elle est le pays de Sun Zi (Ve siècle av. J.-C.), pour lequel la force n'est que calcul, analyse, manœuvre. Si elle veut être reconnue comme le numéro un de l'ordre mondial, elle doit s'imposer comme une gardienne d'équilibres.

L'exception thaïe

Située au cœur de la péninsule Indochinoise, la Thaïlande (ex-Siam) est l'un des très rares pays de la région à ne pas avoir été colonisé. À cela deux raisons :

Dans la seconde moitié du XIXe siècle, la Thaïlande se trouve à la charnière des aires impériales britannique (Indes, Malaisie) et française (Indochine – Cambodge, Laos, Vietnam). Non sans devoir abandonner des morceaux de territoire aux deux puissances coloniales, elle échappe au dépeçage complet du fait de sa position d'« État-tampon », empêchant tout contact direct entre les rivaux.

La Thaïlande mène une diplomatie d'un froid réalisme, et se rallie au plus fort : Japon dans les années 1940-1945 ; États-Unis après la Seconde Guerre mondiale. En 1975, l'ancienne Indochine française est tout entière absorbée par la vague communiste. Mais la Thaïlande décolle économiquement, échappant au raz-de-marée rouge.

Dans les années 1970, le pays fait partie des Dragons d'Asie (Corée du Sud, Taïwan, Hong Kong, Singapour...), avant-garde des pays émergents. Depuis cet âge d'or, tant d'autres ont décollé : Malaisie, Indonésie, Vietnam... La vie politique thaïe reste prise entre militaires et démagogues. La monarchie thaïe, longtemps incontestée, ne semble plus intouchable, même si toute critique à son encontre reste lourdement punie. En 2016, le roi Maha Vajiralongkorn (Rama X) succède à son père. Le nouveau monarque, ne cachant pas une existence désordonnée, est très loin de bénéficier du respect qui entourait ses prédécesseurs.

Portrait officiel du roi Rama X.

Les héritages de l'Inde

Alors que la Chine et le Japon appartiennent à l'Extrême-Orient, à l'Asie « jaune », l'Inde prend place entre les mondes iranien, turc et chinois. L'Inde, créatrice de religions et de philosophies, a toujours été un carrefour, le Nord, principalement, étant envahi tour à tour notamment par les Aryens, les Grecs, les Huns, les Turcs (Empire moghol, 1526-1858) et les Européens. De 1764 à 1947, les Indes sont le joyau de l'empire britannique. L'Inde n'a par conséquent pas connu de continuité historique. De plus, elle n'est pas abritée par sa géographie. Elle est ouverte aux invasions à la fois par des voies terrestres (la célèbre passe de Khyber, au Pakistan) et surtout par ses côtes. L'Inde superpose et entremêle au moins quatre héritages bien vivants aujourd'hui : l'héritage hindouiste, cœur de la mythologie et de la civilisation indiennes ; l'héritage aryen, fondateur des castes ; l'héritage musulman ; l'héritage britannique (spectaculaire progression de l'unification politico-administrative, premiers éléments de démocratie).

L'Inde au singulier naît le 15 août 1947, avec le départ du colonisateur britannique. Le prix de cette indépendance est particulièrement élevé ; la partition des Indes accouche, aux côtés de l'Inde, d'un État coupé en deux morceaux : le Pakistan occidental (depuis 1971, le Pakistan) et le Pakistan oriental (depuis 1971, le Bangladesh), censés accueillir les musulmans du sous-continent (en fait, l'Inde garde près de 100 millions de musulmans, soit plus de 10 % de la population). Dans les années 2000, un demi-siècle plus tard, la plaie de la partition est toujours ouverte, les frères ennemis continuant à se haïr et en particulier à se disputer le Cachemire.

Depuis 1947, l'Inde se conçoit comme l'un des grands de la planète et souffre de ne pas en être tout à fait un (elle n'est pas membre permanent du Conseil de sécurité des Nations unies). Elle fait pourtant tout pour que l'on compte avec elle : en 1971, elle vainc militairement le Pakistan, obtenant l'indépendance de sa partie orientale, devenue le Bangladesh ; depuis les années 1970, refusant d'être liée par le TNP – ce qui lui aurait interdit d'avoir des armes nucléaires –, elle développe un arsenal nucléaire ; enfin, dans le sillage de sa grande rivale, la Chine, elle ouvre son économie à la mondialisation.

À retenir

En ce début de XXIe siècle, l'Inde est l'un des grands pays émergents. Sa force nucléaire est acceptée par les États-Unis, en principe premiers gardiens de la non-prolifération. À côté du Pakistan en pleine tourmente islamiste, frappé par des désastres de toutes sortes, l'Inde apparaît comme un pôle de stabilité.

L'histoire du Japon

Dès le Néolithique, le Japon est peuplé, se forgeant une identité toujours présente aujourd'hui : combat constant pour exploiter une nature parcimonieuse ; fragmentation en clans belliqueux ; obsession du grand voisin, la Chine ; développement d'une culture nationale très raffinée. Préservé des invasions (en 1274 et 1281, échec des flottes mongoles dispersées par des typhons – *kamikaze*), il enchaîne les guerres civiles, principalement entre empereurs et chefs militaires (shoguns).

Jusqu'au milieu du XIXe siècle, le pays maintient un équilibre entre son insularité et une ouverture très contrôlée. Ce dispositif atteint son apogée sous les Tokugawa (1603-1868). En 1853, le Japon est ouvert de force par l'amiral américain Matthew C. Perry. Le pays comprend qu'il ne sauvera son indépendance qu'en imitant les puissances occidentales et réussit cette opération. En 1895, il écrase la Chine, puis en 1905, il triomphe de la Russie. Le Japon peut se croire admis parmi les maîtres du monde. En 1931, asphyxié par la crise économique mondiale, il s'engage dans l'invasion de la Chine. Il s'y enlise. De plus, cette invasion est perçue par les États-Unis comme une provocation impardonnable. Le Japon se trouve pris dans un engrenage fatal. Le 7 décembre 1941, sans véritable espoir de victoire, il attaque la base américaine de Pearl Harbor. Moins de quatre ans plus tard, le Japon, frappé par deux bombes atomiques, à Hiroshima et Nagasaki, capitule sans conditions.

En 1945, le Japon se retrouve sous la garde des États-Unis. Ces derniers, confrontés à la poussée communiste en Asie, font du Japon leur vitrine dans la région : il devient un pays dépourvu d'armée (officiellement), concentrant toute son énergie dans des industries de consommation tournées vers l'exportation... Les décennies 1970-1980 marquent l'apogée du Japon. Durement déstabilisé par les chocs pétroliers, il rebondit et fait peur à son protecteur, les grandes entreprises japonaises s'implantant aux États-Unis et bousculant les piliers de leur économie (automobile, électronique...).

À retenir

Mais les vulnérabilités du Japon éclatent déjà. Dans les années 1970, il assiste en spectateur à la réconciliation des deux géants de la zone, les États-Unis et la Chine. Dans les années 1990, piégé tant par l'opacité de ses institutions financières que par la corruption de son système politique, il souffre d'une trop longue stagnation et laisse dériver son endettement public. Enfin, la politique de réduction des naissances après la Seconde Guerre mondiale entraîne, à l'aube du XXIe siècle, un déclin brutal de la population japonaise (100 millions d'habitants en 2050).

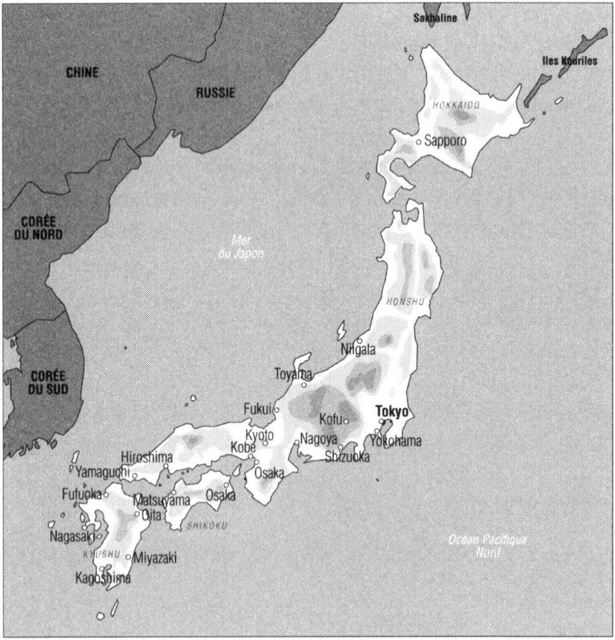

Le Japon aujourd'hui.

La géographie du Japon

Le Japon, chapelet de près de 4 000 îles, s'étire du nord-est au sud-ouest sur environ 2 500 km. La proximité constante de l'océan, combinée à la localisation de l'archipel sur la zone de fracture sismique, voue le Japon à des chocs dévastateurs (typhons et tremblements de terre). À cela s'ajoute le fait que son territoire ne recèle aucune richesse exceptionnelle. Enfin, il est au bout des courants d'échange. À l'ouest, une mer fermée, la mer du Japon, puis, au-delà, la Chine, énorme et centrée sur elle-même. À l'est, un espace maritime infini. Bref, le pays n'est pas gâté par la nature !

Aux xve-xviie siècles, l'océan Pacifique est encore trop vaste pour constituer un Atlantique oriental. Les techniques maritimes japonaises ne maîtrisent pas la navigation de très haute mer. Le Japon n'a qu'à s'enfermer dans son archipel. L'océan demeurera infranchissable jusqu'au xviiie siècle.

Les montagnes occupent les trois quarts du territoire. Les volcans (plus de 250) sont très présents. Les plaines ne couvrent que quelques dizaines de kilomètres carrés. Jusqu'à l'ère Meiji, dans la seconde moitié du xixe siècle, les Japonais sont prisonniers de cette terre rude. Ils ne survivent que par une extrême frugalité et des disciplines sociales d'une grande sévérité : infanticides ; élimination des personnes âgées.

Le Japon aujourd'hui

Le Japon est confronté aujourd'hui à trois grandes problématiques :

- **La lutte pour la survie.** Les catastrophes naturelles font partie de la vie des Japonais. La construction et l'urbanisme sont modelés par la terrible contrainte de tremblements de terre périodiques. En mars 2011, le Japon est ainsi frappé par un tsunami-tremblement de terre d'une ampleur exceptionnelle. En outre, le Japon des années 2000 cumule des handicaps : une économie sortant laborieusement de la stagnation ; un endettement public très important ; une population vieillissante. Mais le pays garde de remarquables atouts ; les ressources financières du secteur privé excèdent largement les charges de la dette publique. Le Japon, fidèle à son abnégation, fait face. A-t-il une autre alternative ? Abandonner l'archipel ? Où les Japonais iraient-ils ?
- **La redistribution de la puissance dans le Pacifique.** En 1945, l'écrasement du Japon par les États-Unis consacre le Pacifique comme un océan américain. Le Japon devient un lieu de déploiement de forces américaines (île d'Okinawa, dans l'archipel méridional des Ryky). Aujourd'hui, Washington est-il appelé à maintenir son monopole hégémonique sur le Pacifique ? Un partage de la puissance déjà avec d'autres riverains majeurs (Chine, Russie, mais aussi Corée, Australie...) n'est-il pas inéluctable ? Que peut faire le Japon ? Rester frileusement blotti

contre les États-Unis, en espérant que ces derniers ne l'abandonneront pas ? Se chercher un autre grand allié et donc prendre le risque de braquer l'ami américain ? Mettre sur pied une coalition des « petits », rassemblant notamment les États de l'ASEAN – Indonésie, Thaïlande, Vietnam... –, tout en n'étant pas sûr qu'elle contrebalancera les géants (États-Unis, Chine, Russie...) ?

- **La vie avec la Chine, cet encombrant voisin.** Jusqu'à la fin du XIXe siècle, le Japon vit dans l'ombre de la Chine. Cette dernière est une planète ignorant ce qui l'entoure. Pendant un demi-siècle, des années 1890 aux années 1940, le Japon tente de conquérir la Chine. Du fait de son poids très inférieur à celui de son colossal voisin, le Japon compense ses forces finalement pauvres par une extrême cruauté (ainsi du sac de Nankin en 1938). L'aventure se termine avec l'écrasement du Japon en 1945. Des décennies ont passé. La Chine n'a oublié ni ses souffrances, ni ses humiliations. Divers contentieux territoriaux, notamment en mer de Chine, demeurent bloqués. La formidable renaissance de la Chine lui donne des appétits de puissance et peut-être de revanche. Le Japon ne peut concurrencer cette Chine sûre d'elle-même. Il ne reste au Japon qu'à assumer et gérer son infériorité face aux deux géants.

L'histoire de l'Afrique

Dernière grande région à être colonisée, essentiellement dans les années 1850-1914, l'Afrique subsaharienne est longtemps restée à l'écart du reste du monde. Dès le XVe siècle, les navigateurs européens, notamment portugais, à la recherche d'une route maritime vers l'Asie des épices et de la soie, longent les côtes de l'Afrique et y installent des comptoirs, sans oser se risquer à l'intérieur du continent (peur fondée des maladies).

À retenir

Protégée des conquêtes européennes par sa forêt et ses microbes au moins jusqu'au milieu du XIXe siècle, l'Afrique demeure impénétrable.

Dès le XVIe siècle, l'Amérique notamment des Caraïbes et du Sud fait, elle, l'objet d'une colonisation à grande échelle. Les Indiens, attaqués, ravagés par les microbes européens et la surexploitation, meurent par millions. Les colons européens ont besoin d'une main-d'œuvre à bon marché. Du XVIe siècle au début du XIXe, s'organise le commerce des esclaves ; quatre à cinq millions d'hommes et de femmes sont déportés dans des conditions atroces d'Afrique en Amérique pour travailler dans les plantations. La trace de cette période reste très forte. Des Africains réclament aujourd'hui des réparations financières et morales aux Occidentaux. En septembre 2001, à Durban (Afrique du Sud), la conférence des Nations unies contre le racisme, la discrimination raciale, la xénophobie et l'intolérance se termine dans le chaos.

Attention

Si, du XVIe au XVIIIe siècle, le trafic des esclaves est dû au besoin de main-d'œuvre des colons européens, il remonte bien plus loin dans le passé, avec des complicités innombrables et parfois africaines : chefs de tribus, marchands musulmans, trafiquants européens...

Le dépeçage de l'Afrique par les puissances européennes intervient dans la seconde moitié du XIXe siècle. L'Afrique devient la proie des explorateurs, des journalistes, des bâtisseurs d'empires, mais aussi des missionnaires et des médecins. En même temps qu'ils accaparent les territoires et les richesses, les colonisateurs sèment de réels progrès : hygiène, santé publique, écoles... Le principe du partage est solennellement consacré par le concert européen (conférence de Berlin en 1884-1885). Le cœur même de l'Afrique, très riche en bois et minéraux, devient la propriété du roi des Belges Léopold II, qui lègue cet immense domaine à son pays. Champ de bataille périphérique durant les deux guerres mondiales, l'Afrique constitue en revanche un important réservoir de troupes, dans lequel les puissances coloniales puisent abondamment (ainsi, la France et ses célèbres tirailleurs sénégalais).

Mobutu Sese Seko, autoproclamé président de la République du Zaïre (ex-Congo belge) après un coup d'État en 1965.

La décolonisation africaine

La décolonisation de l'Afrique subsaharienne se déroule dans les années 1960. Initialement porteurs d'un formidable espoir, ces mouvements d'émancipation nationale, le plus souvent captés par des idéologues ou des aventuriers féroces, débouchent finalement sur des États qui, dans une très large mesure, restent inféodés aux puissances européennes, notamment à la France et à l'Angleterre.

La décolonisation de l'Afrique subsaharienne se fait à la va-vite. Dans les lendemains de la Seconde Guerre mondiale, les puissances européennes, encore nostalgiques de leur grandeur perdue, se sont battues en Asie pour garder ou reconquérir leur empire. Dans l'Afrique subsaharienne, la partie est finie, les Européens s'en vont sans tambour ni trompette. Seul le Portugal s'obstine vraiment jusqu'au milieu des années 1970. Lorsque le processus se passe plutôt bien (Afrique française), la métropole transfère ses pouvoirs à des élites locales nourries de sa culture (Côte d'Ivoire, Sénégal). Lorsque l'affaire tourne mal (Congo belge), l'abcès s'infecte : tueries entre potentats locaux, prise du pouvoir par des dictateurs mégalomanes et violents (Mobutu en ex-Congo belge devenu Zaïre). Certains de ces gouvernants incarnent un temps une indépendance ombrageuse et autosuffisante (Robert Mugabe au Zimbabwe).

L'ère postcoloniale

Des années 1960 aux années 1990, l'Afrique subsaharienne s'installe dans une ère post- ou, plus exactement, néocoloniale, dans la mesure où ces États « indépendants » restent subventionnés par l'ancienne métropole (principalement la France).

Quatre types d'explication sont avancés pour cet échec :

- **Une libération inaboutie et/ou confisquée.** Des liens trop étroits, notamment financiers, sont maintenus entre ex-métropoles et gouvernants africains. Les élites locales n'ont pas été formées. Des années 1960 aux années 1990, l'Afrique subsaharienne francophone s'installe dans une dépendance informelle, paternaliste : soutien des États par des aides budgétaires ; complaisance de la France à l'égard des pratiques dictatoriales de ses protégés... Si c'est moins le cas en Afrique anglophone, elle n'échappe pas à l'horreur de tyrans mégalomanes. Quant à l'Afrique lusophone (Angola, Guinée-Bissau, Mozambique), elle sombre jusqu'au milieu des années 1970 dans de sales guerres, le Portugal de Salazar ne se résignant pas à la disparition de son empire.
- **Le tiers-mondisme.** Le tiers-monde des décennies 1950-1970 est nourri d'un marxisme très simplifié. Selon ce schéma, l'avenir réside dans l'industrie lourde, garantissant l'autosuffisance de l'économie nationale, la nationalisation des moyens de production, le socialisme. Le résultat est désastreux : destruction

des agricultures locales ; industrialisation artificielle ; projets pharaoniques et inutilisables ; corruption...

- **Le développement par les matières premières.** L'Afrique est riche en produits bruts : produits agricoles tropicaux, métaux, pétrole. Ces ressources pourraient permettre aux États africains de disposer de flux réguliers de recettes, finançant leur décollage économique. Dans les décennies 1960-1970, la Côte d'Ivoire, vendeuse de café, de cacao, de bananes..., incarne ce modèle, soutenu et organisé par la Communauté économique européenne. Mais ce schéma fait faillite à partir des années 1980 : les prix des produits bruts sont structurellement instables ; leur valeur relative ne cesse de se dégrader par rapport à celle des biens manufacturés.
- **La culture africaine.** Pour les partisans du culturalisme, qui la juge désinvolte, exaltant oisiveté et paresse, elle explique tout. En clair, l'Africain serait foncièrement inapte au développement ! C'est au nom des mêmes arguments qu'on avait jugé la Chine confucianiste incompatible avec la modernité. Or aujourd'hui, ce même confucianisme, exaltant discipline et attachement aux hiérarchies, se trouve présenté comme l'une des raisons de la spectaculaire percée chinoise !

Les frontières africaines

Il n'existe nulle part de frontières « naturelles », limites idéales faisant coïncider peuples et territoires. Historiquement, les frontières sont tracées par les armes, comme les peuples sont modelés par la guerre et le pouvoir (monarchies, républiques, empires...). En Afrique, les frontières sont dessinées par les colonisateurs européens. Pourtant, l'un des principes de l'Afrique institutionnelle (OUA, 1963, devenue l'Union africaine en 2001) est le « respect des frontières existant au moment de l'accession à l'indépendance ». Les frontières « injustes » des colonisateurs sont consacrées par les anciens colonisés au moment où ces derniers deviennent libres (en 1967-1970, atroce guerre du Biafra, province ayant fait sécession du Nigeria, ce dernier rétablissant dans le sang l'unité du pays). Avant les Européens, il n'y avait pas de frontières linéaires, bien définies ; les « frontières des Européens » sont les seules à exister.

Périodiquement, resurgit la question de « bonnes » frontières pour les États africains. Chaque ethnie aurait son État, découpages territoriaux et identités des populations coïncideraient enfin. Mais les ethnies, surtout les plus nombreuses, sont rarement concentrées sur un territoire précis, aux limites nettes ; elles sont fragmentées, éparpillées, elles bougent. De plus, qu'est-ce qu'une ethnie ? Seules les « grandes » ethnies doivent-elles être prises en considération ? Où les « grandes » finissent-elles et les « petites » commencent-elles ?

Focus

En 1993, l'Érythrée obtient de se séparer de l'Éthiopie. C'est une restauration. L'Érythrée, colonie italienne de 1885 à 1941, est rattachée à l'Éthiopie en 1952, afin de récompenser le négus éthiopien ayant combattu l'agression de l'Italie mussolinienne (1935). Mais l'Érythrée n'a jamais accepté son annexion.

Focus

Le 9 juillet 2011, le Sud-Soudan, dont la population est consultée par référendum, fait sécession du Soudan, après des décennies de lutte contre Khartoum. Pour la première fois, en Afrique, les frontières d'un État sont modifiées avec l'accord de cet État afin de tenir compte des revendications et de l'identité d'une région (en particulier, christianisme du Sud-Soudan). Le Sud-Soudan constitue-t-il un précédent dans lequel vont s'engouffrer d'innombrables demandes d'indépendance ? Il appartient à l'avenir de répondre à cette question !

Quatre atouts pour le développement de l'Afrique

Un demi-siècle après sa décolonisation, l'Afrique subsaharienne va-t-elle enfin sortir du chaos et s'engager sur la voie du développement ? Les raisons d'espérer sont aussi nombreuses que celles qui incitent au pessimisme. Si l'Afrique est appelée à émerger – elle émerge peut-être déjà –, la question à se poser est peut-être moins « quand ? » que « comment ? ». En dépit de handicaps lourds (maladies, destructions écologiques, survie de régimes politiques douteux...), quatre éléments favorables laissent augurer un possible développement économique du continent africain dans un futur proche :

- **Le changement des générations.** Plus éduquées, plus cosmopolites, ayant parfois l'expérience des organisations internationales, les nouvelles élites ont vécu dans leur jeunesse les échecs et les humiliations de l'Afrique postcoloniale. Certains comprennent que l'Afrique n'a pas d'autre alternative que de suivre les chemins de l'Asie et de l'Amérique : économies de marché, gestions publiques plus transparentes et rigoureuses, État de droit et démocratie.
- **La fin des projets « grandioses ».** Socialisme d'État, grandes entreprises publiques, plans quinquennaux, barrages gigantesques : les projets grandiloquents des générations antérieures se sont le plus souvent révélés inefficaces, voire extrêmement

dommageables. Le nouveau modèle parie sur le petit, le micro : micro-développement, micro-projets, micro-entreprises... Cette orientation paraît mieux coller aux réalités africaines : capacités financières limitées, liens entre structures familiales et réseaux économiques, importance de l'artisanat et du petit commerce...

- **La demande de produits bruts.** Longtemps ignorées, les ressources africaines, notamment en pétrole et en métaux rares, attirent aujourd'hui massivement les investisseurs ; ainsi les Chinois, dont le développement dévore des quantités croissantes de matières premières. L'Afrique, après avoir été abandonnée, redevient la proie de rapaces peu scrupuleux. Le développement et la modernisation sont des processus violents et douloureux : transferts massifs de populations des campagnes vers les villes, prolifération d'agglomérations, travail des femmes et des enfants... Les Africains s'urbanisent et se prolétarisent. Mais une croissance capitaliste brutale est sans doute préférable à la stagnation qui caractérise les socialismes bureaucratiques corrompus.
- **La technique.** La technique semble, elle aussi, vouloir mieux se conformer à l'Afrique. Ainsi, la percée du téléphone portable, facile à utiliser, d'un prix raisonnable, pallie en partie la tragique insuffisance d'infrastructures, en particulier de lignes téléphoniques fixes...

Vers la démocratie en Afrique ?

La construction de l'État se présente comme le second défi majeur de l'Afrique des années 2000. L'État demeure ce mécanisme indispensable, insérant un territoire et une population dans le système politique et économique mondial. Sans État, aucun cadre, aucune structure de sécurité pour accueillir touristes ou investisseurs ! En même temps, un État ne se monte pas comme un Meccano, ses rouages ont besoin pour vivre d'une substance collective, d'une communauté humaine, d'une « nation » constituant une cité politique.

Attention

Sur ce plan, l'Afrique a un retard considérable à combler. La partie est loin d'être gagnée tant la faillite des États africains semble s'enraciner profondément dans l'histoire de la colonisation.

Dans toutes les parties du monde, l'État est d'abord un carcan imposé à des populations rageuses, soumises à des obligations lourdes et permanentes : paiement de l'impôt, fourniture d'hommes pour l'armée, etc. Partout, l'édification de cette formidable machine se fait dans la violence : révoltes, frondes et même révolutions. En Afrique, les colonisateurs européens suivent la méthode impériale. Ils établissent des provinces, s'appuient sur des chefferies, sur des ethnies perçues comme plus fiables. Afin d'assurer la transmission des ordres, ils forment des sous-chefs qui les relaient sur le terrain.

Lors de la décolonisation, le pouvoir tombe entre les mains des politiciens (en Côte d'Ivoire, Félix Houphouët-Boigny ; en Guinée, Sékou Touré) ou des militaires formés par les colonisateurs (au Zaïre, Mobutu ; en Ouganda, Idi Amin Dada ; en Centrafrique, Bokassa). Mais, à de rares exceptions près, les États africains bâtis sur les ruines des empires européens révèlent rapidement leur friabilité. Certains se disloquent : Somalie, Zaïre - République démocratique du Congo, Côte d'Ivoire... D'autres sombrent (Zimbabwe). Le colosse nigérian (en 2010, 155 millions d'habitants) résiste non sans fêlures (revendications islamistes) et corruptions (pétrole). Seule une poignée fonctionne (Sénégal...).

Depuis les années 1990, dans le sillage de l'écroulement des régimes communistes d'Europe orientale, l'Afrique subsaharienne est, elle aussi, déstabilisée par l'onde de choc démocratique. Les vieux dictateurs sont balayés, l'organisation d'élections, le multipartisme se diffusent largement. Mais, comme l'illustrent par exemple les déchirements sanglants de la Côte d'Ivoire (en 2011, Laurent Gbagbo, président depuis 2000, refusant d'abandonner le pouvoir après sa défaite électorale, et devant être déposé par une opération militaire), les vieilles habitudes ont la vie dure.

Photographies de victimes du génocide au Centre du mémorial du génocide à Kigali Gisozi (Rwanda).

Deux tragédies africaines

Au Rwanda, en avril 1994, des centaines de milliers de Tutsis sont massacrés par leurs compatriotes Hutus. À partir de 2003, une tragédie analogue pourrit dans l'ouest du Soudan, au Darfour : des centaines de milliers de morts ; 2,5 millions de déplacés. Ces drames sont révélateurs des maux qui rongent l'Afrique : augmentation considérable des populations, aiguisant les affrontements pour les terres ; insuffisance des ressources alimentaires, durcissant solidarités et haines ethniques (chaque ethnie privilégiant les siens) ; extrême précarité des structures étatiques...

Dans une certaine mesure, ces tragédies traduisent l'indifférence coupable des Occidentaux à l'égard du sort des Africains. Des opérations de maintien de la paix d'envergure ont lieu en Afrique. Mais la communauté internationale n'est pas prête à mener des actions militaires de grande ampleur pour un résultat hasardeux. De même, le bilan des tribunaux créés pour punir les auteurs des massacres (notamment le TPI pour le Rwanda) demeure bien décevant (procès confus et interminables).

De toute façon, *in fine*, il appartient aux Africains eux-mêmes de discipliner et de civiliser leur continent. Pour le moment, la modestie de leurs moyens militaires et leurs dissensions politiques excluent des interventions efficaces.

L’organisation régionale en Afrique

Les difficultés de l’Afrique sont étroitement liées à la fragmentation des territoires africains. Dans l’enthousiasme des indépendances, on rêve d’unifier l’Afrique en bricolant des fédérations éphémères (Fédération d’Afrique centrale, Conseil de l’Entente, Fédération du Mali). Mais la plupart des projets régionaux (fédérations, marchés communs, etc.) destinés à pallier cette fragmentation restent lettre morte.

Créée en 1963 pour matérialiser le vieux rêve du panafricanisme, l’OUA s’avère une enceinte sans substance, observant, divisée et impuissante, les conflits multiples qui déchirent le continent : Afrique australe, Corne de l’Afrique, Tchad, Sahara occidental… Lorsqu’en 2001, l’OUA se métamorphose en Union africaine, les données sont plus favorables : diffusion désordonnée mais réelle de la démocratie ; signes éparpillés de développement économique ; acceptation de surveillances internationales… Mais l’Union africaine souffre à la fois d’une insuffisance grave de capacités – économiques, militaires… – et du consensus autour de la souveraineté étatique – les États africains étant d’accord pour que chacun soit, et reste, maître chez soi –, qui hypothèquent l’instauration d’une paix durable sur le continent.

La Cour pénale internationale (CPI), créée à La Haye, en 2002, juge les crimes commis par les gouvernants dans l'exercice de leurs fonctions (massacres, génocides…). Très vite, ses actions se concentrent en Afrique. Les inculpations se bousculent : Thomas Lubanga, chef d'une milice congolaise ; Charles Taylor, ancien président du Liberia ; Jean-Pierre Bemba, politicien congolais… Le coup le plus impressionnant de la CPI reste, le 4 mars 2009, l'inculpation d'Omar el-Béchir, président du Soudan, pour les crimes commis au Darfour.

Focus

Le génocide du Rwanda (1994) ne suscite pas moins de trois types de juridictions : le Tribunal pénal international pour le Rwanda, créé en 1994 par le Conseil de sécurité des Nations unies ; un tribunal mis en place par le Rwanda lui-même, Kigali considérant que lui seul est compétent pour traiter ce dossier ; et enfin, les *gacaca*, tribunaux populaires traditionnels… Le résultat : des prisons où s'entassent, dans des conditions épouvantables, autant d'innocents que de coupables !

Beaucoup de procédures sont en cours. La CPI trouvera-t-elle le bon équilibre entre l'impératif « Que justice soit faite ! » et la prise en compte des susceptibilités africaines ? La CPI se veut universelle, l'Afrique est d'abord l'Afrique !

L'histoire de l'Afrique du Sud

Au XVIIe siècle, l'Afrique australe est toujours une escale. Elle est à prendre. Tout comme l'Amérique du Nord, elle attire marginaux ou exclus : Néerlandais chassés par la petitesse des Pays-Bas, huguenots français condamnés pour leur religion, Britanniques en quête de terres... À la même époque, des Africains descendent vers le sud de l'Afrique : Bantous, Zoulous...

Tout au long du XIXe siècle, les ethnies africaines sont irrémédiablement écrasées ou refoulées ; en 1838, à Blood River, 12 000 Zoulous sont massacrés par 500 Européens. Alors vient le combat décisif qui oppose des Européens : Boers (de souche néerlandaise) contre Britanniques. Ces derniers, arrivés en second, demeurent fidèles à leur démarche : occuper les côtes et repousser les Boers vers l'intérieur (Treks – exodes – de 1835-1837 puis de 1839-1843). L'affrontement ultime se prépare. Dans les années 1880, la richesse des territoires boers est découverte : diamant, or... Pour les Britanniques, surtout pour les chantres de l'impérialisme (Cecil Rhodes, Alfred Milner...), il est temps d'étouffer les Républiques boers. En 1902, après trois ans d'une guerre très dure (450 000 Britanniques contre 40 000 Boers), l'Angleterre l'emporte. Le particularisme boer n'en est pas moins reconnu et consacré.

À retenir

Dominion de l’Empire britannique (1910-1961), puis République indépendante (depuis 1961) – refusant d’appartenir au Commonwealth –, l’Afrique du Sud se construit sur le fondement de l’apartheid : développement séparé des races (principalement des Noirs et des Blancs) ; mise en place d’États fondés sur les groupes raciaux (bantoustans, territoires enclavés, très pauvres et reconnus uniquement par l’Afrique du Sud).

Dans les années 1980, l’Afrique du Sud de l’apartheid, isolée, asphyxiée par les sanctions qui la frappent, bouge ; des gouvernants sud-africains nouent un dialogue avec le chef de l’émancipation des Noirs, Nelson Mandela (en prison de 1963 à 1990). Le pire ne se produit pas. Mandela ne cherche pas la vengeance mais la réconciliation. L’économie sud-africaine semble suffisamment solide pour que s’opère progressivement un partage plus équitable des richesses et du pouvoir (*Black Empowerment*).

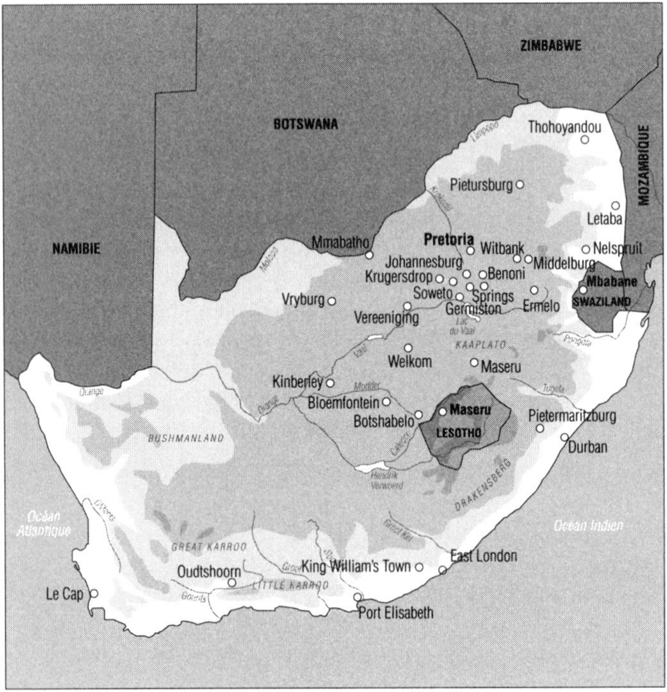

L'Afrique du Sud aujourd'hui.

La géographie de l'Afrique du Sud

L'Afrique du Sud (en 2017, 56 millions d'habitants) a deux composantes :

- **Un vaste plateau central, le veld.** Depuis des siècles, c'est une zone d'élevage : bovins des Bantous puis des Boers... Forteresse naturelle, ce plateau offre, des années 1830 aux années 1890, un refuge aux Républiques boers. Dans la seconde moitié du XIXe siècle, la découverte des considérables richesses minières (diamant, or, charbon, uranium...) entraîne une industrialisation très brutale de cette région.
- **Des plaines côtières.** Les rivages sont en général peu accidentés et souvent bien arrosés. La diversité des climats permet toutes sortes de cultures : blé, pomme de terre, raisin – produisant des vins dont la qualité ne cesse d'être améliorée...

Pour aller plus loin

Le destin particulier de l'Afrique du Sud traduit une énième fois le « poids » des facteurs géographiques dans la « balance » géopolitique. Constituant un point de passage obligé entre l'océan Atlantique et l'océan Indien et dotée sur sa façade maritime d'un climat méditerranéen, l'Afrique du Sud est à la fois moins enclavée et moins hostile que le reste du continent. Comme l'Amérique du Nord, cette « terre à prendre » constitue un refuge et une promesse d'enrichissement pour les Européens.

L'Afrique du Sud aujourd'hui

L'Afrique du Sud après l'apartheid est un laboratoire. Ses 56 millions d'habitants se divisent en 80 % de Noirs, 10 % de Blancs et 10 % de métis et Asiatiques. L'enjeu social et politique est triple : surmonter le péché originel, la soumission et l'exploitation de millions d'Africains par une minorité de colons européens ; édifier une démocratie pluraliste ; faire vivre dans la paix et le dialogue les nombreuses ethnies. Cette démarche complexe se résume en un slogan : *Black Empowerment* (« prise du pouvoir par les Noirs »). La réussite de ce laboratoire requiert quatre conditions, loin d'être réunies :

- **Une croissance économique supérieure à celle de la population.** Pour le moment, la croissance économique demeure trop faible et la pauvreté moyenne augmente nécessairement, avec des conséquences lourdes (pandémies, délinquance, viols…).
- **Le maintien d'une population blanche, généralement plus éduquée et mieux formée.** Or, depuis les années 1990, près d'un million de Blancs sont partis. En 1990, les Blancs représentaient près de 17 % de la population totale. En 2010, le chiffre est tombé à 9 %.
- **La constitution d'une classe moyenne noire.** La bourgeoisie noire qui émerge souffre de fractures, notamment entre créateurs d'une authentique richesse et bénéficiaires d'un système politique corrompu. Le *Black Empowerment* va d'abord aux protégés du pouvoir.

- **Des structures collectives améliorant la situation des populations.** Ainsi, le sida, fléau national, est longtemps ignoré. Thabo Mbeki – président de 1999 à 2009 – s'oppose à toute politique d'information et de prévention, car pour lui, il s'agit d'un complot occidental...

L'Afrique du Sud reste le colosse économique de l'Afrique. Mais peut-elle tirer les économies africaines et déjà celles de l'Afrique australe ? Les freins sont massifs :

- Le taux de croissance de l'Afrique du Sud, ses ressources financières limitées, sa population font de cet apparent colosse une locomotive poussive. La sortie de la pauvreté de l'Afrique requiert un moteur sans doute bien plus vigoureux.
- Les pays voisins de l'Afrique du Sud se sont, dans l'ensemble, stabilisés, mais des points noirs (Zimbabwe, République démocratique du Congo...) subsistent. L'Afrique australe a tout d'une foire d'empoigne où des puissances extérieures (anciens colonisateurs, États-Unis, Chine, Inde...) se disputent hydrocarbures et minerais stratégiques.

Pour aller plus loin

En avril 2011, au sommet de Sanya (Hainan, Chine), l'Afrique du Sud devient le cinquième des BRIC, s'ajoutant au Brésil, à la Russie, à l'Inde et à la Chine. Les BRIC sont transformés en BRICS, le S signifiant South Africa.

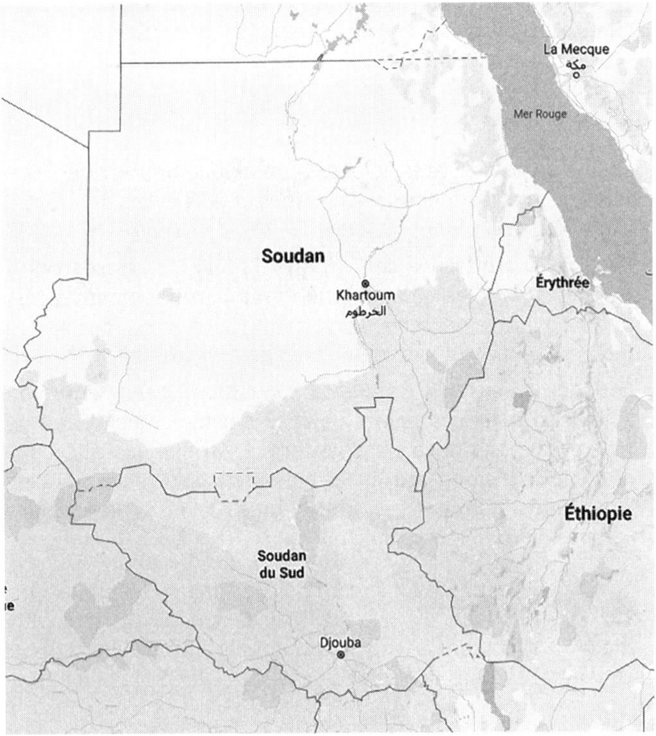

Le Soudan et le Soudan du Sud aujourd'hui.

L'histoire du Soudan

Du VIe siècle au IVe siècle avant J.-C., s'épanouit sur le territoire soudanais le royaume de Méroé. À partir de 1821, Méhémet-Ali s'empare du Soudan et l'unifie. En 1882, l'Égypte tombe sous la tutelle de l'Angleterre, qui récupère aussi le Soudan. Les populations, sous le choc de la double poussée impériale, explosent.

En 1956, le Soudan accède à l'indépendance. Le Nord, arabe et musulman, gardien de l'unité étatique, se heurte au Sud, chrétien et animiste, concentrant les principales ressources pétrolières. En 1983, la charia, la loi islamique, est instaurée. En 2004, les combats et la répression se répandent à l'ouest, au Darfour. Le 4 mars 2009, le président du Soudan, Omar el-Béchir, est inculpé pour crimes de guerre et crimes contre l'humanité au Darfour. En 2011, la sécession du Sud-Soudan est votée par référendum. Le Soudan, semble-t-il, s'y résigne.

Le Soudan n'échappe pas à la mondialisation. Son président peut être condamné et même emprisonné. De plus, le Soudan se soumet au droit des peuples à disposer d'eux-mêmes et à sa sanction la plus lourde, une amputation territoriale.

La géographie du Soudan

Le Soudan est, pour l'essentiel, une immense plaine argileuse : plus de 2,5 millions de km². Traversé du nord au sud par le Nil, pays des cataractes du grand fleuve, le Soudan juxtapose trois morceaux bien distincts :

- **Au centre, le plateau du Kordofan,** terre d'élevage et de production de gomme arabique. Le Soudan étatique, avec la capitale, Khartoum, où fusionnent Nil Blanc et Nil Bleu, se concentre dans cette zone.
- **À l'ouest, le Darfour,** « pays des fours », région de plateaux aux sommets volcaniques, est, lui aussi, immense : la taille de la France, avec quelques millions d'habitants. Érigé en sultanat du XVe au début du XXe siècle, il n'est définitivement incorporé au Soudan qu'en 1916. Le Darfour est riche en minerais (notamment bauxite) et aurait des réserves pétrolières, toutes ces ressources étant convoitées par le pouvoir soudanais. Dans les années 2000, le Darfour est soumis par Khartoum à une politique de purification ethnique. En mars 2009, c'est pour les crimes commis au Darfour que le président du Soudan, Omar el-Béchir, est poursuivi devant la CPI. Sous la pression de ces poursuites, un processus de paix et de réconciliation est lancé en mai 2011, à Doha (Qatar).
- **Au sud, le Sud-Soudan** (9 millions d'habitants), comme le Darfour, ne s'est jamais reconnu dans le régime de Khartoum.

Cette région est peuplée de chrétiens (plus des trois quarts) et d'animistes (moins d'un quart). Avant même l'indépendance, une première guerre ravage le Sud (1955-1972). En 1983, le droit musulman est appliqué à toute la vie sociale. Le Sud-Soudan se révolte à nouveau. Deux millions de morts, quatre millions de personnes déplacées. Le 9 janvier 2005, un accord de paix intervient entre le Sud-Soudan et Khartoum. Il conduit progressivement le Sud-Soudan à l'indépendance. Le 9 janvier 2011, les Sud-Soudanais, consultés par référendum, votent à une quasi-unanimité pour l'indépendance. Cette dernière est acceptée par Khartoum. Le 9 juillet 2011, le Sud-Soudan accède à l'indépendance et devient le 193e membre de l'ONU.

Attention

Rien n'est vraiment réglé. Le Sud-Soudan n'est pas homogène. L'ethnie la plus importante, les Dinka (un quart de la population), monopolise le pouvoir, excitant la frustration des autres tribus. La source principale de richesse reste le bétail ; d'où d'interminables affrontements pour les pâturages. De plus, l'essentiel des réserves pétrolières se trouve dans la zone frontalière Soudan/Sud-Soudan ; le tracé définitif de la frontière promet donc de prendre des années ou des décennies. Enfin, le Sud-Soudan est enclavé. Comment évacuera-t-il son pétrole si Khartoum ne lui ouvre pas son territoire ?

Le Soudan, un exemple à suivre ?

Le Soudan illustre les deux défis majeurs de l'Afrique.

Depuis le déferlement des indépendances dans les années 1960, l'Afrique ne cesse de confirmer l'enracinement des frontières tracées par les colonisateurs. Dans cette perspective, la sécession en 2011 du Sud-Soudan marque bien une rupture historique : pour la première fois, un État fabriqué par le colonisateur est dépecé au nom du droit des peuples à disposer d'eux-mêmes. La boîte de Pandore est-elle ouverte ? Tous les États africains étant multiethniques, n'est-il pas temps de les démanteler et de les recomposer en fonction des réalités communautaires ? Mais qu'est-ce qu'un État africain pertinent ? Le Sud-Soudan est-il pertinent ? La persistance d'ethnies n'y interdit-elle pas l'émergence d'une nation sud-soudanaise ? Chaque fragmentation n'en appelle-t-elle pas d'autres jusqu'à un émiettement ingouvernable ? Comment amener les États africains à se soumettre à des principes de bonne conduite ?

En 2009, l'inculpation du président du Soudan par la CPI pour les crimes commis au Darfour fournit un énième exemple de l'emprise croissante du droit international sur l'Afrique. Cette emprise – comme celle de la CPI – est imposée par l'extérieur, persuadant bien des Africains qu'il s'agit là de recolonisation par des moyens hypocrites. Les poursuites contre Omar el-Béchir inquiètent de nombreux chefs d'État qui, abusant de leur pouvoir, redoutent que leur tour vienne. En même temps, cette inculpation contraint peut-être le président soudanais à faire des concessions (comme l'acceptation de l'indépendance du Sud-Soudan) afin d'obtenir un éventuel arrêt des poursuites devant la CPI.

Attention

Toute légitimation requiert une appropriation. En Afrique, l'enracinement du droit international passe par des Africains intériorisant ce droit. Le président soudanais, poursuivi par la CPI, doit être arrêté par des policiers africains. Cette opération doit garantir aux Africains qu'aucun des leurs ne peut être emprisonné par des « non-Africains ».

La création des États-Unis

De la fin du XVIIe siècle à 1763 (fin de la guerre de Sept Ans), l'Amérique du Nord est l'un des théâtres majeurs de la guerre entre l'Angleterre et la France. Pour les belligérants, celui qui tiendra l'Amérique du Nord tiendra le monde. La France perd le conflit, certes par ses défaites, mais surtout parce qu'elle ne parvient pas à « exporter » des Français en nombre suffisant (en 1760, 65 000 Français contre 1 320 000 Anglo-Américains).

Attention

Contrairement aux Ibériques qui pillent, les Anglo-Américains exploitent. Pour ces derniers, l'Amérique doit devenir productive par l'agriculture, le commerce, l'industrie. Tandis que les Ibériques font mourir les Indiens dans les mines, les Anglo-Américains, eux, repoussent et éliminent les Indiens, inassimilables parce que nomades et ignorant le droit de propriété.

En 1776, les Treize Colonies britanniques d'Amérique du Nord signent la déclaration d'indépendance et se séparent de l'Angleterre. Cet événement mène à la création des États-Unis à la fin du XVIIIe siècle. Premier État décolonisé du continent – mais peuplé de descendants d'Européens –, les États-Unis se veulent une association d'hommes libres, régie par la démocratie et chargée d'une mission : convertir la planète au libre commerce et à la démocratie et accoucher ainsi d'une nouvelle humanité, ayant pour priorités le bonheur individuel et la prospérité matérielle. En cela, le pays représente une double menace pour les puissances européennes, par son message idéologique d'émancipation, ainsi que par sa formidable énergie, soutenue par une foi inébranlable en elle-même.

À retenir

L'Amérique anglo-américaine, d'où naissent le Canada et les États-Unis, est modelée par la Bible, surtout par l'Ancien Testament, histoire tumultueuse du « peuple élu ». Soutenue par une foi inébranlable et une économie florissante, l'Amérique anglo-saxonne devient le laboratoire de la liberté religieuse, de la démocratie et du capitalisme.

Durant ses premières décennies, de l'indépendance (1783) à la guerre de Sécession (1861-1865), les États-Unis demeurent un colosse inachevé, vulnérable, déchiré par la question de l'esclavage. Cherchant à se protéger, surtout contre les puissances européennes à leur apogée, ils énoncent la « doctrine Monroe » : les États-Unis s'autoproclament les gardiens de l'ensemble du continent américain contre toute agression ou ingérence extérieure. En d'autres termes, l'Amérique aux Américains... sous la surveillance attentive de Washington.

Les États-Unis aujourd'hui.

Les États-Unis, gardiens du monde ?

Lors des deux guerres mondiales et de la guerre froide, les États-Unis mobilisent victorieusement leur formidable puissance pour rallier tous les hommes à l'échange et à la démocratie libérale. Pour les États-Unis, la paix authentique, la « paix perpétuelle » de Kant, est idéologique ou religieuse (avec un zeste d'empire) : selon cette conception, toutes les sociétés humaines adhèrent aux mêmes valeurs démocratiques (occidentales) et perdent ainsi tout motif de s'entretuer, Washington surveillant tout ce petit monde d'un œil compréhensif et, si nécessaire, utilisant la force pour ramener récalcitrants ou « voyous » dans le droit chemin.

En ce début de XXIe siècle, le rêve d'une humanité « adulte », métamorphosée et réconciliée sous l'égide des États-Unis, a du plomb dans l'aile. Terrorismes, désordres en Afghanistan et au Pakistan, échec en Irak, susceptibilités de la Chine, de la Russie et d'autres corrigent fortement la vision faisant des États-Unis les messagers de Dieu chargés d'accomplir la « fin de l'histoire ». Au cœur du messianisme américain, l'idée démocratique triomphe partout ou presque. Mais cette idée, si elle a un jour appartenu aux États-Unis, n'est plus leur apanage. Les États-Unis ne représentent plus le phare de la civilisation.

Colonisation et décolonisation de l'Amérique latine

Convaincus d'avoir trouvé l'Eldorado, les Portugais et les Espagnols arrivent en Amérique latine à partir de la fin du XVe siècle. Ces terres inconnues, leurs ressources, leurs habitants sont à prendre. Considérés comme des sauvages, les Indiens se confient à la direction « éclairée » des Européens ou se résignent à être marginalisés et finalement anéantis. Ils sont balayés tant par les armes à feu que par les microbes véhiculés par les conquérants. L'Amérique latine, du Mexique à la Terre de Feu, mêle deux violences, deux visions tragiques de l'existence : celle des Ibériques, hantés par un Dieu punisseur, et celle des Indiens, vivant dans l'attente d'un désastre cosmique. Cette Amérique se couvre d'églises baroques, de villes monumentales, mais elle demeure chaotique : fièvres messianiques, caudillos à répétition, démocraties hasardeuses.

L'Amérique latine se décolonise dans le sillage des États-Unis, en partie par le jeu des circonstances : l'Espagne et le Portugal ayant été conquis et occupés par Napoléon (1808-1814), le contact est rompu entre la métropole et les possessions américaines. L'indépendance assure le pouvoir des élites locales d'origine européenne mais ne s'accompagne pas de la remarquable effervescence intellectuelle, politique et économique marquant la création des États-Unis. La géographie explique en partie cette différence :

vastes espaces difficiles à pénétrer (forêts, montagnes), climats tropicaux, ressources spéculatives et éphémères (caoutchouc du Brésil, viande d'Argentine). L'histoire également : héritages indiens ; aristocraties tropicales hantées par l'Europe et ses plaisirs ; Église tiraillée entre la défense de l'ordre en place et des rêves d'utopie sociale.

Déchirée par des guerres interétatiques et livrée aux populistes de tout poil – le Mexicain Emiliano Zapata (1879-1919) ; le Brésilien Getúlio Vargas (1883-1954) ; l'Argentin Juan Perón (1895-1974) et son incontournable épouse, la madone Evita (1919-1952)... –, l'Amérique latine marque le pas. La descente aux enfers s'accomplit dans les années 1960-1970 : économies ruinées en proie à l'hyperinflation ; dictatures militaires paranoïaques et odieuses (enlèvements organisés) ; terrorismes extrémistes (Tupamaros en Uruguay, Sentier lumineux au Pérou...). Dans l'ensemble de la région, les rêves révolutionnaires tournent mal, de l'échec sanglant du socialiste Salvador Allende (1908-1973) – au Chili (1973) – à la médiocrité du Nicaragua sandiniste (1979-1990), en passant par la lente agonie du régime castriste à Cuba.

Le déséquilibre nord-sud

À mesure que s'accroît la puissance des États-Unis, un rapport de plus en plus inégal s'installe entre le nord du continent, démocratique et prospère, et le sud, enlisé dans des problèmes qui enraient son développement.

L'écart entre Amérique du Nord et Amérique du Sud est profond dès le XVIIIe siècle. Tandis que la première décolle et se modernise, la seconde concentre son activité sur la culture des produits exotiques. Au XIXe siècle, les États-Unis se bâtissent (conquête de l'Ouest, industrialisation), alors que l'Amérique latine marque tragiquement le pas. En matière de politique étrangère, rien ne pousse Washington à aller au-delà de la politique du « gros bâton » (*big stick*) énoncée par le président Theodore Roosevelt (1858-1919) en 1903 : une interprétation expansionniste de la doctrine Monroe selon laquelle les États-Unis s'octroient le droit d'intervenir en Amérique latine, considérant cette zone comme une sphère d'influence.

La situation évolue au début des années 1960. Aiguillonnée par le défi soviétique (la patrie du socialisme devançant temporairement les États-Unis dans la conquête spatiale), l'administration Kennedy (président de 1961 à 1963), soucieuse de son image, lance l'Alliance pour le progrès (1961) pour établir un authentique partenariat entre les États-Unis et l'Amérique latine. Mais cette dernière n'obtient pas les résultats escomptés. Lorsque la crise des fusées éclate en 1962, l'obsession cubaine l'emporte. Aux yeux de l'Amérique, soudée pour abattre l'hydre communiste, le développement économique des voisins du sud passe au second plan. En 1963, Kennedy est assassiné, à Dallas. Les États-Unis, embourbés au Vietnam, enterrent leur rêve de coopération.

Par la suite, les États-Unis ne parviennent pas à s'intéresser durablement à l'Amérique latine, malgré des tentatives ponctuelles de rapprochement. En 1994, l'Association de libre-échange nord-américaine (ALENA ou NAFTA), liant États-Unis, Canada et Mexique, est créée pour sortir le Mexique de son enfermement et le faire décoller économiquement. De même, Washington ressort périodiquement son plan d'une zone panaméricaine de libre-échange s'étendant de l'Alaska à la Terre de Feu. Mais, pour les États-Unis, leurs cousins du sud manquent de sérieux et de continuité. L'essentiel est de les empêcher de faire trop de bêtises !

Le développement de l'Amérique latine

Longtemps, le développement de l'Amérique latine est resté entravé par des problèmes politiques et économiques récurrents. En ce début de XXIe siècle, elle paraît toujours osciller entre une insertion réelle dans la mondialisation (Brésil, Colombie) et de très forts hoquets populistes (Argentine, Bolivie, Pérou, Venezuela). Toutefois, la démocratie pluraliste s'enracine, les politiques économiques se font plus rigoureuses, les investissements étrangers affluent, des entreprises sud-américaines prennent leur place sur les marchés internationaux.

La tentation populiste est-elle pour autant morte en Amérique latine ? Dans les années 2000, le Vénézuélien Hugo Chávez (1954-2013) brandissait encore le drapeau de la révolution. Son ambition proclamée était d'instaurer le socialisme dans son pays. Pourtant, le socialisme n'a-t-il pas fait faillite ? En fait, l'Amérique précolombienne, avec ses empires communautaires (notamment les Incas), ignorant propriété privée et monnaie, demeure vivace dans l'imagination des Indiens (Bolivie de l'Indien Evo Morales). Si jamais l'Amérique latine se trouvait à nouveau emportée par un effondrement économique, les modèles autosuffisants « socialistes » resurgiraient.

Focus

Le Pérou, après le cauchemar d'inspiration khmère rouge du Sentier lumineux (1980-1992), connaît une remarquable croissance économique. Alan García, président inspiré par un gauchisme radical entre 1985 et 1990, se rallie, dans les années 2006-2011, au libéralisme le plus ouvert. La tentation populiste, nourrie par le manque d'équipements collectifs (analphabétisme, réseau routier très inégal...), n'en disparaît pas pour autant.

À retenir

Aujourd'hui, l'Amérique du Sud, ou au moins certaines de ses composantes, et d'abord le colosse brésilien, émerge et s'insère dans la mondialisation. Un nouvel équilibre (ou déséquilibre) continental se dessine inexorablement. Il peut déboucher aussi bien sur des conflits incessants entre Nord et Sud que, peut-être, sur une unité continentale plus égalitaire. La doctrine Monroe, qui faisait des États-Unis les protecteurs du continent américain, est révolue. Elle requiert deux conditions géopolitiques aujourd'hui bouleversées :

- un continent américain isolé du monde ;
- sur ce continent, une puissance à part, clairement au-dessus des autres.

L'Amérique n'est plus une planète protégée par l'immensité de l'Océan mondial. Elle est de plus en plus ancrée dans les flux internationaux.

L'histoire du Brésil

La compétition pour la conquête de la terre commence, initialement entre le Portugal et l'Espagne. En 1493, par un arbitrage du pape Alexandre VI Borgia, le Brésil, dont l'Europe ignore tout, se retrouve sous l'autorité du Portugal. La colonisation démarre dès 1500. Elle est féroce et anarchique. Le Brésil est une épaisse forêt, tout est à prendre, le seul véritable obstacle vient de l'exubérance de la nature. Des expéditions armées (*bandeiras*) pillent, on réduit les Indiens en esclavage, on cherche l'Eldorado. Le pays est trop vaste, trop touffu pour que des lois y prennent forme. Des fièvres – analogues à la ruée vers l'or (1848, Californie) – emportent le Brésil : l'hévéa d'abord, le café ensuite.

En 1822, le Brésil devient pleinement indépendant et se constitue en empire. En 1889, il laisse la place à la république. Comme la plupart des États latino-américains, le Brésil, tellement immense, divers et jeune, se cherche une idéologie qui l'unisse et le construise. Comme le proclame sa devise : « Ordre et progrès », il se donne comme levier le positivisme du Français Auguste Comte (1798-1857). Le Brésil doit être le laboratoire d'une société scientifique, tournée vers l'avenir et soucieuse de rationalité.

Dans les faits, le Brésil oscille entre phases autoritaires (oligarchie des *coronels* de la fin du XIXe siècle aux années 1920 ; régime militaire de 1964 à 1985) et poussées populistes (présidence Kubitschek, de

1955 à 1960, durant laquelle est lancé le grand projet d'une nouvelle capitale, remplaçant Rio de Janeiro, et ancrée au cœur du pays : Brasília).

Dans les dernières décennies du XXe siècle, le Brésil accomplit une réelle mutation. En 1985, les militaires abandonnent le pouvoir. Enfermés dans un nationalisme brutal, rêvant d'autosuffisance, multipliant les programmes les plus ambitieux (armements, aéronautique, nucléaire...), ils déclenchent une inflation galopante et endettent lourdement le Brésil. Le pays, grâce à des politiciens courageux, s'installe dans la démocratie, accepte l'austérité et se redresse.

Portrait

En 2002, Luiz Inácio da Silva, dit Lula, né en 1945, est élu président du Brésil. Issu d'une famille de paysans pauvres, ancien syndicaliste, il incarne le nouveau Brésil : développement économique, lutte contre les situations sociales les plus injustes, mais aussi prudence financière, encouragement de l'esprit d'entreprise. L'État prodigue, voué à l'hyperinflation, est désormais sérieux et respecté par les banquiers.

Mais, dès la décennie 2010, les vices structurels du Brésil resurgissent : omniprésence de la corruption, incapacité à se réformer (notamment régime intenable des retraites), exploitation sans contrôle de l'Amazonie... Le colosse brésilien retombe à nouveau. En octobre 2018, le populiste Jair Bolsonaro (né en 1955) est élu à la présidence de la République. Il promet de nettoyer le Brésil de sa pourriture et de ses dissidences.

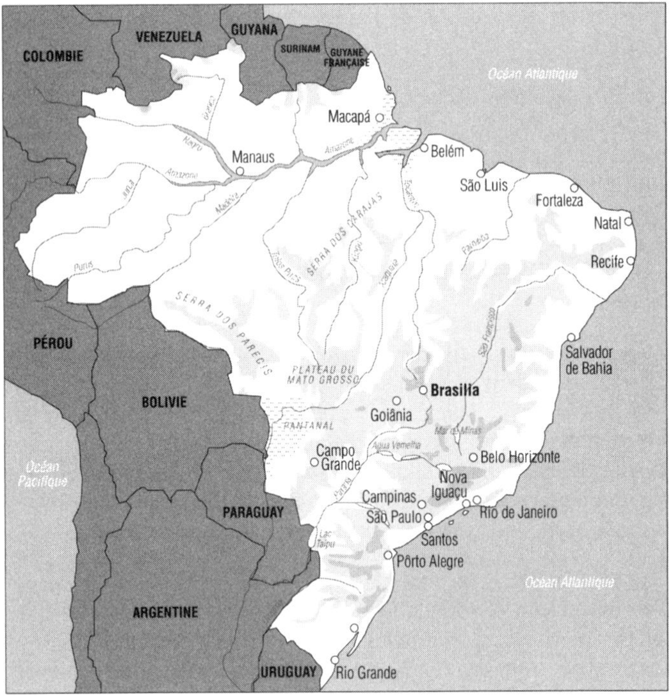

Le Brésil aujourd'hui.

La géographie du Brésil

Occupant presque la moitié de l'Amérique latine, le Brésil est un géant géographique : 8,5 millions de km² (États-Unis : 9,4). Il se compose de quatre régions principales :

- **L'Amazonie :** cette vaste région s'étend sur le nord du Brésil.
- **Le Nordeste :** terre de la canne à sucre, cette région pauvre est frappée par des sécheresses à répétition. C'est là que se déchaînent des poussées millénaristes, si typiques de l'Amérique latine. Ces explosions éphémères, brutalement réprimées, promettent une révolution toujours à portée de main, toujours fuyante.
- **Le Sudeste** (plus d'un tiers de la population du Brésil) s'organise autour des deux mégalopoles du Brésil : Rio de Janeiro et São Paulo (plus de 11 millions d'habitants chacune). Dans cette zone, se concentre le Brésil le plus moderne : tissu industriel diversifié, agriculture à haut rendement. Ces proliférations urbaines réunissent les défis sociaux du Brésil ; inégalités extrêmes, constructions sauvages s'étendant à l'infini, trafics de toutes sortes, bandes armées…
- **Le Cerrado :** cette région du centre-ouest se caractérise par une savane arborée (*cerrado*). En quelques décennies, s'y est développée l'une des agricultures les plus productives du monde. Grâce à elle, le Brésil aurait l'ambition de devenir le grenier de l'humanité.

Le Brésil aujourd'hui

Le Brésil est de loin la première puissance de l'Amérique latine. Que vaut cet avantage ? Que peut en faire le Brésil ?

Le Brésil domine le Mercosur. Ce marché commun, mis en place en 1995, regroupe initialement, outre le géant brésilien, le plus européen (en principe) des Latino-Américains (Argentine, 40 millions d'habitants) et deux États modestes : le Paraguay (environ 6 millions d'habitants) et l'Uruguay (3,5 millions d'habitants). En 2006, le Venezuela (près de 30 millions d'habitants) est embarqué. Le Brésil, par son poids très supérieur, devrait être le patron du Mercosur. Mais cette énormité (plus des deux tiers du Mercosur) est écrasante, les partenaires du Brésil ne peuvent que s'en méfier. Le Mercosur demeure un ensemble divisé, qui ne s'est pas vraiment épanoui : inachèvement du marché intérieur, maintien des monnaies nationales…

À retenir

L'Amérique latine reste fragmentée, d'abord entre États ralliés à la mondialisation (Brésil, Chili…) et États la redoutant (Venezuela, Bolivie…). Des avancées institutionnelles substantielles sont intervenues : ainsi la Convention interaméricaine des droits de l'homme. Aucun consensus n'existe entre Latino-Américains pour une construction politique du continent. Si le Brésil tente d'agir dans cette direction, il labourera la mer, selon la formule amère de Simon

Bolívar, résumant son vain effort pour unir l'Amérique latine, au lendemain des indépendances du début du XIXe siècle.

Le Brésil, avec la Chine, l'Inde et d'autres, appartient au club restreint des grands pays émergents. Il est l'un des quatre BRIC, élargis en 2011, avec l'admission de l'Afrique du Sud, en BRICS. Ce groupe des nouveaux géants peut-il être l'initiateur d'un nouvel ordre mondial ? Ces géants sont autant alliés que rivaux. Ils se rejoignent « contre » : mettre fin à la domination occidentale du monde. Mais partagent-ils une vision commune (meilleure rémunération des produits bruts, redistribution des richesses, reconnaissance des défis écologiques...) ? La Chine et l'Inde importent des matières premières, le Brésil, lui, parie sur la vente massive de ses produits agricoles. Tous ces colosses défendent jalousement leur souveraineté. Le Brésil n'est pas près d'accepter une gestion internationale de l'Amazonie.

Pour aller plus loin

Au stade actuel, les pays émergents annoncent des équilibres planétaires de plus en plus complexes et mouvants. Pourquoi le Brésil ne se coaliserait-il pas avec des « petits colosses » asiatiques (Indonésie, Vietnam...) afin de contrebalancer une Chine trop triomphante ? Pourquoi la Chine ne se rapprocherait-elle pas de l'Argentine ou du Mexique pour bloquer le Brésil ? Le jeu est et restera ouvert.

Vue aérienne de la forêt amazonienne.

L'Amazonie

L'Amazonie s'étend sur le nord du Brésil. Cette région, qui représente 40 % du territoire, pèse très lourd dans l'exception du Brésil : le plus long fleuve du monde, une forêt représentant un tiers des forêts tropicales, une extraordinaire diversité d'espèces végétales et animales. L'Amazonie excite les appétits : aventuriers avides d'or ou d'autres ressources rares ; paysans en quête de terres ; multinationales à la recherche, par exemple, d'éléments chimiques, de sites inconnus ; État brésilien voulant percer cette épaisseur impénétrable d'autoroutes affirmant clairement que l'homme – brésilien, évidemment – est le patron.

Pour aller plus loin

L'Amazonie (comme les pôles ou les fonds marins) fait partie des enjeux écologiques majeurs. Pour les États sur le territoire desquels est localisée cette richesse splendide, l'Amazonie est leur propriété ; il appartient à eux seuls de déterminer son avenir. À l'inverse, pour l'extérieur (autres États, organisations internationales, opinions publiques…), l'Amazonie constitue un bien commun de l'humanité ; elle est trop précieuse pour que son exploitation, sa destruction ne concernent pas l'ensemble des habitants de la Terre. Ce débat ne fait que commencer et n'est pas près de se clore.

L'histoire du Mexique

En 2500 avant J.-C., le territoire de l'actuel Mexique est l'un des principaux berceaux de l'humanité. Jusqu'au XVIe siècle, se succèdent des civilisations créatrices mais finalement anéanties tant par la surexploitation d'une nature fragile que par des rivalités féroces entre Olmèques, Toltèques, Mayas... Au XIVe siècle triomphent les Aztèques. Leur capitale, Tenochtitlán (300 000 habitants), égale Byzance ou Venise. Mais survient l'apocalypse : l'arrivée, en 1519, des conquistadors espagnols. L'univers précolombien se volatilise, les populations locales sont décimées par les armes, l'asservissement et les microbes.

Le Mexique colonial est baroque, somptueux mais d'une extrême brutalité. En 1813, l'Espagne, vaincue par Napoléon, ayant perdu toute emprise sur ses colonies, le Mexique accède à l'indépendance. Alors commence plus d'un siècle d'une histoire tourmentée : dictatures à répétition ; amputation du nord du territoire par les États-Unis (1848) ; occupation française (1861-1867) ; révolution (1910-1924) ou plutôt chaos dans lequel se déchaînent des chefs flamboyants, Pancho Villa, Emiliano Zapata... ; anticléricalisme virulent... Alors que le grand voisin du nord grimpe à la première place, le Mexique, lui, s'embourbe dans ses luttes internes.

Des années 1930 aux années 1970, le Parti révolutionnaire institutionnel (PRI) garantit un ordre mi-socialiste, mi-corporatiste, qui se fissure à partir des années 1960 (en 1968, émeutes étudiantes). Le Mexique devient un important exportateur de pétrole et se laisse prendre dans l'engrenage fatal de l'endettement facile. Les faillites se succèdent (1982, 1994). Dans les années 1980-1990, le Mexique, réveillé par ses deux cessations de paiement, change radicalement. Il libéralise son économie et rejoint les institutions internationales. En 1986, il adhère à l'Accord général sur les tarifs et le commerce (GATT). En 1994, le Mexique fonde avec les États-Unis et le Canada l'Association de libre-échange nord-américaine (ALENA ou NAFTA) et rejoint l'Organisation de coopération et de développement économique (OCDE).

La relation avec les États-Unis est bouleversée. Le rival tant détesté devient le partenaire indispensable. En décembre 1994, le sauvetage du Mexique est mené à bien par le président des États-Unis, Bill Clinton, qui obtient une aide financière de 50 milliards de dollars. Le rapport avec Washington est-il vraiment normalisé ? Peut-il l'être ?

À retenir

L'histoire du Mexique demeure modelée par deux données très lourdes : la conquête espagnole (1519-1535), cataclysme historique à l'origine d'un véritable traumatisme ; et l'épanouissement, au flanc nord du pays, des États-Unis.

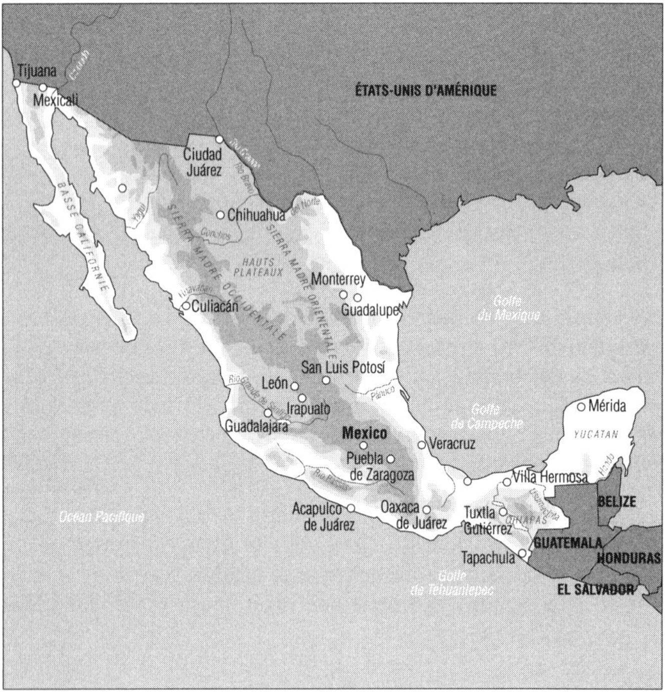

Le Mexique aujourd'hui.

La géographie du Mexique

Le Mexique, près de 2 millions de km², s'étire sur 18 degrés de latitude. Son territoire paraît protégé, mais toute protection est incertaine ou équivoque. À l'ouest, l'infini de l'océan Pacifique interdit longtemps une navigation régulière. Au sud, un isthme étranglé, couvert d'une épaisse forêt. À l'est, l'Atlantique, quasi impénétrable durant des siècles ; pourtant c'est de là que vient, le 10 juillet 1519, le coup fatal avec le débarquement de l'Espagnol Hernán Cortés. Enfin, au nord, une masse continentale énorme que parcourent des peuples nomades.

La moitié septentrionale du Mexique associe chaînes de montagne et hauts plateaux. C'est une zone d'élevage et d'industrie. La contiguïté avec les États-Unis attire échanges et trafics : usines profitant du coût moindre de la main-d'œuvre mexicaine ; Mexicains utilisant toutes les ruses pour franchir une frontière pourtant cadenassée ; gangs de la drogue...

Au centre, depuis des siècles, la région de Mexico (2 200 m d'altitude) constitue le cœur de l'isthme entre Amérique du Nord et Amérique du Sud. Les richesses lacustres, la fertilité des sols appellent l'urbanisation.

Au sud dominent les forêts équatoriales. Elles sont le refuge des Indiens. La péninsule du Yucatán, incluant également le Belize et le Guatemala, est le pays des Mayas (250-1200).

La relation Mexique - États-Unis

Les États-Unis et le Mexique sont inexorablement liés par leur frontière commune. Mais leur culture, leurs racines les opposent radicalement. Dans les années 1990, la mondialisation contraint les États-Unis et le Mexique à sortir d'une coexistence hostile et à s'engager dans une interdépendance résolue. Le Mexique reconnaît que son développement économique requiert l'ouverture, d'abord vers le grand voisin du nord. Les investissements des multinationales nord-américaines fournissent un moteur essentiel au décollage de l'économie mexicaine ; ce sont les *maquiladoras*, usines localisées au Mexique, à la frontière avec les États-Unis, et fabriquant des biens destinés à ces derniers. Pour les États-Unis, il va de soi que leurs entreprises ont besoin d'un marché toujours plus large, l'un des moyens d'atteindre cet objectif étant la formation d'une zone régionale de libre-échange (ALENA).

La relation entre les États-Unis et le Mexique n'en demeure pas moins chargée de contradictions et de tensions :

- **Le libre-échange entre les deux États se borne aux marchandises et aux capitaux.** La frontière États-Unis-Mexique demeure quasi fermée aux travailleurs. D'où d'énormes migrations clandestines : des millions de Mexicains sont prêts à tout pour avoir accès à la richesse des États-Unis ; pour d'innombrables entreprises nord-américaines, cette main-d'œuvre peu chère est une aubaine. Mais le gouvernement des États-Unis peut-il apparaître comme n'étant pas le défenseur déterminé de ses nationaux, de leur emploi ?

- **L'osmose des deux pays stimule tous les échanges, certains illégaux.** Ainsi, les trafics de drogue explosent entre les États-Unis et le Mexique, ce dernier étant à la fois une zone de passage et de production. Les deux pays coopèrent étroitement pour combattre les gangs, mais l'ampleur du trafic, les moyens considérables des trafiquants font de la lutte anti-drogue un combat épuisant et peut-être impossible à gagner.
- **La mondialisation crée une compétition permanente.** Les *maquiladoras* sont déstabilisées par la concurrence chinoise, certaines fabrications sont « délocalisées » du Mexique vers la Chine. Le Mexique peut se sentir lâché par les multinationales nord-américaines. Dans l'Amérique latine émergente, le Mexique est un petit colosse. Sa localisation, sa contiguïté avec les États-Unis font de ce pays un intermédiaire possible entre les deux Amériques. Mais la première place dans le sous-continent revient de plus en plus clairement au Brésil, qui n'a aucune intention de la laisser échapper. De plus, les problèmes internes, notamment la gangrène sociale due au trafic de drogue, handicapent l'avenir mexicain.

En 2017, le nouveau président des États-Unis, Donald Trump, promet d'édifier un mur tout le long de la frontière du Rio Grande. Cet engagement est vigoureusement réaffirmé. Si jamais le mur se matérialise, il détruirait d'innombrables flux (de marchandises, de travailleurs, de familles…) qui irriguent les deux économies et contribuent à leur prospérité (par exemple, des millions de réguliers ou de clandestins mexicains dans les entreprises nord-américaines, et les usines mexicaines participent à la fabrication d'automobiles nord-américaines).

L'ONU, enfant des États-Unis

Le projet d'une paix perpétuelle formulé par le philosophe Emmanuel Kant à la fin du XVIIIe siècle prend corps à l'issue de la Première Guerre mondiale à l'instigation des États-Unis. Le 8 janvier 1918, le président des États-Unis, Thomas W. Wilson (1856-1924), propose 14 points, dont le dernier prévoit la formation d'« une association générale des nations [...] dans le but de fournir les garanties mutuelles d'indépendance politique et d'intégrité territoriale aux grands comme aux petits États ». Deux ans plus tard, la SDN tient sa première réunion à Londres, où elle ratifie notamment le traité de Versailles. Incapable d'empêcher le déclenchement de la Seconde Guerre mondiale, elle sera remplacée en 1945 par son avatar moderne : l'ONU.

Attention

Le fait que le principal promoteur d'une organisation internationale destinée à garantir la sécurité collective soit un président américain n'est pas fortuit. Cette initiative s'inscrit en effet dans la longue tradition messianique des États-Unis. À la fin du XVIIIe siècle, la création des États-Unis sur une nouvelle Terre promise – l'Amérique – convainc les Américains de leur destin exceptionnel.

En raison de leur réussite historique, il appartient à ces derniers de mettre sur pied une paix irréversible, fondée sur l'universalisation de la démocratie libérale et la conclusion d'un pacte entre toutes les démocraties de la Terre. Au lendemain de la Première Guerre mondiale, les États-Unis voient dans leur victoire et dans le poids qu'ils ont acquis l'occasion de matérialiser ce rêve. Leur intervention militaire s'est avérée décisive. Leur territoire, protégé par les océans, n'est pas touché. Leur puissance s'est considérablement renforcée. Cette position, unique dans l'histoire, les désigne très clairement comme les arbitres et les artisans de la paix mondiale. Mais contre toute attente, en mars 1920, le Sénat américain ne réunit pas la majorité des deux tiers indispensable pour approuver le traité de Versailles, dont la SDN est l'une des composantes majeures, ce qui réduit d'emblée la portée de cette organisation.

Hantés par ce rejet, le président Franklin D. Roosevelt (1882-1945) et surtout son successeur, Harry S. Truman (1884-1972), se battent avec succès pour que le Sénat approuve massivement la création de l'ONU, en 1945 (pour : 89 ; contre : 2 ; absents : 5).

Des États-Unis très partagés

Le rôle fondateur des États-Unis dans la création d'une organisation chargée du maintien de la paix au niveau international ne doit pas masquer l'ambivalence de la position américaine. Imbus de leur puissance, jaloux de leur souveraineté et, à l'occasion, incapables de résister à la tentation isolationniste, ces derniers s'affranchissent en effet trop souvent des règles qu'ils ont eux-mêmes édictées.

La paix démocratique ou institutionnelle promue par les États-Unis repose sur trois principes fondamentaux :

- **L'égalité souveraine des États :** quelles que soient leur taille et leur puissance.
- **La responsabilité :** chaque gouvernement doit être comptable de ses actes, non seulement devant son peuple, mais aussi devant la communauté internationale.
- **La sécurité collective :** si l'un des membres du dispositif est attaqué, tous les autres se déclarent agressés et viennent au secours de l'attaqué, en vertu du principe de solidarité.

Pour les États-Unis, ces principes sont source de dilemmes douloureux :

- La première puissance du monde supporte mal de se lier avec nombre d'États très clairement inférieurs à elle sur la base du principe d'égalité. Les États-Unis rechignent ainsi à adhérer aux pactes internationaux de protection des droits de l'homme, prolongements de la paix onusienne. Les deux pactes datent de 1966 ; les États-Unis adhèrent au pacte sur les droits politiques et civils en 1992 et n'ont toujours pas ratifié celui sur les droits économiques, sociaux et culturels. En 2003, ils envahissent et occupent l'Irak de Saddam Hussein sans autorisation du Conseil de sécurité de l'ONU. Ils s'estimaient en droit d'agir, car l'urgence l'imposait.

- Les États-Unis, comme bien d'autres États, demeurent hostiles à un contrôle de leur action par des étrangers. Jusqu'à présent, ils excluent ainsi d'adhérer à la Cour pénale internationale (CPI), mise en place en 2002, tant la perspective de voir le représentant du peuple américain accusé et jugé par une juridiction pénale internationale leur paraît inacceptable. La souveraineté appartient selon eux au peuple américain ; un gouvernement démocratique n'a donc de comptes à rendre qu'à ceux qui l'ont élu.

- En dépit de capacités militaires exceptionnelles, les États-Unis renâclent à porter automatiquement secours à un État victime d'une agression. C'est pour cette raison qu'en 1920 le Sénat des États-Unis ne se rallie pas à la SDN. Pourtant, dans un monde restant composé d'États souverains et inégaux, un colosse déterminé représente la meilleure des dissuasions contre les frustrés de l'ordre établi, les agresseurs potentiels, les « États voyous ».

Des zones politiques sensibles (1)

Aimantant les appétits ou les ambitions, certaines zones de la planète ne cessent pas d'être convoitées et disputées. Voici les principales.

- **L'Asie centrale.** Depuis la dissolution de l'Union soviétique (1991), cette région devient une zone perturbée, convoitée pour ses richesses (hydrocarbures) et très surveillée par des puissances (États-Unis, Russie, Chine, Inde) toujours inquiètes de ce qui peut sortir de ce chaudron (implantations terroristes).
- **L'océan Atlantique.** Depuis les dernières décennies du XXe siècle, l'Atlantique, tout en restant animé par un commerce très intense, n'est plus la première zone mondiale d'échanges ; il est éclipsé par l'océan Pacifique, dont l'irrésistible essor est amplifié par le décollage de l'Asie maritime et la multiplication des échanges avec les États-Unis. Toutefois, l'Atlantique continuera longtemps à être stratégique, voie la plus rapide entre l'« Île américaine » et l'« Île mondiale » (Europe-Afrique-Asie).
- **Les Balkans.** Dans les années 1990, alors que l'Europe, sortie de l'antagonisme Est-Ouest, s'engage dans une vaste réconciliation-reconstruction, l'ex-Yougoslavie explose. Le cauchemar européen resurgit dans toute sa violence : nationalismes virulents et haineux, combats sans fin pour des territoires

réclamés par plusieurs peuples, délires impériaux... Certains pays (Slovénie, Grèce, Bulgarie, Roumanie) paraissent accéder – laborieusement – à la maturité. Mais des abcès sont encore ouverts (Kosovo).

- **Le golfe Persique.** Au XXe siècle, quatre facteurs installent durablement le Golfe parmi les points les plus chauds de la planète : la concentration d'immenses réserves d'hydrocarbures facilement exploitables ; la présence lourde de colosses (États-Unis) ; le déchaînement des nationalismes, iranien et arabes... ; une modernisation chaotique, bloquée ou déviée tant par les pouvoirs en place, peu pressés de se libéraliser, que par les effervescences islamistes. Au début du XXIe siècle, la situation géopolitique de la région est bouleversée. Mais qui peut proposer une solution ? un nouveau protecteur (Iran, Arabie saoudite, Chine) ? une concertation des puissances impliquées (États-Unis, Russie, Chine, UE, Iran, Arabie saoudite...) ? des mécanismes institutionnels, faisant du Golfe un espace économique organisé ? À l'heure actuelle, ces questions n'ont pas encore trouvé de réponse.

Des zones politiques sensibles (2)

- **Le détroit de Malacca.** Situé entre Thaïlande, Malaisie et Indonésie, il joint l'océan Indien à l'Extrême-Orient, ce qui en fait l'un de ces points de passage vitaux pour les échanges mondiaux. Dans les dernières décennies du XXe siècle, le détroit de Malacca acquiert une importance radicalement nouvelle avec le décollage de l'Asie maritime et ses besoins croissants en produits bruts (hydrocarbures) venant du Moyen-Orient et d'Afrique.

Pour aller plus loin

En ces temps de menace terroriste, ce détroit suscite, comme d'autres, des fantasmes catastrophistes (attentats coulant plusieurs tankers, paralysant le trafic et initiant un krach planétaire), ces scénarios sous-estimant ou ignorant les incontestables capacités techniques et opérationnelles des sociétés actuelles.

- **La mer Méditerranée.** Elle ne peut plus lutter face aux immensités océaniques mais elle reste un enjeu géopolitique, car elle est bordée ou étroitement surveillée par diverses puissances (Turquie, Russie, France, Angleterre, Italie…), du fait qu'elle lie l'Europe à l'Afrique et au Moyen-Orient. En ce début de XXIe siècle, l'importance géopolitique de la Méditerranée subsiste. Elle met face à face deux mondes soudés par la géographie et l'histoire : au nord, une Europe vieillissante, modelée par le christianisme et redoutant la destruction de son mode de vie ; et au sud, des États arabes, offrant un avenir très incertain à leur nombreuse jeunesse, et parfois tentés de trouver dans l'islamisme une nouvelle source de légitimité. Au milieu des années 2010, la crise des migrants exaspère ces inquiétudes existentielles, réveillant des peurs d'invasion.

- **L'océan Pacifique.** Dans les dernières décennies du XXe siècle, le formidable décollage de l'Asie maritime et la vigueur des États-Unis font du Pacifique la première zone d'échanges du monde. De nos jours, les premiers ports du monde sont asiatiques (Hong Kong, Singapour, Shanghai) et le Pacifique est le théâtre de la plus forte intensification des interdépendances économiques. Cette dynamique régionale fait basculer toute l'économie mondiale vers le Pacifique. En outre, autour du Pacifique, se bousculent les colosses décisifs, les États-Unis, la Chine, la Russie, le Japon et même, à la périphérie, l'Inde. Ces éléments posés, l'avenir géopolitique du Pacifique demeure fondamentalement ouvert.

Pour aller plus loin

La plus redoutable inconnue reste l'avenir de la Chine, son développement à toute vapeur entraînant des tensions qui peuvent conduire à une explosion, ou du moins à l'épanouissement d'un nationalisme agressif.

- **L'isthme de Panama.** C'est le point de passage le plus court entre l'Atlantique et le Pacifique. Depuis 1977, le contrôle du canal a été transféré à l'État de Panama mais Washington le garde sous haute surveillance. Dans les années 2000, le canal (5 % du commerce maritime mondial) est de plus en plus embouteillé ; il est appelé à être élargi et réaménagé.

La Palestine

Située à la lisière d'empires, la Palestine est convoitée et disputée dès l'Antiquité. Elle est la « Terre promise » par Yahvé, le Dieu d'Israël, aux juifs. En son cœur se trouve Jérusalem, capitale des trois religions du Livre : judaïsme, christianisme et islam. Tous ces éléments font de la Palestine une zone très sensible.

Depuis le milieu du XIXe siècle, la Palestine est engluée dans un conflit opposant juifs et Arabes. Pour les juifs, la Palestine, qu'ils ont dû quitter lors de leur dispersion par l'empereur romain Titus en 70, est toujours leur. Mais les Arabes qui vivent en Palestine ne l'entendent pas ainsi. En 1948, Israël voit le jour dans la violence (fuite d'un demi-million d'Arabes), mais il est béni par les grandes puissances (États-Unis, URSS...), qui admettent que les juifs, ayant tellement souffert (notamment avec la Shoah), ont droit à un État.

À retenir

Soixante-dix ans plus tard, la plaie saigne toujours. Des États arabes (Égypte, Jordanie) reconnaissent l'État hébreu, mais tous les autres restent dans la rancune et l'hostilité. Quant aux Palestiniens, pris entre l'enracinement israélien et leurs « frères » arabes, leur conscience nationale s'est construite ; depuis les années 1990, leur droit à un État est acquis. Mais les difficultés se bousculent : quel territoire pour cet État ? quelle place pour Israël au Proche-Orient ? Le « droit au retour » de tout juif en Israël, entraînant une colonisation croissante de la Palestine par les juifs, peut-il être maintenu ?

La tragédie palestinienne s'inscrit dans toutes les contradictions du Moyen-Orient et au-delà : question juive ; Occident et Arabes ; Occident et Islam ; États-Unis et Moyen-Orient... Pour certains, ce problème est celui du Moyen-Orient ; une fois résolu, tous les autres s'évanouiront. Incontestablement, Israël est ressenti par beaucoup dans la région comme la preuve flagrante de leur humiliation ; l'État hébreu est considéré comme l'enfant de l'empire britannique (déclaration Balfour, 1917), puis de l'hégémonie impériale des États-Unis, ces derniers protégeant inconditionnellement Israël, comme un grand frère son cadet (le 14 mai 2018, installation de l'ambassade des États-Unis à Jérusalem, reconnaissant cette dernière comme « la capitale éternelle et indivisible d'Israël »).

Mais, même si l'épine israélienne fait toujours mal (réfugiés palestiniens, occupation de la Cisjordanie depuis 1967...), la question du Moyen-Orient a bien d'autres dimensions : choc du déferlement des valeurs occidentales sur des sociétés tribales et modelées par l'islam ; mise en cause radicale de cette foi par la modernité ; échecs et déchirements du nationalisme arabe ; développements économiques ratés... Si le Moyen-Orient demeure la « poudrière de la planète », ce n'est pas seulement à cause de la Palestine.

Les pôles

Les deux pôles constituent des zones vitales pour les équilibres de la Terre. Leurs calottes glaciaires concentrent 80 % des ressources planétaires en eau douce. D'où la surveillance systématique et approfondie à laquelle les pôles sont soumis. Ces régions sont également très convoitées, chaque pôle présentant une problématique géopolitique particulière.

Le pôle Nord ou l'Arctique (21 millions de km^2) est cerné de terres, donc d'États (Russie, Norvège, Danemark – avec le Groenland –, Canada et États-Unis). Ces États, probablement conscients que toute tentative de partage officiel de l'Arctique susciterait des conflits sans fin entre les riverains, s'en tiennent aux règles générales de la Convention de l'ONU sur le droit de la mer de 1982 : éventuelle reconnaissance de la souveraineté des États riverains sur un triangle ayant pour base leur littoral et pour sommet le pôle ; exploitation possible par les États riverains du plateau continental jusqu'à 200 milles de leurs côtes dans le respect des aires de leurs voisins.

Le pôle Sud ou l'Antarctique (14 millions de km^2) bénéficie de deux protections exceptionnelles : il est loin et son climat est très hostile pour l'homme. Mais toute protection s'érode. Les moyens de communication comblent irrémédiablement les distances. Face au climat, l'inventivité de l'homme et ses capacités d'adaptation sont infinies. Or le pôle Sud déchaîne les appétits ; poissons, pétrole, minerais multiples, autant de motifs pour déclencher d'effrayantes courses au trésor. L'Antarctique, pour le moment sauvé des prédateurs, est doté d'un régime international qui n'est pas dépourvu d'équivoque. Le traité de Washington sur l'Antarctique (1er décembre 1959) gèle, sans les reconnaître ni les nier, les revendications territoriales de plusieurs États : France, Australie, Nouvelle-Zélande, Norvège, Royaume-Uni, Chili et Argentine. Douze États – dont les États-Unis et la Russie – représentent les « parties consultatives », chargées d'organiser l'exploration scientifique du continent. Par ailleurs, les préoccupations écologistes conduisent à ériger l'Antarctique en « réserve naturelle consacrée à la paix et à la science », où toute activité minière est interdite pendant cinquante ans (traité de Wellington du 2 juin 1988, réaménagé par le protocole de Madrid du 4 octobre 1991).

Pour aller plus loin

Toute cette belle construction tiendra-t-elle ? Beaucoup – les pays du Sud – sont exclus, et en sont conscients. Quant aux eldorados, ils demeurent inviolés tant que les hommes ne peuvent pas se les approprier. Les barrières juridiques valent aussi longtemps que les hommes sont prêts à les respecter.

CRÉDITS ICONOGRAPHIQUES

Wikimedia Commons / Nicolas Ray : p. 16

Wikimedia Commons : p. 24, p. 48, p. 58, p. 68, p. 80, p. 110, p. 116, p. 132, p. 146, p. 174, p. 226, p. 230, p. 352

Wikimedia Commons / Bundesarchiv : p. 32, p. 76, p. 162, p. 258

Wikimedia Commons / Fanny Schertzer : p. 34

Wikimedia Commons / After Lysippos - Eric Gaba : p. 51

Wikimedia Commons / Keith Kristoffer Bacongco from Davao : p. 94

Wikimedia Commons / Didier Descouens : p. 112

Wikimedia Commons / Chatham House : p. 137

Wikimedia Commons / Chris Collins / Margaret Thatcher Foundation : p. 138

International Monetary Fund : p. 148

Wikimedia Commons / btselem : p. 168

Wikimedia Commons / Olivier Aumage : p. 200

Wikimedia Commons / Steve Kaiser from Seattle, US : p. 206

Wikimedia Commons / qwesy qwesy : p. 210

Wikimedia Commons / Leif Jørgensen : p. 212

Flickr / Eric Bridiers : p. 214

Wikimedia Commons / Mikhail Evstafiev : p. 222

Wikimedia Commons / Norbert Nagel : p. 238

Wikimedia Commons / Frank Schwichtenberg : p. 242

Wikimedia Commons / Famartin : p. 247

Wikimedia Commons / Simpsons fan 66 : p. 251

De Visu : p. 262, p. 276, p. 285, p. 310, p. 316, p. 322, p. 334, p. 346, p. 368, p. 372, p. 390, p. 398

Wikimedia Commons / Ctruongngoc : p. 271

Wikimedia Commons / Khardan : p. 278

Wikimedia Commons / TownDown : p. 290

Wikimedia Commons / dynamosquito : p. 298

Wikimedia Commons / Commandernavy : p. 302

Wikimedia Commons / Addicted04 : p. 328, p. 380

Wikimedia Commons / The Public Relations Department : p. 341

Wikimedia Commons / Adam Jones, Ph.D. : p. 362

Wikimedia Commons / CIAT : p. 394